LENGUA Y RITOS
DEL PALO MONTE MAYOMBE

Dioses cubanos y sus fuentes africanas

Jesús Fuentes Guerra y Armin Schwegler

LENGUA Y RITOS
DEL PALO MONTE MAYOMBE
Dioses cubanos y sus fuentes africanas

Jesús Fuentes Guerra
(UNEAC, Cienfuegos, Cuba)

Armin Schwegler
(University of California, Irvine, EE.UU.)

Iberoamericana · Vervuert · 2005

Bibliographic information published by Die Deutsche Bibliothek
Die Deutsche Bibliothek lists this publication in the Deutsche Nationalbibliografie;
detailed bibliographic data are available on the Internet at <http://dnb.ddb.de>.

El trabajo de campo para este estudio fue apoyado parcialmente por una concesión
del Academic Senate Council on Research, Computing & Library Resources,
University of California, Irvine.

Reservados todos los derechos

© Iberoamericana, 2005
Amor de Dios, 1 – E-28014 Madrid
Tel.: +34 91 429 35 22
Fax: +34 91 429 53 97
info@iberoamericanalibros.com
www.ibero-americana.net

© Vervuert, 2005
Wielandstr. 40 – D-60318 Frankfurt am Main
Tel.: +49 69 597 46 17
Fax: 49 69 597 87 43
info@iberoamericanalibros.com
www.ibero-americana.net

ISBN 84-8489-143-7 (Iberoamericana)
ISBN 3-86527-153-7 (Vervuert)

Depósito Legal:

Fotografía de la cubierta: Armin Schwegler: Detalle de la Nganga Niña Linda Santo Cristo
Prenda Viajera con tratado de Lucero del Tata Héctor Hidalgo Mederos (Cienfuegos).
Cubierta: Michael Ackermann
Impreso en España por
The paper on which this book is printed meets the requirements of ISO 9706

Índice

Agradecimientos 13

Prólogo, de Stephan Palmié 15

Abreviaturas y símbolos usados 21

Primera parte
Palo Monte Mayombe: su lengua y sus ritos

0. Introducción 25
1. **La Regla de Palo Monte**
   1.1. La Regla de Palo Monte y los sistemas de creencias afrocubanos 27
   1.2. La Regla de Palo Monte y sus componentes esenciales 28
   1.3. La Regla de Palo Monte y su subdivisión en tres ramas 30
   1.4. Extensión geográfica de la Regla Palo Monte en Cuba 33
   1.5. La *nganga* o el *nkisi:* centro de la creencia palera 39
   1.6. Relación deidad (*mpungo*) – "muerto" (*enfumbe*) 43
   1.7. Objetivos del estudio y caracterización de la Regla Mayombe ... 45
   1.8. Caracterización de los practicantes y del contexto sociolingüístico palero 48
   1.9. Fuente de datos y origen de la Regla Mayombe 81
   1.10. ¿Qué entendemos por "dioses afrocubanos" y "entidad(es)"? 84
   1.11. ¿Cómo se conforma el nombre ritual de un palero? 86
   1.12. Contextualización y evaluación de los datos obtenidos en el trabajo de campo 89
   1.13. El carácter evidentemente kikongo de voces rituales en *Reglas de Congo* de Cabrera 95
   1.14. Caracterización de los datos de Cabrera 106
   1.15. Formato de nuestra exposición de las etimologías (deidades mayombes) 107

Segunda parte
Palo Monte Mayombe: sus dioses y fuentes africanas

2. Corpus y análisis
   2.1. Introducción al corpus y análisis de datos 131
   2.2. Explicaciones a la lista de expresiones analizadas 135
   2.3. Corpus y análisis de datos 136

Tercera parte
3. Apéndices

   3.1. Expresiones estudiadas (en su forma compuesta) 203
   3.2. Voces paleras estudiadas 205
   3.3. Nombres de santos católicos y sus correspondencias en la Regla Mayombe 208
   3.4. Voces paleras de etimología dudosa o desconocida 209
   3.5. Encuesta sobre deidades paleras 210
   3.6. Glosario 216

Bibliografía 225

Índice 237

Mapas

Mapa 1: Localización del Bajo Congo 25
Mapa 2: Orígenes aproximados del sustrato de los cuatro sistemas de
         creencias afrocubanos 29
Mapa 3: Área aproximada de la zona geográfica del Mayombe 32
Mapa 4: Repartición étnica en el Congo Meridional 34
Mapa 5: Palo Monte: su posible foco irradiador 36
Mapa 6: Localización aproximada del kikongo 37
Mapa 7: Área aproximada de dos lenguas bantúes (kikongo y kimbundu)
         importantes en la trata negrera 134

Figuras

Figura 1: Configuración del apelativo ritual de un palero 87

Textos rituales

¡Bititi ngo, fumbi yaya! (canto ritual: invocación al *fumbi*) 54
Diálogo ritual 61
Saludo ceremonial 67
Canto durante una consulta 74

Fotografías

Foto 1:	*Nkisi* africano (norte de Angola) de figura zoomorfa	41
Foto 2:	Detalle de la Nganga Niña Linda Santo Cristo Prenda Viajera con tratado de Lucero del Tata Héctor Hidalgo Mederos (Cienfuegos)	113
Foto 3:	Nganga Niña Linda Santo Cristo Prenda Viajera con tratado de Lucero del Tata Héctor Hidalgo Mederos (Cienfuegos)	114
Foto 4:	Bastón, detalle de la *nganga* Niña Linda Santo Cristo Prenda Viajera	115
Foto 5:	Prenda "Brazo Fuerte" de Herminio Hidalgo Mederos, *tata nganga* de Cienfuegos	116
Foto 6:	Palero Herminio Hidalgo Mederos (*tata nganga*, Cienfuegos) frente a su altar	117
Foto 7:	Palero Herminio Hidalgo Mederos (*tata nganga*, Cienfuegos) ...	118
Foto 8:	Héctor Hidalgo Mederos (Tata Ero, Cienfuegos) y su hermano palero Herminio Hidalgo Mederos	118
Foto 9:	Héctor Hidalgo Mederos (Tata Ero, Cienfuegos)	119
Foto 10:	*Tata nganga* (Héctor Hidalgo Mederos) y su mayordomo Hiosvany Hidalgo durante un ritual	119
Foto 11:	Elier Burke (*tata nganga*, Cienfuegos) y Virginia Burke (*bakofula*, Cienfuegos)	120
Foto 12:	Vista parcial del altar en el *munanso* de Elier Burke, Cienfuegos. La prenda es Sarabanda (v. también la foto n.º 11)	120
Foto 13:	Prenda (Sarabanda) de Elier Burke, Cienfuegos	121
Foto 14:	Prenda (*ndoki*) de Elier Burke, Cienfuegos	121
Foto 15:	Prenda (*ndoki*) de Elier Burke, Cienfuegos	122
Foto 16:	María de los Ángeles Sánchez ("Marelis", Ngudi Nganga)	122
Foto 17:	Prenda (*Nkisi Ndoki*) del difunto teniente Pedro Sarría Tartabull; se halla actualmente bajo custodia de Marelis	123
Foto 18:	Andrés Vilches (*tata nganga*), hijo de Marelis	123
Foto 19:	Prenda (Nsasi: "Basura Cuatro Vientos Ndoki Tuto Kankasi Briyumba Congo") de Andrés Vilches	124
Foto 20:	Prenda cruzada, llamada *Ikú*, de Andrés Vilches	124
Foto 21:	Prenda Ndundu Yaya de Andrés Vilches	125
Foto 22:	Julio Torres, palero residente en Cienfuegos	125
Foto 23:	Nganga (Mpungu Mfútila) de Julio Torres en su entorno natural	126
Foto 24:	Nganga (Mpungu Mfútila) de Julio Torres	127

Foto 25: Los autores: Jesús Fuentes & Armin Schwegler en Cienfuegos (noviembre 2003) 127

Las fotografías de las prendas y de los otros objetos rituales fueron sacadas con el consentimiento expreso de nuestros testimoniantes paleros. Con excepción de la foto 1 que procede de la obra de Heike Owusu (1998): *Symbole Afrikas*. Darmstadt: Schirner Verlag y que hemos reproducido en este libro por cortesía de su casa editora, el resto del material gráfico pertenece a los autores.

Agradecimientos

A nuestros colegas investigadores y estudiosos de la africanía y afrocubanía **Fu-Kiau Kia Bunseki, Erwan Dianteill, Jean Nsondé, John Thornton** y **Sergio Valdés** por sus francas y oportunas observaciones a versiones preliminares de este libro.

A **Elliot Klein**, cuya minuciosa revisión del manuscrito y su familiaridad con prácticas rituales afrocubanas nos ha llevado, en múltiples ocasiones, a reformular hipótesis etimológicas y a reconsiderar valoraciones de determinados aspectos del Palo Monte y de la Regla de Ocha (Santería).

A **Adela Mogorrón**, por su meticuloso y hábil maquetaje del manuscrito.

A **Kerstin Schwartz** y sus colaboradores de la casa editorial Iberoamericana/Vervuert, cuya admirable profesionalidad ha contribuido de manera significativa a la exitosa conclusión de este proyecto de investigación.

A nuestra afectuosa amiga (*mama mpangi weto*) **Ketty García** por ser un puente importante en esta colaboración Cuba-Estados Unidos.

A todos los paleros que conocimos y especialmente a nuestros principales testimoniantes:

Elier Burke (Tata Nganga, Cienfuegos).
Virginia Burke (Bakofula, Cienfuegos).
Héctor Hidalgo Mederos (Tata Ero, Cienfuegos).
Basura Cuatro Vientos Briyumba Congo (Tatandi, Cienfuegos).
María de los Ángeles Sánchez ["Marelis"] (Ngudi Nganga, Cienfuegos).
Julio Benítez (El Puti, Lajas).
M. Mayombe Tiembla Tierra Saca Empeño (Tata Nganga, La Habana).

y a los once paleros encuestados, todos celosos guardianes del legado lingüístico cultural kikongo de Cuba.

Prólogo/Prologue

Sometimes in the 1940s, a Palero named José del Rosario told Lydia Cabrera that "desde que fondeó el primer barco negrero allá por los tiempos de la Náná Siré, el primer congo que pisó tierra cubana, cortó palos, desenterró muerto y empezó a trabajar con lo suyo y a enseñar a sus hijos" (Cabrera 1971 [1954]: 147). It is tempting to think that José del Rosario was right. Between 1511 and 1513 the first Africans entered Cuba via Hispaniola, and already in 1568 Bartolomé Cepero, the *procurador* of San Cristóbal de La Habana, complained about the scandalous behavior of some apparently western Central African "negros y negras que se llaman reinas y reyes y hazen juntas e otras consultas" (Rojas 1956: 1285). As María Teresa Rojas – who dug up this scrap of evidence in Havana's municipal archives – suspects, this meager trace of 16th century Cuban slave life might well represent the first documentary record not only of the "Congo kings" described so vividly by 19th century visitors to Cuba or Brazil. But it may in fact also constitute – as scholars such as John Thornton, Linda Heywood, or Paul Lovejoy might argue – the first evidence for western Central African religious practice in the New World *per se*.

And yet, even though we have ample documentary materials from the 16th century Congo-region with which one might compare Cepero's (unfortunately rather vague) statement, what Cabrera's informant meant to insinuate, namely that there existed an unbroken historical continuum of Congolese ritual practice in Cuba that stretches from the onset of the Atlantic slave trade down to the present, confronts us with thorny historical problems. As Roger Bastide reminds us in the largely analogous Brazilian case, the notions of "cultural survivals" or "retentions" which Melville Herskovits helped to lastingly imprint upon Afro-Atlantic scholarship, are ultimately mechanistic and ahistorical, yielding at best to the identification of formal correspondences, but remaining useless for reconstructions of the historical processes that led to morphological similarities on both sides of the Atlantic. "We know little about Afro-Brazilian religions in those distant times," Bastide writes, "but we should certainly give up the notion of cult centers surviving through the centuries down to our present day (something that slavery precluded) and think rather of a chaotic proliferation of cults and cult fragments arising only to die out and give way to others with each new wave of arrivals [of slaves from Africa]" (1978: 47). In a similar vein, Sidney Mintz and Richard Price have argued the methodological point that it "should no longer seem sufficient to maintain that Haiti's twin cult, the worship of Shango (Xango) in Trinidad or Bahia, or the use of oracles in Suriname are simply examples of Africa transplanted, or even of specific ethnic continuities of culture" (1992: 41) – unless we can document how such forms could become subject to continuous re-production in New World social contexts (or as some would argue nowadays – and not without justification – to strategic reinvention from the ethnographic literature).

In light of such strictures, the claims of Jesús Fuentes and Armin Schwegler seem bold: the authors maintain that African elements in Palo Monte's ritual language can *all* be traced, lexically at least, straight to Kikongo. In doing so they argue against a scholarly consensus that has long portrayed this esoteric speech as an amalgam of various western Bantu languages and local Spanish sociolects (this has often been done on the basis of questionable linguistic methodology[1]). As Fuentes and Schwegler would readily concede, theirs is an exploratory study, aiming to open up a new field of investigation, rather than categorically establishing a case for unmediated transhistorical linguistic continuities. But the implications of this book for further research are patent, not just for the field of linguistics, but for history and anthropology as well.

Much scholarship has focused on Regla de Ocha's[2] seeming continuities of present-day religious practice with those of southwestern Nigerians who, by the late 19th and early 20th century, began to refer to their collective identity as "Yoruba" (Peel 2003). Yet it is clear that Yoruba-speaking slaves not only represented a relatively small contingent in the context of Cuba's overall intake of African slaves (Brown 2003a, Morgan 1997), but were also latecomers, arriving in significant numbers in Cuba only when the Oyo-state's disintegration plunged southwestern Nigeria into a series of devastating civil wars in the early 19th century. In contrast, slave imports from the western Zaire Basin reached Cuba right from the start to the very end of the Atlantic trade. The lower Zaire probably supplied more slaves to Cuba, in aggregate and over time, than any other single region of Africa (Morgan 1997). Given the steady stream of slaves entering Cuba under designations such as Basongo, Cabinda, Congo, Loango, Masinga, Mayombe, Mundamba, and Musundi over the course of close to 350 years, it is fair

---

[1] One would think here of the blatantly anachronistic tendencies (evident in much recent scholarship) to draw on dictionaries of such languages as Lingala or Kiswahili that *are* widely spoken in the relevant parts of Africa today, but emerged as *linguae francae* only during the colonial period.

[2] Also known as Santería. It is another component tradition of what I prefer to call a larger Afro-Cuban "religious formation".

to assume that Bastide's strictures about the ethno-linguistic discontinuities effected by the slave trade might have to be modified in this case to allow for continuities produced not in spite of, but precisely *by* the slave trade.

If this was so, and if we accept the reasonable premise that Kikongo (a) must have been a fairly widespread language among slaves from the Lower Zaire and (b) may also have served as a vehicular language for inter-African communication in Cuba, then we should not be surprised by Fuentes and Schwegler's findings that the lexicon of the ritual language used in Cuban Palo Monte shows clear signs of a monogenetic derivation from Kikongo. Religious traditions derived from western Central Africa may well have been present in western Cuba since the beginning of the colonial period. But this early input would have undergone radical transformation in the course of the 19th century – a time when Palero practices entered into a lasting ideological and practical relationship with emerging "Yoruba-based" traditions which, by the early 20th century, would come to be known as Regla de Ocha, or Santeria (Palmié 2002).

Of course, one cannot easily transfer such Havana-based conclusions elsewhere: Fuentes and Schwegler's fieldwork for the present book was carried out in Cienfuegos – known even in *La Habana* as a vital center of the Palo Monte religion. Yet Palero practices in this Central Cuban city and its vicinity have remained understudied in the Cuban ethnographic literature, perhaps precisely because –with the exception of the town of Palmira– extensive Yoruba-influence has been hard to document there. Nevertheless, Fuentes and Schwegler's data reveal that even though a lexicon replete with Kikongo expressions is the hallmark of Palo Monte, the tradition is (re)produced within a *semantic* framework that draws to a considerable extent on conceptions current in Regla de Ocha (and, to a lesser extent, on the semantic linkages between attributes that deities in Regla de Ocha share with Catholic saints, with whom they have become conventionally associated).[3]

A particularly complex example of this kind of linkage between Santeria (Regla de Ocha) and Palo Monte deities is detailed in Fuentes and Schwegler's analysis of **Lufo Kuyu**, a type of *mpungu* that Cabreras' informants associated with San Pedro and San Norberto as well as with the Regla de Ocha deities Ogún

---

[3] Of course, only careful historical research will tell us whether this relates to the cultural legacies of the region's pattern of slave importation, or to post-emancipation population movements from other parts of the island. As Lachatañeré (1992a) was probably the first to note, Yoruba-influenced religious practices reached the easternmost regions of Cuba only in the 1930s.

and Ochosi. Here Fuentes and Schwegler's suggested Kikongo etymology **lúufu** 'forge, ironwork' and **ǹkùyu** 'wandering spirit' reveals that the two Kikongo terms have merged within a semantic framework provided by three different concepts: (1) the warrior and selvatic characteristics of the deities Ogún and Ochosi; (2) Ogún's association with iron and the forge; and (3) an originally Bakongo conception of wandering and potentially malevolent spirits of the dead (**ǹkùyu**) – a conception that has become linked to the Catholic idea of the "Ánima Sola del Purgatorio". This Iberian Catholic representation, in turn, relates to the deity Eleguá in Regla de Ocha, thus closing what might be called a trans-religious semantic circuit.

Some of Fuentes and Schwegler's etymological entries show that such intricate semantic linkages can become subject to considerable varieties of interpretation among practitioners of Mayombe themselves. This is illustrated, for instance, by the name of a *mpungu* known as *Mama Kengue*. Originating from a combination of the gendered Kikongo honorific **máama** (the phonetics of which continue to structure Cuban pronunciation) with the preteritum of the Kikongo verb **kánga** "to bind, to tie" (cp. KIK. **kèngè** 'bound, tied'), the association of this *mpungu's* name with the calm and pacific deity Obatalá in Regla de Ocha (and the Virgin of Mercy in Catholicism) apparently led a Havana informant to question Mama Kengue's capacity to magically "bind" or "tie". Still, the Kikongo etymology clearly underscores the opinion voiced by the majority of Fuentes and Schwegler's informants from Cienfuegos, viz. that this type of *mpungu* indeed possesses the capacities for mystical aggression that the Kikongo reading of its name would suggest.

As these examples show, what Fuentes and Schwegler call "restructured Kikongo" can be regarded as an important lexical vehicle for highly complex semantic elaborations that reach across heterogeneous, but nowadays conjoined and partly overlapping religious traditions. Although Palo Monte is a fairly cohesive system of knowledge and practices in its own right, it is nevertheless enmeshed within dense networks of semantic cross-references between Regla de Ocha, Cuban folk Catholicism, and other component traditions (e.g., forms of Spiritism) of a regionally differentiated Afro-Cuban religious formation. What Fuentes and Schwegler's work reveals in this respect is the extent to which a conceptual apparatus expressed in a Kikongo lexicon mediates and structures such semantic associations. In all likelihood, this type of linguistic mediation pertains not just to the onomastics of the different types of *ngangas* in Palo Monte. Rather it is likely that Kikongo lexicon might play a similarly integrative role in Paleros' agonistic ritual performances known as *puyas* or *controversias* ('verbal contests').

Fuentes and Schwegler's book is above all an etymological study of the names of Palo Monte's mystical entities. But the merits of their work goes well beyond mere lexical or etymological analysis. Their decipherment of linguistic *ritualia* also reveals that the esoteric utterances of the *tata ngangas* ("Palero priests") draw on a web of complex religious notions and practices from both sides of the Atlantic. At the same time their data and analysis suggest that, at this stage in Palo Monte research, it is exceedingly difficult to assess whether *Lengua* (Palo Monte's ritual code) constitutes a natural language, or merely a priestly sacrolect.[4] Future research will have to determine whether *Lengua de Palo* mainly serves to *impart* meaning to specific ritual situations (sacrolect), or whether it is capable of *communicating* context-independent meaning (natural language).

This question aside, Fuentes and Schwegler's latest contribution leaves no doubt about two major points: first, that the Paleros of Cienfuegos use a ritual speech that on the lexical level exhibits a remarkably close phonetic correspondence to modern Kikongo; and second, that scholars can now decode a once seemingly impenetrable jargon with a high degree of confidence. Their decipherment of the names of mystical entities in Palo Monte Mayombe reveals semantic levels that correspond to a logic that in several cases is *not*, or at least not primarily, derived from the "allogenic cultural overlay" that western Central African sacra have accumulated in Cuba since the arrival of numerous Yoruba speakers in (or even before) the 19th century.

In sum, Fuentes and Schwegler have uncovered a hitherto neglected dimension of exceedingly complex processes of transatlantic linguistic and cultural production (and reproduction) that have engendered today's Afro-Cuban religions. Their study inaugurates exciting new directions for research that linguists, ethnographers and historians will now want to pursue.

Stephan Palmié
University of Chicago
June 2004

---

[4] It is important to point out that it has not yet been established to what extent some practitioners of Mayombe are capable of freely producing non-formulaic utterances. My own impressions as a non-linguist are that the abilities of some practitioners to improvise on certain ritual formulae for lengthy periods of time are truly amazing.

Abreviaturas y símbolos usados

art.	Artículo
cp.	Compare, compáre(n)se
kik.	Kikongo
L.	Laman, *Dictionnaire kikongo – français* (1964 [1936])
lit.	Literalmente
pal.	Palero/Palo Monte/"Lengua" del Palo Monte
pref.	Prefijo
pron.	Pronombre
RCPM	*Reglas de Congo: Palo Monte Mayombe* (Cabrera 1979)
sust.	Sustantivo
Sw.	Swartenbroeckx (1973). *Dictionnaire kikongo et kituba – français (vocabulaire comparé des langages kongo traditionnels et véhiculaires)*
VC	*Vocabulario congo. El bantú que se habla en Cuba* de Cabrera (1984a)
VMP	"Vocabulario mínimo palero" (Millet 1996)
→	= Transcripción corregida, u otras variantes fonéticas posibles. Así *Tata Funde* → *Tata Fumbe* (art. n.º 34) indica que ambas transcripciones y articulaciones son posibles (la segunda articulación del vocablo es la más usual)
*	Símbolo usado para indicar que se trata de una reconstrucción hipotética. Así en

(28) PANDILANGA (*RCPM* 128) || < ***pandi langa* < KIK. *mpándi* + KIK. *là* + KIK. *ngà* (?) || 'Jesús de Nazareno, Jesucristo' ... [etc.]

el paso intermedio **pandi langa* es una reconstrucción no documentada

~	"Variante de ...". Así *Mama Bumba* ~ *Mama Umba* (*Mama Bumba* es

	una variante de *Mama Umba*)
<	"Proviene de, derivado de". Así PAL. *nso* < KIK. *nzò*
[...]	Trascripción fonética. Así "ESP. [nso] < KIK. [nzo]"
(?)	Etimología desconocida o tentativa. Así "*Baluande* < (?), de origen incierto, quizás KIK. *bàlu ndã*"
‖ ...... ‖	Procedencia de la voz en cuestión (con etapas intermedias). Así:

PANDILANGA (*RCPM* 128) ‖ < **pandi langa* < KIK. **mpándi** + KIK. **là** + KIK. **ngà** ‖ 'Jesús de Nazareno, Jesucristo', con un valor etimológico aproximado de 'hermano padre divino que está en lo alto y profundo'.

Primera parte

Palo Monte Mayombe: su lengua y sus ritos

0. *Introducción*

La primera parte de este texto introduce al lector en el sistema de creencias cubano de sustrato africano conocido como *Regla de Palo Monte* o *Regla Conga*. La segunda parte estudia las deidades paleras y sus fuentes kikongo (lengua de los *bakongo* [Bajo Congo]). Específicamente nos centraremos en nombres de entidades del subcredo Palo Monte *Mayombe,* el más extendido de la Regla Conga en Cuba. Los autores etimologizan aquí la nomenclatura afrocubana del palero (de considerable importancia sociocultural en la isla), cuya procedencia etnolingüística no ha sido develada con exactitud hasta la actualidad.

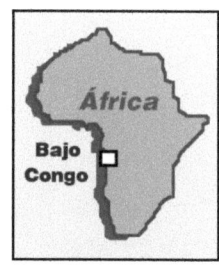

Mapa 1.
Localización
del Bajo Congo.

En los últimos cinco años se ha avanzado significativamente en los estudios del Palo Monte. Las investigaciones de Fuentes Guerra (1996, 2002), Schwegler (1999, 2002a [1998], MS) y Valdés Acosta (2002a) han contribuido a que podamos acercarnos ahora con un mayor grado de confianza a la solución de problemas etimológicos y lingüístico-históricos relacionados con el código ritual de la Regla Conga. Años atrás estos problemas parecían irresolubles ya que predominaba la idea –ampliamente aceptada hasta principios de este milenio– del supuesto origen multilingüístico ("bantú") de dicho código, lo que prácticamente imposibilitó su etimologización científica.

1. La Regla de Palo Monte

1.1. La Regla de Palo Monte y los sistemas de creencias afrocubanos

En Cuba se practican cuatro sistemas de creencias de sustrato africano (Mapa 2, pág. 29):[1]

(1) la **Santería** o **Regla de Ocha** (con predominio lingüístico-cultual yoruba),[2]
(2) la **Regla Arará** (con matriz adja-fon),[3]
(3) la **Sociedad Secreta Abakuá** (de oriundez efik-ibibio)[4] y
(4) la **Regla de Palo Monte** (de sustrato lingüístico-cultual bantú).[5]

Este último credo sincrético –el tema de este estudio– se conoce también como Regla Conga.

---

[1] Para un testimonio reciente del alcance que las diferentes culturas de origen africano han tenido en la formación de la identidad de Cuba, véase Brugal & Rizk (2003). La introducción (págs. 7-12) a *Des dieux et des signes. Initiation, écriture et divination dans les religions afrocubaines* de Dianteill (2000) ofrece una contextualización sociohistórica de las religiones afrocubanas (en los últimos 50 años) y a la vez examina su formación en la isla (págs. 16-23). En el tomo 3 de *Cultura afrocubana (Las religiones y las lenguas)* de Castellanos & Castellanos (1992) aparece la síntesis más extensa de los cuatro sistemas de creencias de sustrato africano.

[2] Véase *Santería enthroned: Art, ritual and innovation in Afro-Cuban religion* de Brown (2003a) y las fuentes citadas allí.

[3] Véase *La tradición ewé-fon en Cuba: contribución al estudio de la tradición ewé-fon (arará) en los pueblos de Jovellanos, Perico y Agramonte, Cuba* de Brice Sogbossi (1998) y las fuentes citadas allí.

[4] Véase *The Light Inside: Abakuá Society Arts and Cuban Cultural History* de Brown (2003b) y las fuentes citadas allí.

[5] Aunque históricamente poco investigada (pero véanse Cabrera 1971, 1979, 1984a, 1984b, 1986, Castellanos & Castellanos 1992 [cap. 2], 1994 [esp. págs. 314-320], Dianteill 1995, Granda 1973a, Guanche 1983a, Lachatañeré 1992a [ca. 1940] y F. Ortiz 1916), la Regla de Palo Monte ha sido objeto de estudio en varios libros publicados a finales de la década del 90 y a principio de este siglo, i.e., *Diccionario de la lengua conga residual en Cuba* (1998) de Díaz Fabelo, *Raíces bantu en la Regla de Palo Monte* (1996) así como *Nzila ya mpika (la ruta del esclavo)* (2002) de Fuentes Guerra; *Los remanentes de las lenguas bantúes en Cuba*

1.2. La Regla de Palo Monte y sus componentes esenciales

Los componentes esenciales que definen la Regla de Palo Monte son los siguientes:[6]

(1) Presencia de un **receptáculo mágico** llamado **(n)ganga** (< KIK. *ngànga* 'curandero, adivino, etc.'[7]), **enganga**[8], **prenda**, **(en)kisi** (< KIK. *ǹkisi*

(2002a) de Valdés Acosta; *Wizards and Scientists: Explorations in Afro-Cuban Modernity and Tradition* (2002) de Palmié y *La nganga: centro de culto palero* (2002) de Larduet Luaces y el panorámico *Creole Religions of the Caribbean. An Introduction from Vodou and Santería to Obeah and Espiritismo* (2003) de Fernández Olmos & Paravisini-Gebert. Una traducción (con notas editoriales) al francés de *El monte* de Cabrera se publicó en 2003 (véase Cabrera 2003). Texto de utilidad limitada puede considerarse el libro *Ta makuende yaya y las reglas de Palo Monte* (1998) de Bolívar & González, ya que la objetividad científica a veces se pierde, entre otras razones, debido al punto de vista místico-religioso de los autores. Otra obra que aportará nuevos enfoques al estudio de esta temática es *La lengua "congo" del Palo Monte (Cuba). Análisis etimológico del* Vocabulario Mínimo Palero *del Tata Vicente Portuondo Martín* (Schwegler MS). Todavía no hemos tenido acceso a la tesis doctoral *Estudio de un sistema religioso afrocubano: el Palo-Monte Mayombe* de Calleja Leal (1989).

Sobre el aporte congoleño (y centro-africano en general) a las tradiciones (afro)caribeñas tratan los textos *Central Africa in the Caribbean* de Warner-Lewis (2003) y *Central Africans and Cultural Transformations in the American Diaspora,* editado por Heywood (2002). Recientemente fue publicado también *Afrikanismen in der modernen Umgangssprache Kubas* de Dieckmann (2002), pero esta obra no reseña ninguna de las voces estudiadas aquí. Más relevante para una correcta contextualización de las tradiciones paleras es "Weeds, Wraiths, and Wizards: The Body of and in Afro-Cuban Medicine and Religion" (Ballard, MS). Un panorama visual de prácticas congo-cubanas se encuentra en el catálogo de exhibición *Le geste kôngo* (Musée Dapper, Falgayrettes-Leveau, ed. 2002), el cual contiene una introducción al tema (Falgayrettes-Leveau & Thompson 2002) y dos fotografías de la *nganga* palera *Sarabanda* (véanse las págs. 160 y 162). *Religion and Society in Central Africa* de MacGaffey (1986) ofrece un excelente trasfondo sociohistórico para el estudio del Palo Monte.

[6] La gran mayoría de las etimologías expuestas en este estudio son nuestras. En los pocos casos donde no lo son nos referiremos a la propuesta etimológica original.

[7] Cp. Laman (1964: 683): KIK. *ngànga* 'prêtre, idolâtre, aide du prêtre, médecin, diseur de bonne aventure, homme instruit, un expert en, savant, habile (à faire des recherches), à découvrir, à inventer, à faire qqch; *nganga* est souvent employé pour désigner une personne qui revient et hante'. Véanse también Sw. (415-416) y la documentación de *nganga* en Dapper (1989) que data del siglo XVII (allí aparece *ganga* o su variante *ganga Moquisie* = *ganga mu-nkisi*).

[8] Variante hispanizada de *nganga* y *ganga*. Para *enganga* = *ganga* 'brujería, hechizo, caldero mágico', v. Valdés Acosta (2002a: 131). En el *VC,* Cabrera trae las formas *nganga* (154

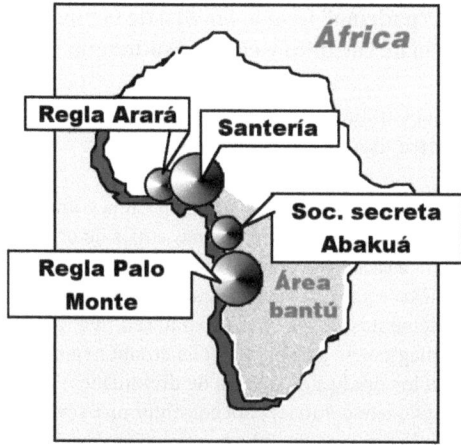

Mapa 2.
Orígenes aproximados del sustrato de los cuatro sistemas de creencias afrocubanas.

'fetiche, brujería, fuerza mágica, sortilegio, etc.'[9]), **fundamento**, **caldero**, **cazuela (mágica)**, entre otras denominaciones, que contiene diferentes sustancias –igualmente consideradas mágicas– de origen vegetal, mineral y animal, así como restos humanos (huesos). Las fotografías n.º 2, 3, 5, 14, 15, 17, 19, 20, 21, 23 y 24 muestran algunas de las *(n)gangas* de nuestros informantes.

(2) Creencia en **entidades espirituales** vinculadas a esa *(n)ganga* o centro de fuerza (culto a los "muertos").
(3) Realización de **ceremonias de iniciación** y **rituales de cumplimiento**.
(4) **Toques, bailes y cantos** para propiciar la acción de los "muertos" u otras entidades.
(5) **Sacrificios de animales** relacionados con sus creencias animistas.
(6) **Ofrendas** de comidas y bebidas a los espíritus.

---

ocurrencias) y *ganga* (20 ocurrencias). Entre nuestros informantes encontramos las tres formas, i.e., *ganga, nganga* y *enganga,* todas con una alta frecuencia de uso.

[9] Cp. Laman (1964: 721): KIK. *ǹkisi* 'fétiche, sorcellerie, ensorcellement, force magique, sortilège, charme, maladie attribuée à un fétiche; C. adj., de fétiche, magique'. Véase también Sw. (446). Etimología ya propuesta en otras fuentes, entre ellas Schwegler (2002a: 172), donde se hace referencia al *VC* (pág. 38) para las variantes *nkisi, kisi* y *nkiso, nkisi,* junto con las lexías hispanizadas *enkiso, enkisi. Nkisi* se ha preservado también en otras áreas afroamericanas, y casi siempre en contextos rituales. Así se emplea aún hoy en el antiguo pueblo cimarrón de El Palenque de San Basilio (Colombia), donde la voz se mantiene en su forma plural *mankisi* (= *ma* 'plural' + *nkisi*) en un rito fúnebre llamado *lumbalú* (Schwegler 1996: 455, 462-472).

(7) **Utilización de la residencia del "padrino"** (*tata nganga*) **o de la "madrina"** (*ngudi nganga*) **como espacio de consulta y como casa-templo.**

Una descripción detallada de la Regla Conga se encuentra en *Raíces bantu en la Regla de Palo Monte* de Fuentes Guerra, donde se apunta lo siguiente:

> La Regla de Palo Monte es un sistema de creencias que surge en Cuba como resultado de la transculturación y el sincretismo que sufren algunas etnias de origen bantu introducidas en la Isla por la trata esclavista durante el régimen colonial español, al integrarse (estos esclavos africanos y sus descendientes) en el etnos que hoy conforma nuestra nacionalidad. Elementos de los credos bantu (culto a los ancestros y a la nganga o receptáculo mágico) se amalgaman con componentes religiosos yoruba-lucumí (veneración a los orichas o panteón de divinidades) y judeocristianos (bautizo, catequesis, misas e iconografías) para constituir un nuevo culto con características *sui generis* que lo diferencian del espacio original de la praxis religiosa de las etnias (sustrato africano), y, aunque con marcada presencia, también lo distancian del superestrato dominante cristiano (catolicismo y sectas evangélicas). (Fuentes Guerra 1996: 33)

1.3. La Regla de Palo Monte y su subdivisión en tres ramas

La Regla de Palo Monte se divide en tres ramas o subcredos principales:

(1) la **Regla Mayombe**
(2) la **Regla Briyumba** (también deletreada *Vriyumba*)[10]
(3) la **Regla Kimbisa** del Santo Cristo del Buen Viaje.[11]

---

[10] Una publicación reciente sobre el tema es *Palo Kimbiza: Brillumba Palo Kimbiza; Tumba Francesa; Kikongo; Piti Bantu Criollo; Sancí; and Palo Haitiano* de Davila (2002). Este autor, de origen puertorriqueño, practica el Palo, el Vodú y la Ocha. En esta última Regla ha alcanzado los niveles de oriaté (sacerdote que dirige los ritos) y babalawo (oráculo principal). Actualmente radica en Queens, Nueva York (comunicación electrónica de David Brown, junio 2004). Véase también *History has Repeated. Briyumba con Mayombe* de Lage (sin fecha).

[11] Una investigación reciente llevada a cabo por especialistas del Sectorial de Cultura de la provincia de Villa Clara reporta la existencia de un sistema de credos de origen congo en los municipios de Placetas, Remedios y Camajuaní. Esta manifestación cultual es llamada *Lombanfula* (< KIK. *lómba* 'preguntar, demandar' [Sw. 248] + KIK. *mfùla* 'polvo, pólvora, polvos de diversa naturaleza que contiene el *nkisi*' [Laman 1964: 555]; nuestra etimología), cuyo significado literal sería entonces "preguntar (adivinar) con la pólvora", trabajo mágico éste muy común entre los paleros. Aunque los *manfulas* (miembros de la secta Lombanfula) no usen el *nkisi* o receptáculo mágico, en el nombre de sus deidades y en la

La Regla Mayombe puede considerarse la de mayor extensión por el territorio cubano. El nombre "Mayombe" evidentemente alude a la zona geográfica de la selva Mayombe (provincia angoleña de Cabinda), de donde procedieron numerosos esclavos bakongo, portadores de los componentes básicos del Palo Monte (Mapa 3). La voz *Vriyumba* (cp. *Regla Vriyumba* o *Regla Briyumba*) remite a la etnia congo llamada *vili* (o, con su prefijo de clase pluralizador, *bavili*).[12] Vecinos de los (ba)yombe, los *(ba)vili* están localizados en el área costera (Loango) de la región de Kouilou del actual Congo, de donde seguramente procedió un número considerable de esclavos cubanos (Castellanos & Castellanos 1987). El segmento *Vri-* de *Vriyumba* es la versión palera del KIK. *víli* 'nombre de una etnia congo' (v. Mapa 4, *Bavili* = *ba* [prefijo] + *vili*), voz que en su forma compuesta palera (*viri + *yúmba* > *Vriyumba*) sufrió una síncopa de la vocal inacentuada, pasando así por las etapas *viri* > *v'ri* > *vri* (cp. *Vri*) + *yumba* que a su vez proviene del kikongo *niúmba* 'espíritu de un muerto, espectro, fantasma'.[13] Esta etimología de *Vriyumba* (< *Vili 'nombre de una etnia congo' + KIK. *yúmba* 'espíritu de un muerto') se aproxima a 'el vili del espíritu del muerto', es decir, 'el africano "vili" (que "trabaja" mágicamente) con el muerto'.[14]

---

letra de sus cantos y rezos se evidencian claramente componentes lingüísticos kikongo. Consúltese González Fuentes et al. (2000).

[12] Swartenbroeckx da: "*Víli* 'peupl. près de Lwango (Gabon)' (1973: 684). Laman trae la misma voz bajo *vili* 'nom d'une tribu près de Louango' (1964 [1936]: 1064).

[13] Para KIK. *niumba* y su variante dialectal KIK. *yumba*, véase Swartenbroeckx (1973: 684 y 433, respectivamente) y Laman (1964: 818).

[14] Evidencia indirecta para nuestra hipótesis sobre KIK. *vili* > *Bri(yumba)* se encuentra en *Procesos etnoculturales de Cuba*, donde Guanche resalta que el oficiante palero emplea procedimientos de adivinación que son similares a los que se encuentran entre los vili:

> Para la consulta, el oficiante encendía una vela y ahumaba el espejo del *mpaca*. De acuerdo con las formas que describía el humo de la vela, así decían los paleros "leer" los designios de las fuerzas sobrenaturales.
> Este medio de consulta recuerda el sistema empleado por los bavili del Congo Central, en los *Nkisi nkonde* o fetiches mágicos, los cuales tienen, junto con los clavos y otros elementos punzantes, que los cubren desde el cuello a los tobillos, un espejo en la región abdominal.
>
> Las grandes imágenes de madera, erizadas de clavos, participan del realismo general de la estatuaria bavili, notables sobre todo en el rostro de pómulos salientes, de labios gruesos; y a veces en la mano blande un cuchillo, más esquematizado, el tronco es sólo el sostén de la "medicina", del hechizo maléfico o benéfico, a veces colocado debajo de un fragmento de espejo.
>
> (Guanche 1983a: 412; la cita es de *Denise Paulme. 1965. Las esculturas del África negra*, pág. 123)

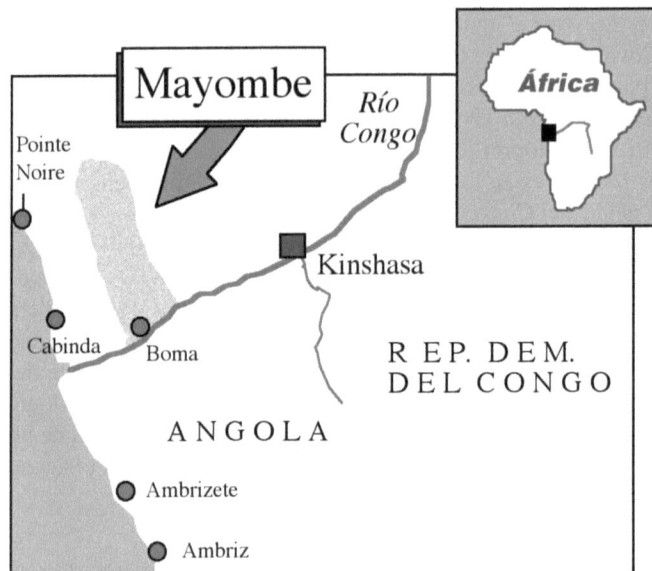

Mapa 3. Área aproximada de la zona geográfica del Mayombe.

Les kongo nord-occidentaux de Soret (1959) es una fuente importante para una mayor información etnográfica de esta zona. Allí leemos, por ejemplo, que "autant que le relief, peu élevé mais aux pentes raides, la forêt définit le Mayombe. Forêt et relief se liguent pour faire de celui-ci, malgré son étroitesse (quelque 50 km), un obstacle sérieux, et l'orientation de ses pentes le fait s'ouvrir d'abord vers la côte" (1959: 32). En un apartado titulado "Cultes et rites" (págs. 92-94), el mismo texto también proporciona información útil sobre ciertos aspectos culturales que perviven, a menudo en forma sincrética, entre los paleros. Uno de éstos es el sacrificio de gallinas o cabras: "Les sacrifices, beaucoup plus rares que les offrandes, n'en existent pas moins (poulets, chèvres égorgés [*sic*]). Ils sont pratiqués pour des occasions très importantes sur le simulacre du génie ou au-dessus du trou creusé dans la case des ancêtres, pour apaiser mânes ou génie" (1959: 94). Véase también el Mapa 4 "Repartición étnica en el Congo meridional".

Entre los bakongo existe también un fetiche llamado *nyùmbila* (Swartenbroeckx 1973: 506) consistente en una cavidad craneana que contiene ingredientes mágicos de diversos usos, tanto defensivos como ofensivos. Esto nos define con mayor exactitud la función de la "prenda vriyumbera" de los paleros cubanos, ya que ella trabaja mágicamente tanto para hacer el bien como para provocar el mal, y además en ella los paleros introducen lo que ellos denominan *kiyumba*, es decir, el cráneo completo (calavera) de un esqueleto humano. Al igual que la Regla Mayombe, la Regla Vriyumba ocupa un espacio cultual amplio en Cuba ya que centros importantes se ubican *inter alia* en las zonas urbanas de La Habana, Matanzas y Cienfuegos.

En nuestro artículo "Prácticas rituales afrocubanas: deidades Kimbisa (Palo Monte) y sus fuentes kikongo" (MS) esclarecemos en detalle el significado del término *Kimbisa* (< KIK. *ki* 'prefijo de clase' + KIK. *m̀vīisa* lit. 'el que comprende, entiende, aprende, enseña [el conocimiento del bien]'); la etimología propuesta para esta voz concuerda, sin lugar a dudas, en el plano semántico, con la esencia de esta modalidad de la Regla palera, la cual se caracteriza por "hacer el bien" mediante el conocimiento sacramental del poder místico de la ancestralidad afrocubana.[15]

1.4. Extensión geográfica de la Regla Palo Monte en Cuba

La Regla Mayombe puede considerarse el subcredo palero de mayor extensión en el territorio cubano. Muchos practicantes distinguen Lajas y Abreus (municipios de la provincia de Cienfuegos) y Sagua (municipio de la provincia de Villa Clara) como centros originales de su culto. Aunque actualmente su praxis se ha extendido por casi todo el país, su foco irradiador más importante se localiza en el centro[16] y occidente[17] de Cuba (Mapa 5, pág. 36).[18]

---

[15] Actualmente los kimbiseros (quizás por influencia mayombe) han abierto su "conducta ritual" hacia la esfera de lo maligno, y puede darse el caso de que en determinado templo kimbisa también se lleven a cabo ceremonias "judías" con la finalidad de hacer el mal o causar un daño por solicitud de un cliente o por necesidad del oficiante.

[16] Para el estudio del Palo Monte del centro de Cuba son de interés los siguientes textos: "Descripción de remanentes de lenguas bantúes en Santa Isabel de las Lajas", "La herencia bantú en el centro de Cuba: los hechos lingüísticos", "Restos lingüísticos del kikongo en Cuba" y *Los remanentes de las lenguas bantúes en Cuba* de Valdés Acosta (1974, 2000, 2002a y 2002b respectivamente), así como la tesis de maestría de Bonachea González (1975) y el trabajo de diploma de Cabrera Vázquez (1997-1998). Al igual que para el resto de Cuba, para una contextualización diacrónica de la "lengua" del Palo Monte pueden ser

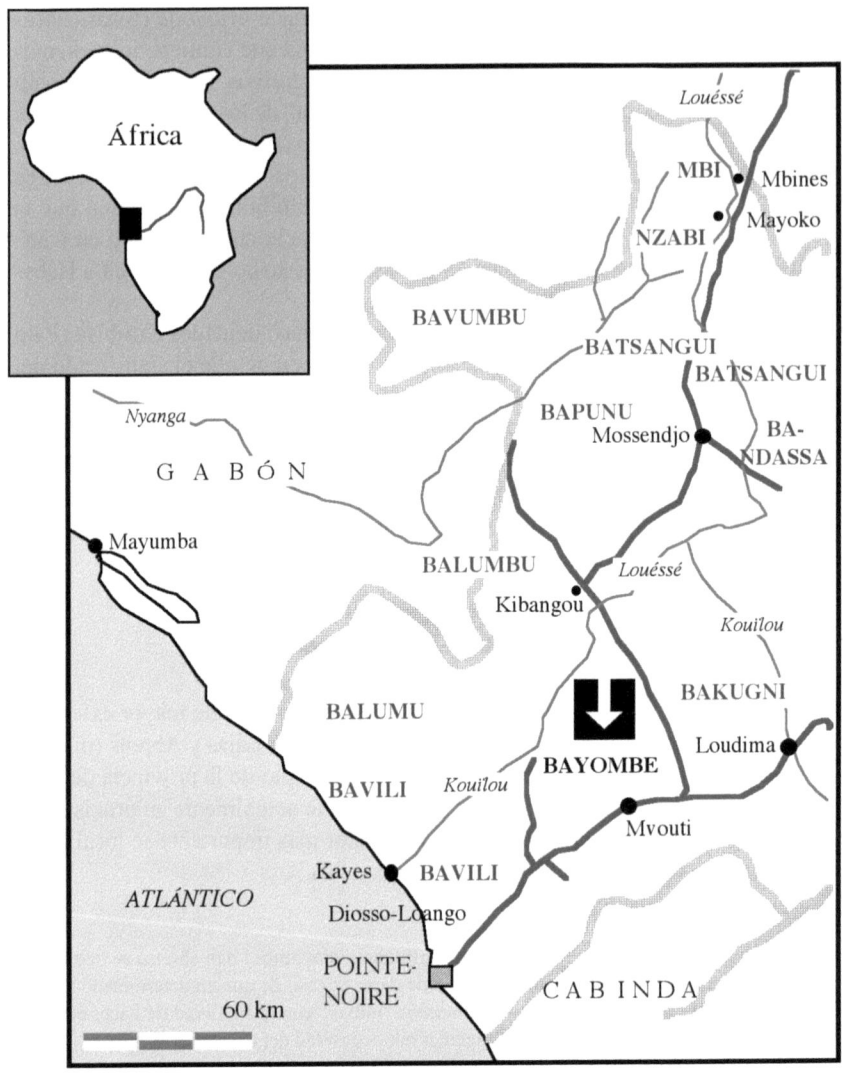

Mapa 4.
Repartición étnica en el Congo Meridional
(según Hagenbucher-Sacripanti 1973: 19, Fig. 1).

Comentario al Mapa 4

En Les fondements spirituels du pouvoir au royaume de Loango, *Hagenbucher-Sacripanti* aporta la siguiente información sobre los bayombe *(habitantes de la selva y cordillera Mayombe)* y su origen congo:

> *Leur musculature noueuse et leur petite taille les différencient radicalement de la silhouette fine et de la taille élevée du Vili. Comme leurs voisins de la côte, les Bayombe affirment être originaires de Kongo Dia Nthɔtila; ils arrivèrent vraisemblablement sur leur site d'habitation actuel, au terme d'un parcours longitudinal du Mayombe, du Sud-Est vers le Nord-Ouest.*
>
> *Ils sont traditionellement divisées en trois groupements:*
>
> – *non loin de la frontière cabindaise, près du cours de la Loémé, la chefferie de Ncessé où réside un représentant du* Malwā:gu*[,] groupe d'une quinzaine de villages;*
> – *les localités dépendant de la chefferie de Bouloungui (numériquement la moins importante), dans la région Mvouti, s'échelonnent le long de la Loukénéné;*
> – *les Bayombe de Kakamoèka occupent, principalement, la rive droite du Kouïlou.*
>
> (Hagenbucher-Sacripanti 1973: 19-20)

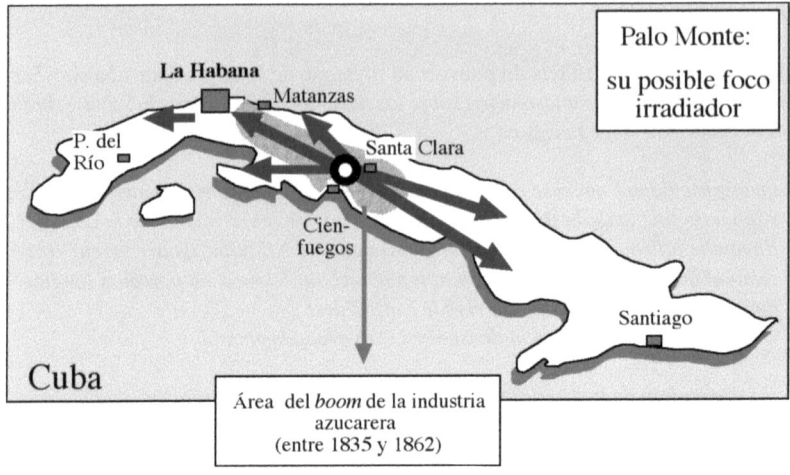

Mapa 5.
Fuentes Guerra (2002) opina que el foco irradiador del Palo Monte se encontraba en el centro-occidente de la isla. V. también Guanche (1983a: 401-402) y Matibag (1996: 155).

Fuentes Guerra (2002) vincula la formación, la cristalización y el posterior auge de la Regla de Palo Monte al *boom* de la industria azucarera en la zona centro-sur de Cuba entre 1835 y 1862, lo que motivó un elevado incremento de la mano de obra esclava en su mayoría procedente del Bajo Congo, territorio de donde provino el núcleo humano de los bakongo (hablantes del *kikongo*, v. Mapa 6, pág. 7). Portadores del sustrato lingüístico-cultual de la Regla, estos bakongo fueron responsables de la proliferación, en esa parte del territorio cubano, de

---

útiles los mapas del *Atlas etnográfico de Cuba* (1999), especialmente "Cofradías, cabildos, sociedades de subsaharanos y sus descendientes", "Poblamiento subsaharano 1774-1841", "Poblamiento subsaharano 1861-1899" y "Población subsahariana radicada en Cuba" (estos mapas se encuentran en el subdirectorio "Historia étnica").

[17] Bolívar & González (1998) estudian la Regla Conga en la zona más occidental de Cuba (Pinar del Río). Sobre la extensión tardía (posterior a 1910) de la Regla de Palo Monte hacia el oriente de Cuba, consúltese Larduet (2001: 114-115).

[18] En Cuba es muy común que, cuando a un practicante palero se le pide información sobre el origen de su culto, éste responda con "yo soy un gajo o un tronco (descendiente) del fundamento del *tata nganga* X de Lajas o Abreus o del padrino Y de Matanzas o del gangulero Z de Guanabacoa (La Habana)". Ello se debe a que estos centros prestigian su religión, es decir, aluden a una antigüedad casi ancestral.

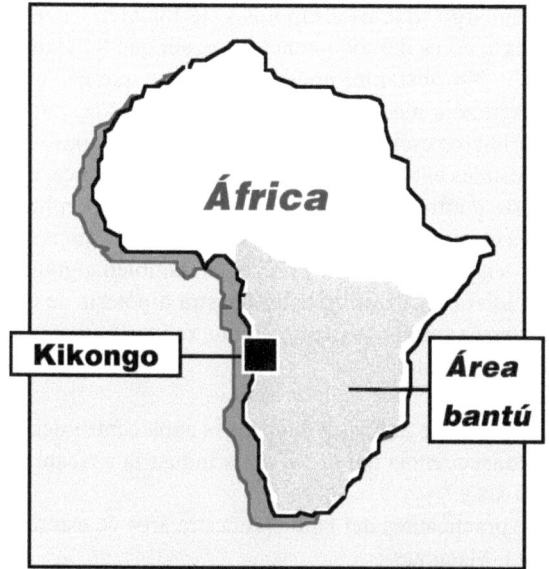

Mapa 6.
Localización aproximada del kikongo, lengua bantú hablada por los *bakongo,* quienes en el siglo XIX eran los principales portadores del sustrato lingüístico-cultual de la Regla de Palo Monte.

Para un mapa detallado del área kikongo, véanse los Mapas 3 y 4. V. también el *Atlas linguistique du Zaïre* (1987). Allí se podrá verificar que el área de los bakongo es mucho menos extensa de lo que se ha dicho a veces. En *Creole Religions of the Caribbean* (2003) por ejemplo se mantiene desacertadamente que "[t]he Bakongo inhabit a broad area of sub-Saharan Africa stretching from the southern part of Cameroon through northern Angola *all the way to Mozambique in the southeastern coast of Africa*" (Fernández Olmos & Paravisini-Gebert 2003: 78; los subrayados son nuestros).

casas-templo, cabildos y sociedades congos (Lachatañeré 1992b [ca. 1940]: 217, Fuentes Guerra 2002: 16) hacia finales del siglo XIX y principios del XX.[19]

---

[19] Sobre la trata y la esclavitud en la zona centro-sur de Cuba consúltense, entre otros, García Martínez (1976), Guerra & Núñez (1987), Iglesias García (2001), Montes de Oca (1985), Morales (1987), Moreno Fraginals (2001) y Zeuske (2001). Datos reveladores aporta García Martínez:

> En las plantaciones azucareras de Cienfuegos se adoptó una economía basada en la mano de obra esclava. Las 237.000 arrobas aproximadamente de azúcar produ-

Es necesario aclarar, sin embargo, que esta hipótesis de Fuentes Guerra (2002) sobre el origen de la Regla no es del todo conclusiva, aunque tiene una base socioeconómica atendible. No obstante, podemos apuntar que el Palo Monte, que evidentemente cristalizó a mediados y finales del siglo XIX, pudo gestarse con la llegada de los primeros esclavos bantúes (no de manera masiva) más la superposición de otras posibles entradas de esclavos del mismo origen, en los siglos XVII y XVIII (sobre este punto, véase también el Prólogo de Stephan Palmié).[20] Las manifestaciones cultuales y lingüísticas de la Regla Conga en muchos centros de culto (*casa-templos* y *cabildos*) presentan también algunos grados de diferenciación que pudieran matizar un tanto nuestra hipótesis de un foco irradiador único. Subrayamos aquí los tres factores que refuerzan nuestra tesis sobre el origen congo del Palo Monte:

(1) la entrada masiva de esclavos de habla kikongo en la zona centro-occidental de Cuba como consecuencia del *boom* de la industria azucarera (primera mitad del siglo XIX);[21]
(2) la alta concentración de practicantes del Palo en nuestra área de estudio (Cienfuegos, Santa Clara, Matanzas);
(3) la mayor retención de estructuras y voces kikongo en la "lengua" palera, así como la preservación de la ortodoxia ritual.

---

cidas por los 26 ingenios existentes en 1838 fueron obtenidas merced al trabajo de 1.502 esclavos, cifra que representaba el 36% del total de esclavos empleados en diversas fincas. Con la misma rapidez con que crecía el número de ingenios y se expandía el cultivo cañero durante los años del *boom*, aumentaba la población esclava de la región cienfueguera. De ahí que en 1846 existieran 8.789 esclavos, y diez años más tarde, en 1856, alcanzara la cifra de 14.613. (García Martínez 1976: 143)

Fuentes Guerra (2002: 13-18) también alude a las características de la trata en la región de Cienfuegos.

[20] Cabrera (*El monte*, 1971 [1954]: 147) en particular supone que la tradición del Palo Monte es el resultado de una gestación *temprana*. Sobre este punto, véase también Dianteill (1995: 78-79), donde se sugiere que el *Palo Monte* probablemente cristalizó antes que la *Regla de Ocha*.
[21] El mapa "The slave trade" (Unesco 2000) del proyecto "La Ruta del Esclavo" confirma cuantitativamente la tesis de la formación tardía de la Regla de Palo en Cuba, al reflejar que fue en el siglo XIX cuando arribaron a América más de tres millones de esclavos procedentes del Bajo Congo. El mapa también refleja que estos africanos salieron por las zonas costeras angoleñas de Luanda y Cabinda.

1.5. La *nganga* o el *nkisi*: centro de la creencia palera

Como ya hemos mencionado (§1.2), uno de los componentes esenciales de la Regla de Palo Monte es la *nganga*, también llamada *enganga*, *prenda*, *fundamento*, *caldero*, *cazuela* o *nkisi* (var. *enkisi, enkise, kisi, kise*). Este receptáculo mágico juega un papel central en los ritos paleros y, como se podrá apreciar más adelante, también en la preservación de nombres de dioses mayombe. Cabrera define "nganga" o "prenda" así:

> PRENDA: Nganga. Nkisi. Fuerza mágica, fetiche, aceptando este nombre lo dieron los portugueses del siglo XV a las estatuillas y otros objetos que vieron en manos de los negros. Es un objeto influido por la Nganga o habitado, mejor dicho, por la Nganga, dotado de un poder sobrehumano, del alma de un difunto que toma cuerpo en aquel objeto. Generalmente en los templos congos una cazuela o un caldero de hierro al que se le da el nombre de Nkisi Nganga. [*sic*] (*Vocabulario Congo*, 1984a: 126)

El *nkisi*, en tanto que fetiche portador de una hierofanía o manifestación de lo sagrado, domina la vida del *tata*, de la *ngudi nganga* y de sus ahijados. Como dijo un informante nuestro, "la *nganga* es el todo del culto palero; sin ella, el Palo [Monte] no existe".

El recipiente espiritual del gangulero cubano contiene el "muerto" (alma de un difunto representada por restos de un cadáver, llamado *enfumbe*) quien "trabaja" o "actúa" en la *ganga* mediante la intervención del *tata* con un propósito mágico específico. En su obra *Nzila ya mpika (la ruta del esclavo)*, Fuentes Guerra apunta lo siguiente sobre las características de este *enfumbe*:

> El muerto que tiene el practicante cubano en su *enkise* casi nunca pertenece a su linaje; puede ser, por ejemplo, el ánima de una mujer mala, de un asesino implacable o de un hombre famoso; pero nunca, un *mukulu* (ancestro) [< KIK. *mu-* 'pref. de clase' + *ṅkúlu* 'ancestro', L. 27 y 732].[22] El conguito, el chino, el indio (sioux o apache, que no aruaco) conque cuenta el gangulero en la "comisión" de entidades protectoras tampoco son ancestros tutelares y mucho menos parientes consanguíneos. El fundamento del palero cubano no puede considerarse como el *lukibi lwa bakulu* congo, cofre o recipiente que guarda las reliquias de los ancestros del clan, sino más bien es el receptáculo mágico de un *nzo nkisi* o choza del fetiche protector o de un *nzo ngombo* o casa del adivino. (Fuentes Guerra 2002: 113)

---

[22] Similar observación hace Dianteill: "[à] Cuba comme au Kongo, on préfère un mort puissant, et en aucun cas on y mettra un ancêtre, et encore moins un membre de la famille récemment décédé" (2002: 70).

Los componentes animistas y fetichistas de la praxis del mayombero cubano se refuerzan con la creencia en el "poder teleológico" (actuar a distancia) de los restos mortales (huesos de asesinos, delincuentes, chinos laboriosos, mujeres malas, soldados destacados, generales famosos, etc.) así como de otras sustancias de origen animal, vegetal y mineral, las cuales son colocadas en el receptáculo mágico y constituyen un centro importante de la ritualidad palera. Todos los ingredientes arriba mencionados se subordinan a uno de los propósitos fundamentales del gangulero: el **enkangue** o **amarre mágico** para poder curar o causar un daño, beneficiar o perjudicar a alguien, atraer o alejar la fortuna, etc.[23]

A diferencia de los *nkisi* de los bakongo donde predominan las figuras zoomorfas o antropomorfas (foto 1, pág. 41), las *gangas* de los paleros generalmente se caracterizan por presentar formas o estructuras de vasijas o calderos de barro o hierro cuya altura puede variar entre 15 y 40 centímetros. Sobre los demás componentes del fundamento de los mayomberos (piedras, plantas y animales disecados, además del *enfumbe* 'muerto'), podrá hallar el lector información detallada en Fuentes Guerra (1996: 33-47). Otro estudio –de fecha reciente– sobre la *nganga* se encuentra en James Figarola (2001).[24]

En Cuba, la prenda adquirió su nombre de "nganga" a partir del sacerdote palero, llamado *ngànga* entre los kongos y *tata nganga* entre los practicantes criollos. Hoy en día, CUB. *nganga* por sí solo ya no refiere al gangulero sino exclusivamente a la prenda. El hecho de que el apelativo hipocorístico CUB. *tata nganga* lit. 'padre sacerdote' haya constado originalmente de dos palabras puede haber contribuido a la traslación lingüística del nombre de la persona KIK. *ngànga* = 'padre sacerdote, médico, advino, etc.' al objeto mismo (CUB. *nganga* = 'prenda') ya que, de acuerdo a las normas gramaticales de la "lengua", es posible interpretar el segundo elemento en construcciones del tipo NOMBRE + NOMBRE como NOMBRE (NOMINATIVO) + NOMBRE (GENITIVO). Esto quiere decir que antaño CUB. *tata nganga* pudo significar tanto *tata wa nganga* "tata de (la) *ganga*" (construcción genitiva) como "*tata nganga* = "*tata* sacerdote, *tata* médico" (en el segundo caso, *tata* era un título de respeto, función que ya tenía en kikongo; cp. *táata* en Laman 1964: 955).[25] Otra interpretación sería CUB. *tata nganga* =

---

[23] Para las características del accionar mágico de la *nganga*, véase Fuentes Guerra (1996: 33-47). Para una descripción de la acción de "amarrar", véase Lachatañeré (1992b) o Dianteill (1995: 155, 158-159).
[24] V. también "El objeto de culto: la *nganga*" en Guanche (1983a: 404-408).
[25] Figarola se equivoca al sugerir que CUB. *nganga* podría provenir de una reduplicación de KIK. *nga* 'yo', siendo ésta así "la expresión de la identidad del sujeto hablante" o "una rea-

Foto 1.
Nkisi africano (norte de Angola) de figura zoomorfa.

Es un perro de dos cabezas. Esta condición de ser bicéfalo le permite al dueño de este fundamento llevar a cabo la doble y antagónica función de curar y/o hacer daño.

© Heike Owusu

"padre de la prenda" (en el sentido de 'poseedor del fetiche') ya que de acuerdo con las características del kikongo meridional, la partícula de relación genitiva KIK. *wa* se asimila y la construcción KIK. *tata wa ngànga* (en el norte) se realiza simplemente KIK. *tata ngànga* (en el sur).

Resulta común que un palero tenga dos o tres *nganga*, cada una con un nombre distinto y consagrada a una entidad específica. Éstas son las llamadas "deidades mayombe" que reseñamos en la segunda parte de este libro. En el acápite "¿Cómo se conforma el nombre ritual de un palero?" (§1.11) hacemos referencia a las características del nombre de la prenda. Información adicional al respecto se expone en el *Vocabulario Congo* de Cabrera:

> No pueden dejar de tener nombre las ngangas como las personas para que sean completas y efectivas. Y como el nombre se halla tan íntimamente relacionado con el carácter, estas reciben algunos tan elocuentes como "Acaba Mundo", "Viento Malo", "Tumba Cuatro", "Tiembla Tierra", etc. A veces por ironía se le ponen nombres despectivos que disimulan su poder incuestionable. Así Baró hizo "Una Campo Santo Porquería" y la probó en sí mismo (...). (Cabrera 1984a: 126)

En el África centro-occidental, la *nganga* (llamada *nkisi* entre los bakongo) continúa teniendo importancia sociorreligiosa, aunque a veces bajo formas neotradicionalistas adaptadas a la modernidad. La obra *Le geste kôngo* (Musée Dapper 2002) ofrece una impresionante colección fotográfica de estatuas *nkisi* del área congoleña. Este volumen incluye comentarios muy útiles para los estudio-

---

firmación y al mismo tiempo un acto de aprehensión holística, un abarcamiento total de todos los elementos componentes de una entidad, en este caso el hombre" (2001: 27).

sos del tema. Además de Bittremieux (1936), Bouquet (1969), Dupré (1974, 1975, 1978), Fu-Kiau (2001), Hagenbucher-Sacripanti (1973), Kimpianga (1977), Laman (1962), Soret (1959) y van Wing (1959) consideramos particularmente atendible el libro *Santé et rédemption par les génies au Congo. La "médecine traditionelle" selon le Mvulusi* de Hagenbucher-Sacripanti (1989), donde se estudia el movimiento neotradicionalista *Mvulusi*, cuya misión principal es la de "sanar" el alma y el cuerpo frente a los "nuevos males" de la modernidad a través de un proceder fetichista (*nkisi*).

El sistema de creencias *Mvulusi* se considera heredero y guardián de la tradición médico-ritual de la región del Kouïlou, ubicada en el centro de los pueblos Vili y Yombe. Como veremos más abajo (v. por ejemplo los Mapas 5-6, Mayombe), las áreas arriba mencionadas (junto con la de las actuales provincias angoleñas Zaire y Uige) han sido la principal zona geográfica de donde procedieron numerosos esclavos bakongo, portadores de los componentes básicos del Palo Monte *Mayombe* y Palo Monte *Vriyumba*, respectivamente (como ya explicamos en el apartado §1.3, el segmento inicial de *Vriyumba* encierra el etnónimo *Vili*, por consiguiente *Vriyumba* < KIK. *Vili* 'nombre de una etnia congo' + KIK. *yúmba* 'espíritu de un muerto' [Fuentes & Schwegler MS]). Por la temática que aborda, el estudio de Hagenbucher-Sacripanti es relevante para cualquier aproximación histórico-comparativa del *nkisi* y de la Regla Conga en general, ya que las ceremonias y ritos paleros presentan coincidencias notables con la práctica del Mvulusi (véase, por ejemplo, el artículo n.º 13 "Mbumba Mamba" en la segunda parte de este libro).

Al pie del *nkisi*, el mayombero cubano desenvuelve, como ya apuntamos, casi toda su actividad ritual: consultas, rayamiento o iniciación, enkangues o amarres mágicos, el **bakankise** (< KIK. *báka* 'recibir, obtener, poseer, etc.'[26] + KIK. *ṅkisi* 'fetiche') o entrega de un nuevo fundamento (segunda etapa de la iniciación) y los **yimbirá enkise** 'juegos de palo' (< KIK. *yìmbila* 'cantar, festejar, celebrar'[27] + KIK. *ṅkisi* 'fetiche').

Para las consultas y para buscar autorización de la entidad que rige la *nganga* con el objetivo de llevar a cabo cualquier ceremonia, el palero se vale de un oráculo llamado **chamalongo** (Pell 2003a). Por su importancia en los rituales de

---

[26] Cp. Laman: "KIK. *báka* 'posséder, avoir, recevoir; [...] se procurer, obtenir, [...] attraper, saisir, [...] s'emparer, [...] s'approprier'" (1964: 9). V. tamb. Sw. 5.

[27] Cp. Laman: "KIK. *yìmbila* 'chanter, dire la messe, chanter (comme les oiseaux, chanteurs'" (1964: 1134) y asimismo "KIK. *yìmbidila* 'rel. de *yìmbila*, chanter pour qqn, chanter qqch, chanter les louanges de qqn, célébrer, apprécier qqn.'" (1964: 1134). En el español cubano, tanto KIK. *yìmbila* como *yìmbidila* pueden dar *yimbirá* como resultado fonético. V. tamb. KIK. *yìmbíla* 'cantar' y KIK. *yìmbídila* 'cantar por, honrar, celebrar' en Sw. 757.

la Regla Conga y en el quehacer cotidiano del gangulero nos referiremos detalladamente a este instrumento de adivinación.

El chamalongo consiste en un juego de cuatro chapillas (o lascas) de semillas de coco o de siete u ocho caracoles que, divididos por la mitad, presentan un lado cóncavo y otro convexo al ser lanzados. De acuerdo con la cantidad de piezas que caigan en una u otra forma, el adivino (en este caso el *nganga*) sacará una letra o signo portador de un significado específico. La lectura e interpretación del oráculo orienta al palero y al consultante sobre la actividad ritual que ha de llevar a cabo.

Para el practicante cubano de la Regla de Palo, todo lo que rige su quehacer religioso se considera secreto, y por lo tanto es un "tratado".[28] Esto es precisamente el significado literal de *chamalongo* ya que esta voz se origina en el KIK. *kiamalongo* "pequeño tratado", término que en la provincia de Uige (actual Angola) se utilizó por los misioneros capuchinos para denominar a un catecismo, considerado éste como una "doctrina breve" de la catequesis cristiana.

La lexía *chamalongo* está compuesta por *cha* + *malongo,* cuyo significado primitivo era 'pequeño tratado'.[29] En su origen, PAL. *cha-* es un prefijo que en algunos dialectos kikongo se realiza *ki* o *kya* según Swartenbroeckx (1973: 131). KIK. *kya* indica "diminutivo, objetos materiales, agente, profesión". Su palatalización a *cha-* en *chamalongo* puede considerarse un fenómeno de carácter dialectal típico del kikongo y, sobre todo, de los dialectos noroccidentales kivili y kilari. En la primera modalidad dialectal, por ejemplo, *nkento* 'mujer, hembra' deviene *ntchiento;* en kilari, la misma palatalización se observa en *tchula* 'rana' (cp. KIK. *kiula*). El segmento *malongo* a su vez proviene de KIK. *malóngi* 'enseñanza, doctrina, lección, tratado, catecismo' (Sw. 296); KIK. *nlòngo* (Sw. 461) es "algo secreto" como resulta el *malongo* o "tratado" para los mayomberos.

1.6. Relación deidad (*mpungo*) – "muerto" (*enfumbe*)

La religión tradicional de los bakongo se caracteriza por poseer fuertes componentes fetichistas, mágicos y animistas. Elementos estos que pueden apreciarse

---

[28] Para los paleros, *kanga ensila* ("amarre de las cuatro esquinas") es un "tratado". El pacto con el muerto, el rayamiento, los cuatro vientos y el chamalongo se consideran "tratados" también. V. los tratados en Pell (sin fecha, 2002, 2003a, 2003b) y asimismo *Tratado fundamental de Palo Monte* (sin autor o fecha) y *Conocimientos de Palo Monte: Tratado lunar* (sin autor o fecha).

[29] Bolívar & González (1998: 20) dan una etimología totalmente desacertada y fantástica de la palabra *chamalongo*.

también en la praxis cultual del Palo Monte cubano. La *nganga* (§1.5) se considera como el fetiche mayor del mayombero en tanto que es el principal objeto de culto material tangible y que está dotado de poderes, aptitudes y propiedades extrasensoriales. La sacralización de palos, piedras, hierros y otros productos así como la atribución de contenido místico a objetos rituales (caracoles, cuernos, masangos, etc.) relacionados con o concurrentes en el caldero mágico son claras evidencias de que el fetichismo constituye un indiscutible factor de presencia en la Regla Mayombe. También ostenta una fuerte carga mágica la manipulación de toda la parafernalia ritual con fines utilitarios que se desenvuelve en torno a los diferentes ceremoniales y cultos. En el Palo se cura, daña y mata mediante procedimientos mágicos, que el gangulero se cuida de no revelar. El animismo es otra herencia palera de los bakongo. Atribuirles una fuerza vital o alma a elementos naturales (determinados palos, piedras, animales, etc.), lo que incluye también la adoración o más bien la manipulación de espíritus, son rasgos indudables del componente animista.

La *nganga* se caracteriza por concentrar tres poderes de los que se vale el mayombero para desarrollar sus ritos. Ellos son:

(1) el poder natural representado por los elementos de la naturaleza de origen animal, vegetal y mineral;
(2) el poder espiritual que se desenvuelve en torno a los restos humanos que residen en la cazuela, y
(3) el poder divino que emana de la deidad (*mpungo* o *nkita*) a la que están consagrados el fundamento y su practicante.

Aunque "materialmente" los trabajos los realiza el "**muerto**", el **mpungo** y su "monta" (camino, destino) le impregna la energía vital a toda la actividad del oficiante. La piedra que atrae a la deidad esté o no esté junto a los restos del "muerto" (a veces éstos residen en una bóveda debajo del caldero y no dentro de él) influye también en el accionar ("trabajo") del "muerto". Es interesante lo que nos dice la autora de *El monte* al respecto: "El hueso se coge para que sea apoyo del espíritu. (El muerto tiene querencia por sus restos). Y en la piedra, también se fija el muerto" (Cabrera 1971 [1954]: 121). Por ejemplo, un *enfumbe* que trabaja en un fundamento de Sarabanda (foto n.º 13) al montar a su *enkombo* (médium) se comporta expresando características propias de la entidad: actúa con la violencia típica de un guerrero, fuma tabaco, bebe malafo (aguardiente), anda con hierros, etc. Si el fundamento es de Mpungo Mfútila (San Lázaro, v. art. n.º 32), el "muerto" al poseer al practicante se retuerce, se encorba, camina como un viejo, se arrastra, pronostica enfermedades a algunos de los presentes o prescribe curas de llagas, etc. Es decir, el *enfumbe* asume modelos de comportamientos característicos del *mpungo*. Esta relación entre "muerto" y deidad la expresa Cabrera con las siguientes palabras, refiriéndose a las *ngangas* que son enterradas temporalmente:

> A ellas [a las nganga] también, como instrumento de acción espiritual que se ejercita para el bien y el mal, se lleva la energía de un mpúngu, de una divinidad: a mpúngu Mama Wanga o Kisimbi Masa, a Choya Wuéngue, a Dibuddi, a Tondá, etc. Matari continuará siendo el asiento de la fuerza del fúmbi, del muerto esclavizado "que duerme" durante ese tiempo, hasta que el brujo lo recupere y reanime y aquél vuelva a servirle como antes, con los palos y demás componentes que se renuevan cada cierto tiempo. (Cabrera 1954: 133)

Vinculada con las creencias animistas está también la apropiación que puede hacer un médium mayombero del "alma" de un animal. Dice nuestro informante Basura Cuatro Vientos: "Los animales también tienen espíritus. Yo tengo ahijados que según el camino de sus fundamentos pueden "montar" *embuá* [perro de prenda] o *mayimbe* ["aura"]. Cuando *mayimbe* se apropia de la cabeza del palero [= cuando el oficiante cae poseso por el espíritu del aura], éste dobla los brazos hacia detrás, se agacha y corre como si estuviera volando". Estas posesiones mediúmnicas de animales también son muy comunes en el África bantú (v. Fuentes Guerra 2003: 67-84).

1.7. Objetivos del estudio y caracterización de la Regla Mayombe

Este libro es una nueva aproximación a la oriundez kikongo de la Regla de Palo Monte. En "Prácticas rituales afrocubanas: deidades Kimbisa (Palo Monte) y sus fuentes kikongo" (MS) nuestra fuente principal fue *La Regla Kimbisa del Santo Cristo del Buen Viaje* de Cabrera (1986). En este estudio partimos de otro texto de la etnógrafa cubana, i.e., *Reglas de Congo: Palo Monte Mayombe* (1979), igualmente clave para la investigación de dicha materia. Metodológicamente nuestro procedimiento transita por un camino similar al emprendido con "La Regla Kimbisa" (Fuentes & Schwegler MS): etimologizar los nombres de las deidades presentes en la Regla Mayombe para así corroborar una vez más las fuentes lingüísticas kikongo de los componentes jergales del habla palera cubana, descartando, al mismo tiempo, la hipótesis del supuesto multilingüismo bantú en esta llamada *lingua sacra*.

Sobre las características de las diferentes ramas de la Regla de Palo Monte el lector podrá hallar información detallada en Bolívar & González (1998). Aquí reproducimos parcialmente lo que las autoras apuntan en relación con la Regla Mayombe:

> Mayombe es un vocablo congo que significa magistrado, jefe superior, gobernador, denominación o título honorífico.
> Llámase mayombero al hechicero de tradición conga, oficiante de la regla que se conoce como Palo Monte, la cual le rinde culto a los muertos y a los espíritus de la naturaleza.
> Mayombe es, en resumen, la íntima relación del espíritu de un muerto que, junto con los animales, las aguas, los minerales, las tierras, los palos y las hierbas, conforman el universo adorado por los descendientes cubanos de los hombres y mujeres traídos del reino del Manicongo.[30] (Bolívar & González 1998: 50)

En el *Vocabulario congo: el bantú que se habla en Cuba* de Lydia Cabrera encontramos la siguiente definición del término Mayombe:

> **Mayombe***:* Mayombero: Se llama el hechicero de tradición conga. Mayombe es el nombre que se le da a la Regla que se conoce también con el nombre de Palo Monte, en ésta se rinde culto a los muertos y a los espíritus de la naturaleza. De acuerdo con la definición que nos dan sus adeptos se divide –en Cuba– en mayombe cristiano, magia para hacer el bien y mayombe judío para causar daño. Una trabaja con espíritus buenos y la otra, con espíritus malos. (Cabrera 1984a: 99)

Sin embargo, esta dualidad ritual ("trabajo para el bien" *versus* "trabajo para el mal") del oficiante de esta Regla es cuestionada por uno de sus adeptos:

> Palo [= Palo Monte] no tiene corazón. En *Mayombe* no se "trabaja" para hacer el bien. No existe *Mayombe* cristiano. Además, a diferencia de la *Vriyumba* y de la *Kimbisa*, la *Regla Mayombe* no tiene santos [panteón de dioses]. Eso, al menos, fue así en su origen, tanto en Lajas como en Abreus. Mis abuelos nunca tuvieron

---

[30] Para una etimologización correcta de la voz *Yombe,* consúltese Swartenbroeckx (1973: 764). KIK. *Mayòmbé*, aparte de constituir el plural de la voz *Yòmbé*, la registra Swartenbroeckx (1973: 310) con el significado de 'título honorífico que recibían antiguamente los gobernadores' (nuestra traducción). Esto corrobora la etimología ofrecida por Bolívar & González. Sin embargo no podemos considerar verosímil que los mayombe, y los bakongo en general, hayan sido traídos del Reino del Manicongo. Nuestra opinión está basada en el hecho de que casi dos siglos antes de la introducción masiva en Cuba de esclavos congos, el Reino del Manicongo había desaparecido (la batalla de Ambwila en 1665 había marcado su desintegración definitiva). Precisamente fue la decadencia del Reino lo que posibilitó de manera efectiva la trata esclavista en dicha zona del África centro-occidental.

imágenes de santos, ni orichas, ni crucifijos junto a sus prendas. Pero como tú podrás ver, con el tiempo ya todo está cambiando, todo se mezcla, las *ngangas* o fundamentos reciben nombres africanos, cubanos y hasta lucumí. (El Puti, mayombero de Lajas; testimoniante nuestro, enero 2003)

Otro informante palero insiste en la no vinculación de la Regla Mayombe con lo judeocristiano y la labor benéfica:

Es inconcebible que donde tengas muertos y trabajes con ellos y donde se hagan sacrificios para buscar objetivos específicos tengas a Cristo [su cruz] y digas que eres cristiano. El que jura Palo, jura diablo. El palero está jurando diablo porque todo lo que tú haces es diabólico. Todas las cosas que tú vas a hacer son malas. Incluso las ceremonias de curación están vinculadas con el mal, porque el bien de uno es el mal del otro. El mayombero para curar una persona grave tiene que matar a otra; es decir, hacer la ceremonia del "cambio de vida". Cuando se le hace el bien a una persona se daña a otra. Si libras a alguien de la justicia, de la mano de la ley, lo estás perjudicando porque, al mismo tiempo, propicias que el delincuente siga su actividad delictiva ya que evitas que sea castigado. (Tata Ero, mayombero de Cienfuegos; informante nuestro, enero 2003)

Similar dicotomía ("hacer el bien / hacer el mal" y "beneficiar / perjudicar, curar/ dañar") ha sido observada entre practicantes de los credos tradicionales en el área africana de los bakongo (sur de Gabón y del Congo, suroeste de la R.D.C. y norte de Angola, región de donde proceden los esclavos traídos a Cuba que dieron origen a la Regla Palo Monte Mayombe).[31] Particularmente revelador es el artículo reciente "Kongo à Cuba. Transformations d'une religion africaine" de Dianteill, donde leemos lo siguiente al respecto:

---

[31] Esta costumbre de los adivinos o practicantes bakongo de la medicina tradicional de "trabajar" tanto para hacer el bien como para provocar el mal parece tener orígenes remotos. Gracias al testimonio del holandés Dapper (1636-1689) sabemos que ya en el siglo XVII los bakongo ejercían ese doble papel de *nganga* (quien ejerce la magia preventivo-curativa) y de *ndoki* (quien manipula las fuerzas del mal):

> Comme on a déjà tant parlé de Moquisie (= *mu-nkisi* = *nkisi* [singular]) et qu'on en parlera encore beaucoup dans la suite, il n'est pas hors de propos d'expliquer un peu plus ce que c'est. Ces Ethiopiens [= africanos] appellent *Moquisie* ou *Mokisses* tout ce en quoi reside [sic], selon leur opinion, une vertu secrete [sic] et incomprehensible *pour leur faire du bien ou du mal*, et pour découvrir les choses passées et les futures. (*Description de l'Afrique* 1989 [1686]: 260; las cursivas son nuestras)

La charge d'agressivité placée dans le nkisi laisse penser que la distinction entre pouvoir de nuisance et pouvoir de bienfaisance est pratiquement difficile à établir. La différence entre nganga et ndoki pourrait en fait être issue d'une variation de point de vue: pour le client du nganga celui-ci est bénéfique puisqu'il identifie et combat le mal, mais comme bien souvent la maladie est reportée à un ennemi bien vivant que le nganga se charge d'annihiler grâce au nkisi, ce nganga sera perçu comme un ndoki par la victime. Celui que l'on accuse de sorcellerie demandera alors de l'aide à un autre nganga, qui sera perçu comme un ndoki par la partie adverse, relançant alors le cercle de l'attaque sorcière et de protection magique. Retenons ici que si la distinction entre magie positive et sorcellerie était opératoire au niveau des représentations, elle ne correspondait certainement pas à une opposition pratique réelle puisque le nganga répondait à l'attaque par la contre-attaque. (Dianteill 2002: 65)

1.8. Caracterización de los practicantes y del contexto sociolingüístico palero

La Regla de Palo Monte se desarrolla en torno al **munanso**[32], también llamado **casa-templo**. Tradicionalmente, el *munanso* ha sido un lugar apartado de la vivienda (por lo general una casita en el patio), pero en la actualidad la mayoría de ellos se ubica en una habitación de la residencia del padre (o de la madre) de prenda.

El dirigente del local del culto es el **tata nganga**[33] 'padre de prenda' (también llamado simplemente **tata**[34]) o la **ngudi**[35] **nganga** 'madre de prenda' (retratos de

---

[32] *Munanso* (también deletreado *munanzo*) < KIK. *mūuna* 'aquí adentro' + *nzò* 'casa' lit. 'aquí dentro de la casa, aquí en la casa'. En la actualidad, los paleros interpretan *munanso* como voz monomorfemática, i.e. 'casa'.

Para KIK. *mūuna* 'pron[om] dem[onstratif], 3ᵉ posit., cl[asse] loc[atif] ... ici et là-bas' y KIK. *mûna* 'ci-dedans, ci à, là-dedans, là-bas, à', consúltense L. (608) y Sw. (370), respectivamente. Sobre la común fosilización de *muna* en palabras paleras, véase Fuentes Guerra (2002: 44-45).

KIK. *nzò* 'casa, choza, residencia, edificio, etc.' se documenta en Sw. (515) y L. (829).

[33] *Tata nganga* < KIK. *táata* 'jefe, padre' + KIK. *ngànga* 'curandero, adivino, médico, hombre experto, hábil, etc.' (Laman 1964: 683, Sw. 415-416).

KIK. *táata* tiene dos funciones distintas, aunque relacionadas, o sea, es (1) un hipocorismo ('título de respeto del padre o del jefe que se antepone a determinados sustantivos'), y (2) un sustantivo que denota 'padre, tío, tía, jefe, dueño (de un esclavo)' (v. L. 955, Sw. 620). En la expresión KIK. *Táata Ngànga, Táata* tiene la primera de estas funciones. Véase también Schwegler (2002a: 98, *notas* 6 y 9).

[34] Antaño también pronunciado *taita*, documentado por Cabrera en el *VC* (6 ocurrencias), donde *Taita Nganga* 'sacerdote, mago' (pág. 142) y *Taita Kunangan nfita* 'curandero, adivino, etc.' (pág. 32) (mejor transcrito *taita kunafinda* lit. 'padre del monte, padre de las hierbas').

algunos *tata* y *ngudi nganga* se encuentran en las fotos n.° 6-11, 16, 18 y 22). A los practicantes, independientemente de su jerarquía en la Regla, el pueblo en general los conoce con los apelativos de **paleros**, **ganguleros** o **mayomberos**[36]. La *ngudi nganga* y el *tata nganga* son asistidos por los demás adeptos, es decir, un o una **bakofula**[37] ("mayordomo" [v. foto n.° 10]) y los **moana nganga**[38]

La motivación por el paso de *tata* a *taita* no se ha estudiado, pero éste verosímilmente es el resultado de una analogía a ESP. *paire* 'padre' / *maire* 'madre', dos formas que según Zamora Vicente (1974: 346) eran comunes en el habla popular española de distintas zonas (sobre todo en la occidental y meridional).

Otro término sinónimo de *tata* que solía circular entre algunos paleros (en la provincia de Villa Clara) era **manfula** o **mamfula** < KIK. *ma* (pref. de clase [colectivo]) (L. 471) + KIK. *Mfùula* lit. 'quienes interrogan' (L. 555), significado que se aproxima a 'los que dialogan y "trabajan" (con "el muerto" [espíritu] que habita la *nganga*'). Cp. tamb. *mfùula* 'enquête rigoureuse (orale); interrogatoire' (L. 555) y *fùula* 'rezar, interrogar, invocar, cuestionar, preguntar, examinar, etc.' (L. 159). El término *manfula* se emplea por lo general en sentido colectivo, i.e. "los manfula" y está relacionado con otra palabra muy usada en el habla palera, i.e. PAL. *(m)fula* o *(n)fula* 'pólvora' < KIK. *mfùla* 'pólvora, pólvora mágica (nkisi)' (L. 555).

35 *Ngudi* < KIK. *ngúdi* 'madre, dama, tía, anciana, pariente (de consanguinidad materna); autoridad' (L. 693; Sw. 421). Cp. tamb. PAL. *ndinga mba ngudi* lit. 'lengua materna' (*VC* 92), *Ngudi Nkita Nganga* 'Madre Dueña de la Nganga, Sacerdotisa de Regla de Mayombe' (*VC* 96), *Ngudi ganga* 'Madrina de iniciación' (*VC* 97). En el *VC* y entre nuestros informantes, la expresión siempre ocurre con prenasal, i.e., *ngudi (n)ganga* y no **gudi (n)gunga*.

En el Congo, KIK. *ngudi a nganga* tiene el significado de ingl. "high priest", o sea "*nganga* de alta autoridad que instruye a los nuevos *nganga*: "Usually it is a high nganga (ngudi a nganga) who instructs new banganga in the art of gathering the appropriate medicines to make up various minkisi ... One who has mastered this art is called a nganga nkisi" (Laman, *The Kongo* 1962: 173). Al contrario de lo que ocurre en Cuba, en el Congo la expresión parece aplicarse a hombres, por lo que allí es sinónimo de KIK. *mbúta* 'un anciano (distinguido), un jefe, el mejor, comandante, etc.' (L. 543 para *mbúta*, y L. 693 y Sw. 421 para *ngúdi*).

36 *Mayombero* < KIK. *Mayombe* 'zona geográfica de la selva Mayombe' (Mapa 3) + *-ero* (sufijo hispano).

37 El *bakofula* es el mayordomo de ceremonia, el que asiste al *tata nganga*, "el que está facultado para reemplazar el Taita Nganga" (Cabrera 1984a: 100; cp. también Díaz Fabelo [1998: 102] "Mayordomo de Prenda"). La etimología de la voz es compleja y se analiza en detalle en Schwegler (MS). Baste decir aquí que *bakofula* está compuesto por tres lexías primitivas que son: *ba* (prefijo de clase pluralizador) + *ǹkulu* 'anciano, los que saben'" (i.e., los ancianos "que reaniman, reviven y/o interrogan al "muerto" del *nkisi*')" + *mfùla* 'pólvora mágica', por lo que la expresión integrada connota: 'los ancianos que saben "trabajar" con la pólvora (mágica)'.

38 *Moana nganga* < KIK. *mwána* 'hijo,-a; niño, -a; descendiente, etc.' + KIK. *ngànga* 'médico, adivino, curandero, hombre experto, etc.'. Para *nganga*, véase también *enganga* en Valdés

("hijos e hijas de prenda"), también llamados **engueyos**[39]. Los *tata* y las *ngudi nganga* que conocemos son de edad mediana y avanzada (entre 30 y 80 años), pero más que la edad es la experiencia cultual la que decide quiénes pueden alcanzar el rango de *tata* o *ngudi nganga*.[40]

    Acosta (2002a: 131). La expresión *moana nganga* con el significado específico de "asistente del *nganga*" ya se empleaba entre los congos de antaño, como podemos apreciar en Hagenbucher-Sacripanti (1973: 189), donde aparece un texto ritual, en el cual el *nganga* somete a su *mwa:na ngāga* (= *moana nganga*) a un interrogatorio antes de que éste se convierta en *ngāga liboka*.
    Laman trae KIK. *mwána* en la pág. 645; similar información aparece en Swartenbroeckx (1973: 392). Valdés Acosta (2002a: 125) confirma la etimología de *moana* y da también *muanaco* y *muanandi* como variantes. *Muanaco* es la versión palera del KIK. *mwan'àaku* lit. 'hijo tuyo = tu hijo' (para KIK. *àaku*, v. L. 2). *Muanandi* proviene del KIK. *mwan'ándi* lit. 'hijo suyo = su hijo' (para KIK. *ándi* 'pron. posesivo enfático', v. L. 3). Algo distinto es el caso de *muanita*, donde se ha añadido el sufijo español de diminutivo –*ita* al vocablo *moana* [ˈmu̯ana].

[39]   PAL. **Engueyo** o **ngueyo** < KIK. **ngeyo** o **ngèye** 'tú, forma de tratamiento, 2ª persona singular' (L. 687, Sw. 418). Como los *engueyos* o *nqueyos* son los adeptos recién iniciados (los de menor categoría ritual), ellos pueden ser "tuteados". En el kikongo del norte de Angola (kikongo meridional), para llamar a una persona (de manera informal) se usa el pronombre personal primario de segunda persona *ngeye* (Fabbro & Petterlini, 1977: 84). En kikongo suele decirse: *ngeye, wiza kwaku!* '¡Oye tú, ven acá!'. Este tratamiento de *ngeye* a los compañeros de menor rango, pero que tenían relación cercana con el hablante, posibilitó la identificación de *mwana* = 'recién iniciado' con *ngeye*. El cambio de *e* por *o* (*engueyo* ~ *engueye*) puede tener dos fuentes (una doble causación): como aclara Laman, KIK. *ngeyo* y *ngeyu* son formas dialectales de *ngèye*. La –*o* final de PAL. *engueyo* también puede ser un procedimiento común de adaptación a la marca de género hispánica. En shona y otras lenguas bantúes también se utiliza el pronombre personal de segunda persona como forma de tratamiento: *Iwe, uya pano* 'tú, ven acá' (en chishona).
    Díaz Fabelo (1998: 80) confirma la voz: "Hermano = *ngueyo*; Hermano de prenda = *manungueyo* (en luango)", donde *manungueyo* (transcripción errónea) habrá de sustituirse por *munangueyo* o *monangueyo*). *Ngueyo* también se utiliza en González García (2000: 112), donde "Mi jijo, hoy serás un *ngeyo* [*sic*] = 'Mi hijo, hoy te vas a iniciar'". Cabrera no trae *engueyo* o *ngueyo,* pero sí registra *nweye*, *munangüeye* y *munanweye* en este artículo del *VC*: "Hermano, cofrade: *Munangüeye. Munanweye.* 'Los munanweyes o nweyes son los espíritus de los muertos', Hermanos de un templo o Nso Nganga" (1984a: 83).

[40]   Es común la creencia en Cuba de que los *tata nganga* de edad avanzada "saben más", por lo que la eficacia mágico-ritual que se les atribuye a los ancianos suele ser mayor. Similar actitud sociorreligiosa siempre ha estado presente en el África bantú, hecho que el geógrafo holandés Olfert Dapper (1636-1689) pudo documentar en el siglo XVII: "[c]eux qui se consacrent au service des Moquisies [= *mu-nkisi* = *nkisi* (singular)] sont des personnes avancées en âge, des vieillards chagrins ou maladifs" (*Description de l'Afrique*, 1686:

Existe también otra categoría de padre de prenda, denominada **tatandi** o **tatandi bilongo** 'padre de *nganga* que monta el fundamento'. La estructura morfosintáctica de este término ha sido reinterpretada y reducida en Cuba ya que *tatandi bilongo* en su origen estaba compuesto por *tata di bilongo*, lit. 'padre + de + la medicina mágica del *nkisi*'. O sea, la expresión proviene de los siguientes étimos (Schwegler MS):[41]

KIK. *táata* 'padre, jefe' > *tata-*
KIK. *di* (> *ndi*, cuya prenasal fue añadida en Cuba) > *-ndi*
KIK. *bilóngo* 'medicina mágica del *nkisi*' > *bilongo*

Como observa Dianteill, el Palo Monte "s'est organisé sur la base d'une filiations *spirituelle* et non biologique entre parrains et filleuls" (2002: 66).[42] El proceso de iniciación ("rayamiento") en el credo palero se da a partir de la primera consulta adivinatoria[43] que hace el interesado para convertirse en adepto. No se requiere una edad específica para ello. Tampoco es requisito importante ser miembro de una familia ritual ni pertenecer a una raza determinada.

Las motivaciones para ingresar en la Regla Conga pueden ser muy variadas. Entre ellas están la atracción por este sistema de creencias y el ambiente de fra-

---

259). Sobre este punto, v. también Lachatañeré (1992b [ca. 1940]: 149 [paginación del texto reproducido en Dianteill 1995]).

[41] Cabrera (1984a: 113) trae la voz *Tatandi* en el artículo "Padre: *Tata, Tatando Ntatando*", donde la terminación *–o* en vez de *–i* constituye una clara hispanización del término. La autora no discrimina semánticamente entre *tata* y *tatando*, ni tampoco aporta la versión *tatandi* o *tatandi bilongo*. Bolívar & González (1998: 170) registran la expresión *tata ndi-bilongo tuyembere* y la traducen como 'padre, jefe, título de respeto de un jefe'. En este último caso la segmentación difiere: *tata ndibilongo* en lugar de *tatandi bilongo*.

[42] El mismo autor acierta al apuntar que

> [l]a participation religieuse a ainsi perdu son ancrage ethnique, car des esclaves originaires d'autres régions que le Kongo, puis des noir créoles, des métis et des blancs ont été initiés. Aujourd'hui, certains paleros sont blonds aux yeux bleus et ne se disent plus "congos" ni descendants de "Congos". (Dianteill 2000: 66)

[43] Esta consulta adivinatoria se lleva a cabo en la casa-templo, donde oficia el gangulero. Éste se vale de la posesión mediúmnica o de determinados objetos, como conchas, caracoles y chapillas de corteza de coco seco, para transmitirle al consultante su pronóstico. Una descripción detallada de los ritos de iniciación paleros puede hallar el lector en Castellanos & Castellanos (1992: 150-161). Véase también González Bueno (1993).

ternidad que lo rodea. Al igual puede considerarse una enfermedad o un problema personal como los motivos que obliguen a la persona a buscar refugio o protección espiritual en esta religión. Nunca hay una razón de proselitismo religioso que la induzca a dirigirse a la casa-templo. En este aspecto el Palo Mayombe se diferencia de las prácticas religiosas evangélicas que en la actualidad propagandizan su credo en Cuba.[44] El futuro practicante puede también ser enviado a la Regla Conga por mediación de un sacerdote de la Regla de Ocha (Santería) si en la consulta le sale "una letra de Palo", es decir, que tiene que iniciarse en el credo palero.

El consultante, si es aceptado (la tirada del *chamalongo* lo decide), se inicia como *moana nganga,* es decir "ahijado o hijo de prenda". La iniciación o el "rayamiento" en el Palo comprende ciertas pruebas de resistencia y fortaleza. Un manual anónimo explica lo siguiente al respecto:[45]

> au moment du *rayamiento* proprement dit, le néophyte s'agenouille devant le chaudron, les yeux bandés. Le parrain demande alors au moyen de morceau de noix de coco ou de coquillage si le mort accepte que la personne soit "rayée". Une fois le mort satisfait, c'est le moment du *embele* [= cuchillo]. Le parrain frappe le novice avec le plat de la machette sur la poitrine et dans le dos, et celui-ci doit supporter les coups avec "fermeté et volonté". Puis, le parrain incise le novice sur le front, les mains, le dos, la poitrine et les jambes au moyen d'une machette effilée, à défaut, d'une lame de rasoir. À chaque fois, le parrain trace une, deux ou trois incisions parallèles. (Manual anónimo, citado en Dianteill 2000: 159-160)

---

[44] En el texto arriba citado, Dianteill apunta correctamente que

> [...] les religions afro-cubaines ne constituaient pas [années 1960], comme l'Église catholique à cette époque, une force d'opposition organisée. Elles ne possédaient pas d'organisation centralisée, et ne proposaient pas un modèle politique ou économique particulier. Elles visaient principalement à identifier la cause spirituelle des troubles qui affectaient les personnes par la divination et la possession, et à y porter remède par le sacrifice et l'initiation. (Dianteill 2000: 8)

Nuestras observaciones en el área centro-occidental de Cuba confirman que el Palo Monte está desprovisto de una fuerte unidad religiosa colectiva, lo que explica por qué aun en una ciudad relativamente pequeña como Cienfuegos (ca. cien mil habitantes), los paleros por lo general ignoran quiénes entre sus conocidos son practicantes de su credo.

[45] Véase también "An initiation ceremony in Regla de Palo" de González Bueno (1993).

Con el tiempo el nuevo acólito a la Regla del Palo Monte se identifica con la "lengua", los nombres de deidades y con los elementos que integran el culto, lo que el mayombero llama "el dominio del monte" (esto incluye, entre otras cosas, un conocimiento profundo del uso de hierbas, raíces, plantas medicinales o venenosas). Es en este contexto en que el nuevo creyente está expuesto, sobre todo a través de cantos, intercambios litúrgicos, "controversias" o "puyas" ('desafíos lingüísticos entre los adeptos'), al complejo mundo de la "lengua" palera, habla que consta de tres elementos muy desiguales, a saber:

(1) el español (casi siempre en su modalidad popular e informal),
(2) *bozalismos*[46] (= 'español que supuestamente imita el habla "deformada" de los esclavos'[47]) y
(3) glosalia "africana".

El canto ritual "¡Bititi ngo!" (pág. 54) –recogido en Cienfuegos (noviembre 2003) y muy conocido entre los paleros de la zona– ilustra estos tres elementos lingüísticos (el español popular se da en redonda; los *bozalismos* aparecen en cursiva; la glosalia "africana" está impresa en negrita):

---

[46] Estudios más detallados sobre el habla bozal podrá hallar el lector en Castellanos & Castellanos (1992: 321-356), Lipski (1998, 2000, 2001), L. Ortiz (1998a, 1998b, 1998-1999, 1999c) y las fuentes citadas allí. Holm (2004: 17-19, §1. "The study of Nonstandard Caribbean Spanish") ofrece un resumen panorámico de las últimas investigaciones relacionadas con este tema.

[47] Durante su período formativo, este español *bozal* parece haber sufrido cierta influencia afroportuguesa (sobre la posible importancia de elementos afroportugueses en la formación de hablas afroamericanas, véanse Granda 1973b y Schwegler [1999, 2003] y las fuentes citadas allí). Esto explicaría la presencia de posibles lusismos en algunas de las voces rituales que aparecen en este libro. Nos referimos, por ejemplo, a PAL. *fasenda* 'mentira, persona mentirosa, gente mala' < (AFRO)PORT. *fazenda* 'hacienda', algo hecho = algo inventado' o a *boúmba* (*VC* 69, "Espíritu") y *boumba* (*VC* 131, "Prenda"), que corresponden a *bumba* 'espíritu que actúa en el caldero'. En *boúmba* ~ *boumba* el diptongo decreciente, atípico en la evolución diacrónica del español, apunta hacia una trayectoria fonética lusitana en vez de hispana.

En este contexto resulta significativo que los informantes de Cabrera insistieran a veces en que un determinado rezo era (del) "Congo portugués", proporcionando así evidencia externa a favor de la tesis afroportuguesa (véase por ejemplo Cabrera [1984a: 139, 140] "Rezo; Para encomendarse a los Mpungu [...]" y "Rezo", respectivamente).

> | | |
> |---|---|
> | español | = en redonda |
> | bozalismos | = en cursiva |
> | africanismos | = **en negrita** |
>
> **¡Bititi ngo, fumbi yaya!**[48]
> **(Canto ritual)**
>
> **Invocación al** *fumbi* **("muerto")**
> **para que venga a nuestro mundo a "trabajar"**

El fumbi –*también llamado "muerto"*– *está en el centro de la práctica del Palo Monte. El palero "trabaja" (manipula) al "muerto" y entra en comunicación con él. El fumbi es más poderoso que el palero, pero es este último quien lo domina, controla y "trabaja"*.[49] *En este canto, el gangulero busca establecer la comunicación con su* fumbi, *al cual llama ("despierta") para que venga al mundo nuestro.*[50]

En este y los próximos cantos usamos una grafía simplificada, adoptada previamente por Cabrera y otros autores que han trascrito la "lengua" del Palo Monte. En el texto a continuación ponemos en cursiva sólo aquellas voces que por su forma son claros bozalismos. El lector deberá tener en cuenta, sin embargo, que en su contexto natural, el tata nganga *y su público perciben oraciones como* yo te llama *(final del primer verso) como "en bozal" en su totalidad, aunque sólo la última palabra (*llama *en vez de* llamo*) se divorcia de las "normas" del español estándar.*

---

[48] Similares textos mayombe han sido publicados recientemente por González García (2000), quien los obtuvo del Tata Kuyere de Matanzas en 1994.

[49] Sobre la naturaleza de entidades espirituales afrocubanas, véase Dianteill (2000: 163-171, 2002: 73). Como observa dicho autor, en Cuba el *tata nganga* reduce el "muerto" a la esclavitud (2000: 73). Y "[i]nsultes, coups, menaces, tous les moyens de coercition sont bons pour faire travailler le mort, qui est assimilé fréquemment à un 'chien' méchant, tout comme au Kongo" (2002: 76).

[50] Para otro ejemplo de un rezo destinado a llamar al espíritu (un Siete Rayos), véase Cabrera (1984a: 138).

Texto ritual[51]	Traducción
Dirigiéndose al fumbi, el tata dice:	*Dirigiéndose al fumbi, el tata dice:*
¡**Bititi**[a] **ngo**[b], **fumbi**[c] **yaya**[d]! yo te *llama*.	¡**Ven a ver, "muerto"** (espíritu, *fumbi*) **fuerte y hábil**! *Yo te llamo* (para que vengas).
¡**Bititi ngo**! Yo te *llama* con mi maña.	¡**Ven a ver**! Yo te *llamo* con mi maña (= 'mi arte y don mágico-religioso')
¡**Riba**[e] *mundo* con tu maña!	¡[= ¡ven!] *al mundo* [nuestro] con tu maña!
Tiempo tiempo yo te *llama*.	*Hace tiempo que* te *llamo*.
¡**Bititi ngo**! **Ko**[f] *bititi rriba mundo*.	¡**Ven a ver**! [Todavía] **no te veo** *en el mundo* [nuestro] = [¿qué esperas tú para venir a nuestro mundo? / ¿por qué todavía no te apareces?]
Riba mundo son **bacheche**[g].	*En el mundo* [nuestro] *es* **agradable/ saludable** (= invitación para que el espíritu pase del otro mundo al nuestro).
¡*Venga mundo*! ¡... que tú pué!	["Muerto"] *vente a este mundo* [nuestro]! ... [es] que tú sí puedes!
¡Ven a ver! ... etc.¡	¡Ven a ver! ... etc.

---

[51] Texto cantado por Héctor Hidalgo Mederos, Tata Ero, Cienfuegos (fotos 8-10).

Notas al canto ritual "¡Bititi ngo, fumbi yaya!"

(a) ***Bititi*** '¡mira!, ¡ven a ver!; mirar, ver' y también 'mirada, ojeada, vista' < KIK. ***bi-tíiti*** 'hierbas, vegetales, etc.' (*bi* = 'pref. de clase', L. 34; *tíiti* 'hierba, vegetales, etc.' = L. 976; v. tamb. *tí* 'ídem' L. 970). La expresión aparece en su forma sustantivada en el canto reproducido en la página 54: ... *que dé* MBITITI *a lo mimo panguiami* 'que [le] dé una mirada al [mismo] amigo' = 'que mire al amigo'.

Desde una perspectiva semántica, el origen kikongo aquí propuesto para PAL. *bititi* puede parecer extraño a primera vista. Se trata, sin embargo, de una etimología muy complicada. Esta complejidad se debe a una reinterpretación en el nivel lingüístico profundo de la expresión bipartita *–bititi menso–* que en suelo cubano denotaba "hierbas + ojos" (significado literal).[52]

La etimología PAL. *bititi* < KIK. *bi-tíiti* 'hierba, vegetales, etc.' podemos hallarla en la voz palera *bititi* 'hierba' (Díaz Fabelo 1998: 52) y *bititi* 'pasta de yuca para hacer almidón' (Valdés Acosta 2002a: 174 y Fuentes Guerra 2002: 56), y asimismo en la expresión *bititi menso* 'mirar en o por medio del espejo' (Díaz Fabelo 1998: 29), donde *bititi* en un inicio se refería a las hierbas y otros elementos mágicos usados en la adivinación (*menso*, o su variante *meso*, es 'ojos' [< KIK. *méeso* 'ojos', L. 55]). A través del reiterado empleo de *bititi menso* lit. 'hierbas + ojos', nuestro *bititi* –usado solo, i.e., sin *menso–* pudo adquirir el significado actual de 'mirar (mágicamente), ver, mirada'.

Schwegler (MS) ofrece una explicación detallada sobre *bititi* y voces relacionadas (incluso PAL. *bichichi* 'gusano (comestible)' < KIK. *bitíiti* 'hierba, etc.'; PAL. *bititi* 'pasta de la yuca para hacer almidón' (García González & Valdés Acosta 1978: 34) y *titi* 'basura' (supuestamente proveniente de 'basura vegetal como hojas, paja, cartuchos vacíos, etc. que no tienen valor'). Valdés Acosta (2002a) no trae *bititi* con el significado de 'mirar, ver' o 'mirada, vista, ojeada'. Cabrera la deletrea *vititi* (12 ocurrencias en el *VC*) y la incluye en los artículos "Espejo = Vititi Mensu" (*VC* 68) y "Espejo del adivino = Mensu vititi (ojos hierba): mensu, el espejo mágico en que el Ngangulero 've la brujería', vititi, porque los hechizos se hacen con hierbas" (*VC* 68). Como puede desprenderse del último artículo, los informantes de Cabrera todavía reconocieron la semántica primitiva de donde, según nuestra etimología, se derivó la expresión (i.e., *mensu vititi* = lit. 'ojos' + 'hierba').

(b) Estamos de acuerdo con Elliot Klein (comunicación electrónica) de que, en tiempos pasados, la expresión *bititi ngo* parece haber referido a la entidad Gurufinda, "el que gobierna las yerbas" (cp. KIK. *bi-tíiti* 'hierba, vegetales' [v. la nota anterior]/KIK. *ngò* 'leopardo, tigre'; para los paleros de antaño, *ngo* había llegado a significar tanto 'leopardo, tigre' como 'el gobierno de los felinos').

---

[52] Sobre el *vititi menso*, véase también "Le gestuelle kôngo dans les Amériques noires" de Thompson (2002: 162s).

La traducción ofrecida por nuestro informante Héctor Hidalgo Mederos –o sea, "¡Bititi ngo! = ¡ven a ver!"– quizás se debe al simple hecho de que en este y otros mambos, *bititi ngo* suele aparecer yuxtapuesto con la expresión española *¡ven a ver!* o *¡ven acá!*. Éste es el caso, por ejemplo, en una invocación a los *mpungu* citada por Cabrera: *Vititingo VEN ACÁ alándoki* [*alándoki* → *ngangandoki* → *(n)ganga ndoki* (?)] (*VC* 1984a: 111). Esta yuxtaposición (muy común) puede haber inducido a algunos paleros a (re)interpretar *¡ven a ver!* como la traducción del enigmático *¡bititi ngo!*.

Esta interpretación históricamente errónea de *vititi ngo* = 'ven acá' (por yuxtaposición) se debió, como nos sugirió primero Jesús Varona Puente (a través de Elliot Klein), en parte a una confusión tradicional y muy corriente en el contexto palero cubano entre *vititi* 'hierba' (*"lengua congo"*) y *vititi* 'vista' (*habla bozal*). Esta tendencia facilitó la acepción de *vititi ngo* = 'mira acá' o 'ven acá'. En otras palabras, existió una asociación semántica anterior entre *vititi* y 'ven / mira acá", lo que contribuyó a la interpretación actual de *bititi ngo* = 'ven acá' en el verso aquí analizado.

En la rama (*kimbisa*) del *tatandi bilongo* Jesús Varona Puente de La Habana, el mambo analizado aquí se emplea entre otras cosas para inducir el trance. El cantante llama a *Bititi Ngo* = *Gurufinda* para que las fuerzas del monte (yerbas) provoquen la actuación del "muerto" (*nganga*) (comunicación electrónica de Elliot Klein, mayo 19, 2004). Una versión alternativa del inicio de este mambo nos fue transmitida por Elliot Klein:

Coro: Bititi ngo / ganga ven acá / bititi …
Gallo: Mi nganga / ven acá
Coro: [Estribillo]
Gallo: Mi nganga ndoke / ven acá
Coro: [Estribillo]

(Texto del *tatandi bilongo*
Jesús Varona Puente)

(c) ***Fumbi*** 'muerto, espíritu' < KIK. *mvúmbi* 'cadáver, persona muerta' (L. 638, Sw. 388). Variante de PAL. *enfumbi* (VMP 99). V. también Valdés Acosta (2002a: 130, *enfumbi*) y Fuentes Guerra (2002: 29).

(d) ***Yaya*** 'fuerte, poderoso, robusto', y también 'palo medicinal potente muy utilizado por los yerberos y curanderos cubanos. Se busca en el monte y se emplea para hacer "trabajos" mágicos' (informante).

Yaya 'fuerte, poderoso, robusto' proviene del KIK. *yāaya*, reduplicación de *yā* 'ê. réputé, célèbre, dont on parle et discute beaucoup' (L. 1121, Sw. 746). En el habla popular de Cuba, *yaya* significa 'certero, hábil, diestro, capaz, incisivo, mentalmente ágil, quien se las sabe todas y no se le va nada, persona experimentada' y es éste el significado aproximado del *yaya* empleado aquí por el palero. En el habla de los mayomberos cubanos se emplea también otro *yaya,* o sea *palo yaya 'Ozandra lanceolata* S. W. Benth'. Según Cabrera (1984b: 268), es uno de los árboles más comunes de la isla; depura la sangre de las piernas y los pies. Como le indicó un palero, "quita ñeque; yaya, yayita, que acaba con todo lo malo" 1984b: 268). Pensamos que en este caso estamos ante una voz indígena (planta Annonacea, especie que no es oriunda de África).

(e) **Riba** < *arriba.* Es común el uso de *(a)rriba* + SUSTANTIVO en el habla palera, donde equivale a 'sobre, en, en cima de' (cp. *arriba enkisi* 'en la prenda, en el *nkisi', arriba enganga* 'en la prenda, en la *nganga',* documentados en el texto "Saludo ceremonial", pág. 67 de este libro).

Lipski (2002: 57) aporta también que esta preposición *riba* < ESP./PORT. *arriba* se documenta con cierta frecuencia en el habla bozal.

(f) **Ko** 'no' < "segundo elemento de la doble negación predicativa KIK. **ka** + VERBO + **ko**" (L. 299; v. también *kā ... kò* en L. 197 y Sw. 109). Compare el uso de *ko* 'no' en el siguiente dicho palero, obtenido de nuestro informante Héctor Hidalgo Mederos (1964-) en Cienfuegos (en noviembre del 2002). La traducción también es del informante; optamos por determinar las diversas funciones de *dian* en la frase a continuación en otra ocasión:

Dian   guandi   ko   dian   enfuiri   dian   kalunga   enfuiri.
--   madre   **NEG**   --   morir   --   mar   morir
'Mi madre no se muere hasta que el mar se muera'.

Según una comunicación personal de Jean Nsondé (hablante nativo del lâri), en varias hablas kikongo el elemento negativo *ko* puede ocurrir solo, i.e., sin el elemento preverbal *ka* siempre que el pronombre de sujeto sea plural. Esto lo vemos en el dialecto lâri, como se ejemplifica en las oraciones siguientes (consúltese también Lumwamu 1973):

tu   dîdi   ko.   '(Nosotros) (aún) no hemos comido.'
lu   dîdi   ko.   '(Ustedes) (aún) no han comido.'
ba   dîdi   ko.   '(Ellos) (aún) no han comido.'
___

PRO   comer   NEG

(g) **Bacheche** 'fuerte, saludable, agradable, tremendo, con mucho ánimo', palabra muy usada en el habla palera. Desconocemos su origen; quizás relacionado con CUB. *cheche* 'hombre bravucón, fanfarrón' (*Diccionario de la Real Academia Española,* versión electrónica) y 'hombre bravurón y pendenciero' (*Diccionario del español de Cuba,* 2000: 134). En Puerto Rico, *cheche* es 'persona que triunfa'. Fuentes Guerra (2002: 56) trae *bacheche* 'listo para trabajar, estar en forma'.

Nuestro informante Héctor Hidalgo Mederos emplea *bacheche* a menudo en combinación con *cheche*, como por ejemplo en CHECHE BACHECHE *mama sambi* = 'la fuertísima ceiba', donde *cheche bacheche* significa 'muy fuerte, fuertísimo, que tiene mucha energía'. Cp. también la frase siguiente, obtenida de nuestro informante Elier Burke (Cienfuegos): *rriba mundo son bacheche* lit. 'arriba mundo ser tremendo' = 'en este mundo [nuestro] es tremendo' (expresión usada para invitar al "muerto" que venga del otro mundo a dialogar con el gangulero que está en el mundo de los vivos). *Bacheche* se emplea también en dos oraciones kimbisa, reproducidas en Davila (2002: "23. Prayers", sin pág.): "Papiando BACHECHE bakuenda BACHECHE" y "Muerto soberano Kimbiza Tumba finda Haitiana BACHECHE guama gaga congo piti".

Aunque los *tata nganga* más prestigiosos suelen ostentar un gran dominio de la "lengua", ésta no es una condición *sine qua non* para ejercer como palero. Entre nuestros testimoniantes podemos apreciar distintos grados de competencia en el manejo del código mayombe. Mientras que algunos pueden producir sin dificultad largas oraciones en "habla africana" exclusivamente, otros se valen sólo del español, al cual incorporan alguna que otra expresión "conga" o *bozal*.[53]

En términos generales, el mayombero anciano tiene mayor conocimiento de la "lengua" que los más jóvenes; pero adviértase que, aunque no se domine activamente toda la glosalia palera, los adeptos de la Regla reconocen y saben interpretar el significado de casi todas las voces y expresiones rituales. Estas diferencias en el saber lingüístico que observamos en determinados practicantes mayombe explican en parte por qué algunos *tata nganga* que hemos conocido aparentan manejar un lenguaje exótico lleno de bozalismos y africanismos putativos, intensificando así de manera artificial la connotación esotérica de sus rezos y cantos. Esta simulación lingüística se logra a través de la distorsión fonética y morfosintáctica, una articulación extremadamente rápida y sostenida, así como la inserción de reiteradas muletillas con la finalidad de buscar una apoyatura para la fluidez del discurso.

Un ejemplo de este tipo de lenguaje intencionalmente "disimulado" y rítmicamente acelerado fue grabado por nosotros en la casa-templo de un palero cienfueguero en noviembre de 2002. El segmento que aquí presentamos es una muestra de dicha grabación, en la cual el *tata nganga* "E." sostiene un diálogo en un tono marcadamente acelerado con la palera "V.". En el texto que sigue, "E." se dirige a su "muerto" para que éste se despierte y le responda. Hacemos resaltar las muletillas –usadas como hemos dicho para apoyar la fluidez del discurso y para disimular el habla– con fondo gris (como es lógico, en la lectura, la omisión de estos elementos aumentará la comprensión del texto). El español popular se da nuevamente en redonda, los *bozalismos* en cursiva y la glosalia "africana" en negrita.[54]

---

[53] En su contexto ritual, la "lengua" raramente consta de oraciones exclusivamente "africanas" ya que este tipo de glosalia casi siempre se inserta en un discurso que favorece el cambio de código. A pesar de ello, algunos informantes nos han demostrado que son capaces de sostener conversaciones o monólogos utilizando un código lingüístico en su totalidad permeado de africanía.

[54] Identificaremos como "africanismos" a todas las voces de origen africano, integradas o no en el habla cubana. Entre ellos incluimos palabras como *ganga* o *Sarabanda*. Queremos señalar, sin embargo, que la mayoría de estas lexías del habla palera no figuran en la modalidad cubana del español. El texto aquí presentado ilustra este hecho.

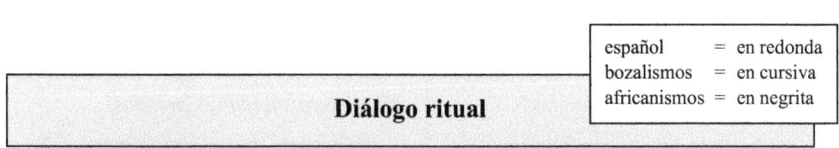

Diálogo ritual

español	= en redonda
bozalismos	= en cursiva
africanismos	= en negrita

En el habla ritual de E., quien tiene un dominio reducido de la "lengua", proliferan dos muletillas: (1) mimo *o* mima *'mismo, -a' y (2)* dice, *cuya realización fonética oscila entre [dise], [disi], [ndisi], [ndise], [ðise], [ðisi], [ise], [isi], [se], [si] y [s]. La aceleradísima articulación de E. contribuye a la variación y reducción fonética de este* dice, *cuyas formas más comunes son [isi], [si] y [se].*

Otras muletillas empleadas por E. incluyen el exclamativo cará *y* caray *'¡carajo!' y* agwé *(var.* awé, angwéy*) 'hoy'; a este último nos referimos en la nota (e).*

Para poder apreciar el marcado efecto acústico que las muletillas confieren al habla ritual de E., el lector tendrá que tener en cuenta que éstas a veces se encadenan en el texto (por ej., y él MIMO DISI KARÁ llama... = y él llama...*), lo que para el no iniciado rompe la continuidad y cohesión del texto, convirtiéndolo en un discurso críptico en extremo que pretende recurrir a más léxico exótico (bozal o "africano") de lo que efectivamente contiene. Junto con las muletillas, la presencia de africanismos y bozalismos así como la rapidez del habla son factores que contribuyen de manera significativa al carácter hermético del habla ritual del Tata E.*

Al igual que en "Bititi ngo, fumbi yaya", las notas para este diálogo ritual aparecen inmediatamente después del texto.

Texto	Traducción
[E. primero saluda sus prendas] ... con licencia conga, con licencia ... [y luego continúa con] que yo **ndinga**[(a)] *al* mimo *pie de mi mima ...* – **tata**[(b)], *que* **kwenda**[(c)] *en el* mimo *cuarto fundamento.*	[E. primero saluda sus prendas] ... con licencia conga, con licencia ... [y luego continúa con] [es] que yo **digo** (= pido) al [mismo] pie de mi [misma] ... [– el **tata** (= yo, i.e., E.), que él **vaya** (= pueda entrar) en el [mismo] *cuarto de fundamento* (= la *casa-templo* donde reside el fundamento o la *nganga*).
[Dirigiéndose al "muerto"] ¡**Ngwé**![(d)] [El "muerto" todavía no ha respondido] *Si yo* mimo **tata** *– ¡cará*![(e)]*–* **tata** *fundamento de* **Sarabanda**[(f)], *etá a pedir a pie de mi* mima **ganga**[(g)] *Lucero* [... OMISIÓN[55]]	[Dirigiéndose al "muerto"] ¡**Acércate**! (= ¡ven a dialogar conmigo!) [El "muerto" todavía no ha respondido] Si yo mismo soy el **tata** – ¡carajo! – el *tata* del fundamento (= prenda) de Sarabanda, [yo mismo] estoy pidiendo al pie (en frente de) de mi [misma] **prenda** (llamada) Lucero [... OMISIÓN]
a partir de **agwé**[(h)] ... *que yo* **ndinga** *eso pa uté agwé* **tata** *– que dé* **mbititi**[(i)] *a lo* mimo **panguiami**[(k)] *que* **kwenda** *en* mimo *ncuarto*[(l)].	... a partir de **hoy** (= ahora) ... que yo le **diga** eso a *usted ahora ...* el *tata* ... – [le digo a Ud. que Ud.] dé una vista (= venga a ver, mirar) al [mismo] **amigo** [= Armin Schwegler] que **ha entrado** en este cuarto.
Y ese mimo **tata** *ta pedir licencia isi pa í a lo* mimo *fueri*[(m)] *de lo* mimo *talanquera*[(n)] *isi pa bucá isi lo* mimo **empebbo**[(o)].	Y ese mismo **tata** (= yo mismo) le *estoy pidiendo licencia* [dice] *para ir [a lo mismo] afuera de la [misma] talanquera* (= puerta) [dice] *para buscar* [dice] *[lo mismo]* **papel**.
	Traducción libre:
	Y yo mismo le estoy pidiendo permiso (a Usted, prenda) para salir de la casa-templo en busca de papel.

---

[55] Respetando la solicitud del Tata E., hemos omitido aquí el nombre completo del "muerto" que reside en la prenda.

Notas al texto "Diálogo ritual"

(a) **Ndinga** 'lengua, palabra, habla' y 'hablar, decir, comunicar, etc.'. Es voz común en el habla palera de nuestros informantes, pero no está documentada en *Los remanentes de las lenguas bantúes en Cuba* de Valdés Acosta (2002a). En Fuentes Guerra (2002: 58) aparece *endinga* 'idioma'. Compare, sin embargo, "HABLE = PAL. *nguei munu* DINGA" (lit. 'tú a mí palabras = dime tú) en el *VC* (83); o "LENGUA MATERNA = NDINGA *mba ngudí*" (lit. 'lengua hablar madre') en el *VC* (92).

Derivado del sustantivo KIK. *ndinga* 'voz, palabra, sonido, lengua, dialecto, discurso, acento' (L. 670, Sw. 406), PAL. *ndinga* puede tener para el palero un significado tanto verbal ('hablar, decir, etc.') como sustantivo ('voz, palabra'). En kikongo, *ndinga* no se corresponde con la forma verbal "hablar" (en kikongo esta acción se expresa con el verbo *vóva* [L. 1077], o según el dialecto, *góga* [Sw. 99]). La acepción palera (*dingá* o *dingar* 'hablar, decir') del término africano arriba trascrito constituye una resemantización de la fuente.

(b) **Tata** 'padre (de prenda)' < KIK. *táata* 'padre, jefe, tío o tía paterna' (L. 955, Sw. 620).

(c) **Kwenda** 'ir, andar, entrar, salir' < KIK. *kwènda* 'ir, caminar, acercarse, dirigirse, avanzar, volver, etc.' (L. 356, Sw. 255). Voz muy usada en el habla palera, también recogida en Fuentes Guerra (2002: 64) y Valdés Acosta (2002a: 115), donde aparece *cuenda*, y en otras fuentes paleras. Cabrera también la documenta, pero con trascripciones que no reflejan con fidelidad el habla mayombe (grafemas alterados, segmentación falsa, semántica trocada, etc.); así encontramos *tukuenda* 'ir andando' en el *VC* (87), lo que corresponde a *tú kuenda* = 'tú vas, tú vas andando'; y *kuendilanga* 'andar, andando' (*VC* 22), expresión que consta de dos elementos independientes, i.e., *kuenda* + *di* + *langa* lit. 'andar "brujeando", hacer "brujería"' (v. Schwegler MS).

(d) **¡Ngwé!** '¡acércate, ven, ve(te), etc.! < KIK. *wé* 'ir' (L. 1094), forma abreviada de KIK. *wenda* 'ir' (L. 1095) y *kwènda* 'ir, andar, caminar, acercarse, dirigirse, avanzar' (L. 356). Dada la alternancia libre, en el español popular cubano, de [w-] ~ [gw-] al inicio de palabras (cp. *guantes* = ['gwantes] ~ ['wantes]), el paso KIK. *wé* > PAL. *gwé* es lógico, al igual que su posterior prenasalización (*gwé* > *ngwé*), también libre en el habla palera. *Ngwé* no se ha documentado en otras fuentes mayombe.

(e) **¡Cará!** = variante eufemística de *caray* 'carajo'. El *tata nganga* emplea ¡*cará!* aquí para "despertar" e incitar al espíritu. La inserción de esta y otras voces exclamativas de un tono similar resulta frecuente, sobre todo cuando el *tata* busca relacionarse con su "muerto" y "despertarlo".

(f) **Sarabanda** < KIK. *sála* 'trabajar' + KIK. *bánda* 'algo sagrado o consagrado, un tabú' (Schwegler 2002a: 159-160, *n.* 8), lit. 'trabajar algo sagrado' (como lo es el hierro, atributo material de Ogún [Brown 2003a: 370, Guanche 1983a: 371] –cuyo equivalente católico es San Pedro–, el dios de este metal entre los santeros cubanos). Para una valoración detallada de *Sarabanda,* véase el artículo n.° 38 "Zarabanda → Sarabanda" en la segunda parte de este estudio. Los hablantes actuales ya no perciben la primitiva composición bimorfemática del término.

(g) *Ganga* 'prenda, *ganga,* fundamento' < KIK. *ngànga* 'curandero, adivino, médico, hombre experto, hábil, etc.' (Laman 1964: 683).

(h) *Agwé* 'hoy' (su significado se acerca a veces a 'ahora', especialmente cuando aparece en la expresión *agwé mimo* 'hoy mismo, ahora mismo'. También deletreado *agüé, agué* e incluso *agüei* –esta última forma es del *VC* (pág. 83), donde Cabrera la traduce erróneamente con 'hay' en vez de 'hoy'–, la voz es de origen dialectal hispano (cp. asturiano / leonés *güé, güei, agüei, engüei* [cit. en Zamora Vicente 1974: 199]), y ésta, por su parte, desciende del LATÍN *hodie* 'hoy'.

Lipski acierta al señalar que "*agüé* se originó en los dialectos peninsulares levantinos, sobre todo en el complejo dialectal aragonés / murciano" (1999: 32). No estamos convencidos, sin embargo, como propone Lipski, de que la voz –también muy usada en el criollo palenquero (Schwegler 1989)– pudo llegar a Cuba por mediación de los hablantes del papiamento, quienes se asentaron en la isla durante el siglo XIX. Más bien somos de la opinión de que se trata de un simple arcaísmo dialectal, traído al Caribe por inmigrantes peninsulares o canarios.

(i) *Mbititi* 'vista, mirada, ojeada' y también 'ver, mirar'. Sobre esta voz de origen kikongo, véase la nota (a) al canto ritual "¡Bititi ngo!", reproducido en la página 56 de este texto.

(k) *Panguiami* 'amigo, compañero, cofrade, hermano / hermana (de palo), hermano / hermana de sangre, camarada, compadre', sinónimo de PAL. *pangui* (en el área de Cienfuegos se utilizan las variantes *empangui, empangue, pangui, pangue* y *panga*).

Panguiami proviene de KIK. *mpángi* 'hermano mayor, hermana mayor' (L. 575, Sw. 352) + KIK. *–áami* 'mi, mío' (L. 3; *âmê* en Sw. 2), por lo que en un inicio significó 'amigo mío, amiga mía'. En la actualidad, nuestros informantes ya no perciben el matiz de pronombre posesivo del segmento final *–ami*; el mismo KIK. *–áami* probablemente esté también relacionado con la partícula bozal afrocubana *(a)mi* 'yo, mi', documentado por Lipski (2002: 58), quien lo relaciona con papiamento *(a)mi* 'yo'.

Cabrera (1984a: 21, 83) trae AMIGA = *pongie* y HERMANA = *mpangui yakala*. La misma autora tiene también *panguiame* en dos artículos del *VC* (i.e., "INICIANDO: Bangarake mamboya panguiame" y "TRANCE: ... Se dice entonces: Bangararake mamboya panguiame", *VC* págs. 87 y 154), pero ella lo documenta sin reconocer su valor semántico. Valdés Acosta (2002a: 118) aporta *empangui, mpanguiami, empanguiame, empanguiami* y propone todas estas formas como bantuismos (la autora no identifica el segmento final *–ame / –ami* en *mpanguiami, empanguiame, empanguiami*).

(l) **Ncuarto:** es común la prenasalización (*cuarto > ncuarto*) de consonantes oclusivas en hablas afrohispanas (Lipski 1992, 1994: 98-99), lo que constituye un claro rasgo sustratal (en kikongo y otras lenguas bantúes abundan las prenasales delante de determinadas consonantes iniciales), aun cuando se trata de palabras de origen castellano.

(m) **Fueri:** la aféresis de *a-* inicial en hablas afrohispanas es muy frecuente (cp. por ejemplo PALENQUERO *loyo < arroyo, fuela < afuera, ngalá < agarrar* [Schwegler 1998: 257]); por lo tanto no constituye un fenómeno inusual la realización PAL. *afuera > fuera*. La articulación *fueri* con su *–i* final puede considerarse como el resultado de una distorsión intencional por parte del Tata E.

(n) **Talanquera** 'puerta', pero en un inicio 'puerta o entrada de un corral' (del español campesino, donde hoy es voz anticuada, y derivada a su vez del CAST./PORT. *tranca*, cuyo origen resulta incierto [Corominas 1980: 554, 579]). V. también la nota (g) "Talanquera" al "Saludo Ceremonial", pág. 70.

(o) **Embebbo** 'papel, papeles', cuyas variantes fonéticas son *empepo* (VMP 101) y *bembo* (*VC,* "Yo conozco muchos papeles", pág. 163). Probablemente es voz derivada del KIK. *pepa* 'papel(es)' (véase L. 848 y Sw. 533, quien sugiere que *pepa* es un préstamo del INGL. *paper* 'papel'; cp. también KIK. *pépé / púpu* 'sobre (para carta)' en L. 848). En casi todos los idiomas bantúes existe este término; por ej., shona *pepa* 'papel' (Hannan 1987: 515).

Empepo (o voz similar) no figura en otras fuentes paleras consultadas. *Kanda* o *nkanda* < KIK. *ǹkánda* 'papel, cubierta, piel, etc.' (L. 708) es la expresión que más usan los mayomberos para denotar 'papel' (cp. Cabrera 1984a: 117, Fuentes Guerra 2002: 60).

La vocal protética y la prenasal en *embebbo* y *empepo* son adiciones paleras (no etimológicas). Relacionado con KIK. *pépa* (con *-a* en vez de *-o* final), el resultado PAL. *embebbǫ / empepǫ* es algo poco común. Pero si se tienen en cuenta otros sustantivos donde el timbre de la vocal final vacila entre *-a* y *-o*, esta "irregularidad" no constituye una prueba convincente en contra de la etimología aquí propuesta.

Aunque es una realidad, como ya hemos señalado, que la "lengua" no resulta una condición imprescindible para ejercer como palero, no podemos obviar que algunos mayomberos insisten en la mayor eficacia mágico-religiosa del rito cuando éste se proyecta lingüísticamente impenetrable para los neófitos. Expresado de otra manera, en la concepción de algunos adeptos mayombe, la lengua ritual "africana" y/o bozalizada preserva "secretos" que actúan con fuerza particular cuando éstos se verbalizan en el habla de sus antepasados bozales.[56] Así nuestra informante María de los Ángeles Sánchez (madre de prenda) nos expresó de forma categórica que "el mayombero nunca revela su nombre completo", queriéndonos decir que si alguien llega a conocer dicho apelativo ritual en "lengua", el mismo practicante podría convertirse en víctima de alguna hechicería. También la entrevistada nos hizo saber que los cantos y rezos que se expresan en el habla palera son sagrados, y por lo tanto ninguna persona ajena a la Regla está autorizada a escucharlos. En este sentido no podemos ser tan categóricos porque hay paleros que no ocultan el dominio de su *lingua sacra*.

La "lengua" del Palo Mayombe es un código lingüístico muy vinculado a la liturgia. Cada ceremonia, cada rito contiene un rezo, un canto o un llamado de atención en esta jerga, y casi siempre se desenvuelve de oficiante a oficiante, o se proyecta en forma de diálogo entre el iniciado y el "muerto". Antes de empezar una actividad religiosa los invitados (adeptos de un *munanso* específico) llegan a la casa-templo –por lo general el domicilio del *tata*–, tocan a la puerta, se identifican y saludan en "lengua". Típicos son, por ejemplo, el diálogo y las fórmulas reproducidas en el texto "Saludo ceremonial" (página 67).[57]

Cuando los paleros tiran los instrumentos de adivinación, hacen las ofrendas y sacrificios, "rayan" (o inician), entregan la prenda o juegan Palo, recurren casi siempre a la "lengua" para comunicarse con las entidades del más allá.[58] Pero a

---

[56] Esta idea de que un lenguaje ritual *secreto* actúa con mayor fuerza ya circulaba en el Congo durante el siglo XIX, como documenta el inglés Dennett (1887):

A Kongo "prince" told that "My brother had been taken away by my uncle to be initiated into the offices of Œnganga, *and was taught a different and particular language*, which no one but the ngangas were allowed ever to learn *(Seven Years Among the Fjort; Being an English Trader's Experiences in the Congo District*, 1887: 159).

[57] Véase también "De saludos español-congo" en Díaz Fabelo (1998: 97). Allí se mencionan algunos de los dioses (por ej., *Mama Kengue*) estudiados en la segunda parte de este estudio.

[58] En el Palo Monte, la adivinación es un rito obligatorio cada vez que el palero tiene que "resolver" los problemas o dificultades de un consultante. Como bien explica un "Manual del practicante. Regla de palo, Palo mayombe, Palo monte" traducido al francés por Dian-

Saludo ceremonial[59]

Casi la totalidad del texto que presentamos a continuación consta de fórmulas fijas, adaptadas a los actos del habla y a la situación comunicativa del contexto específico (pueden variar, por ejemplo, los nombres de las prendas y los nombres de los tata, moana *o mayordomos mencionados). Los paleros reconocen estas fórmulas como lenguaje ritual, y partiendo de ellas interactúan cuando la situación se los exige.*

	Texto	Traducción
MOANA:	[TOCA A LA PUERTA DEL *MUNANSO*]	[TOCA A LA PUERTA DE LA CASA-TEMPLO]
TATA:	¿Kindiambo?[a]	¿Qué [cosa] quieres?
MOANA:	Son criollo, son pino nuevo, panga mundele[b].	Soy criollo, recién iniciado, [soy] hermano blanco [= cofrade blanco].
TATA:	¿Ki enkita?[c]	¿Quién es tu "santo"? (= ¿A qué entidad estás consagrado?)
	¿Ki entata?[d]	¿Quién es tu padre (*tata*) de prenda?
	¿Ki inkisi?[e]	¿Cuál es tu prenda?
MOANA:	"Tronco Yaya"[f] son mi enkita.	"Tronco Yaya" es (= se llama) mi "santo".
	"Guayacán" son mi entata. Arriba enkisi son Lucero Mundo.	"Guayacán" es mi *tata*. En mi prenda está Lucero Mundo (= mi prenda es Lucero Mundo).
TATA:	¡Entra! Qué mi talanquera[g] no te queme!	¡Entra! ¡Que mi puerta no te queme! = ¡No te quedes detrás de la puerta! (= permiso para entrar)

---

teill, "[d]ans la divination avec le chaudron, le *palero* accomplit au début une cérémonie rituelle, habituellement en langue rituelle, dans laquelle il invoque, salue, et demande l'autorisation aux morts" (2000: 172).

[59] La versión original de este texto se encuentra en Fuentes Guerra (2002: 19-20). El fragmento reproducido aquí contiene algunas correcciones, hechas con el objetivo de reflejar con mayor exactitud la realidad del habla palera. La traducción y las notas no figuran en nuestra fuente.

	Texto	Traducción
MOANA:	[YA DENTRO DEL *MUNANSO*, EMPIEZA EL SALUDO GENERAL]	[YA DENTRO DE LA CASA-TEMPLO, EMPIEZA EL SALUDO GENERAL]
	¡Sala maleku, maleku nsala!(h)	¡Sala maleku, maleku nsala! [= fórmula fija]
	[SIGUE CON UN SALUDO A CADA UNA DE LAS PRENDAS:]	[SIGUE CON UN SALUDO A CADA UNA DE LAS PRENDAS:]
	¡Va(i) con licencia de Lucero Mundo!	¡Le pido permiso a Lucero Mundo!
	¡Va con licencia de Sarabanda!	¡Le pido permiso a Sarabanda!
	¡Va con licencia de Siete Rayos!	¡Le pido permiso a Siete Rayos!
	¡Va con licencia de Centella Endoki(k)! [...]	¡Le pido permiso a Centella Endoki! [...]
	¡Va con licencia de tóo enfumbi(l) que está jorocuma(m) encima entoto(n) y arriba enganga(o)!	Les pido permiso a todos los "muertos" que están "fuertes" sobre la tierra y sobre la prenda.
	[SALUDA AL TATA]	[SALUDA AL TATA]
	¡Va con licencia de kunanchila(p), de kunandansa(q) del mismo taita(r) nkisi, de este munanso(s), que no son fasenda(t) entoto!	Le pido permiso (a Ud.) de corazón, de buena voluntad, al mismo padre de prenda de esta casa-templo, que no es gente mala aquí en esta tierra.
TATA:	¿Panga o no panga?	¿[Eres] "hermano" [cofrade] o no [eres] "hermano"?
MOANA:	¡Panga!	¡"Hermano" [soy]!
TATA:	¿Somo o no somo?	¿Somos o no somos [hermanos]?
MOANA:	¡Somo!	¡Somos!
TATA:	¿Más fuerte que nosotro?	¿[Quién es] más fuerte que nosotros?
MOANA:	Santa Bárbara Bendita.	[Sólo lo es] Santa Bárbara Bendita [= el rey de los santos, i.e. *Mukiama Muilo*(u)].

Notas al texto "Saludo ceremonial"

(a) **Kindiambo** '¿qué quieres?' < KIK. *nki* '¿qué? (pronombre interrogativo)' (L. 718, Sw. 444) + KIK. *dy-àmbu* (pl. *mambu*) 'palabra, cosa, asunto', etimologizado en Fuentes Guerra (2002: 63); de ahí el significado de la expresión es "¿qué asunto?, ¿qué cosa?" = "¿qué quieres?". Según el *tata bilongo* Jesús Varona Puente de La Habana, en su forma más completa la expresión es *¿Kindiambo kuenda munanso?* lit. '¿Qué asunto ir / venir casa?' = 'Qué asunto te trae a mi casa?' (correo electrónico de Elliot Klein, mayo 15, 2004).

(b) **Panga mundele** 'hermano blanco' < KIK. *mpángi* 'hermano mayor, hermana mayor' (L. 575, Sw. 352) + *mú-ndele* 'hombre blanco, europeo' (L. 609, Sw. 370). *Panga* tiene las variantes *empangui, empangue, pangui, pangue* y *panga* (véase también *panguiami* 'amigo, hermano', nota (k) al "Diálogo ritual" reproducido en la página 64).

(c) **Ki enkita** '¿Quién es tu "santo"?' < KIK. *nki* '¿qué? (pronombre interrogativo)' (L. 718, Sw. 444) + KIK. *nkíta* 'espíritu, entidad, dios (acuático)', lit. '¿cuál (es tu) espíritu / entidad / dios?'.

(d) **Ki entata** '¿Quién es tu padre (de prenda)?' < KIK. *nki* '¿qué? (pronombre interrogativo)' (L. 718, Sw. 444) + KIK. *táata* 'padre, jefe, tío' (L. 955, Sw. 620). *Entata* es una variante hispanizada de *ntata* y *tata*.

(e) **Ki inkisi** '¿Cuál es tu prenda?' < KIK. *nki* '¿qué? (pronombre interrogativo)' (L. 718, Sw. 444) + KIK. *nkisi* 'fetiche, brujería, fuerza mágica' (L. 718, Sw. 444). La variante *enkisi* se presenta en la respuesta del *moana* a continuación.

(f) El *tronco yaya* o *palo yaya (Ozandra lanceolata* S. W. Benth.) es un "árbol alto, de tronco y ramas delgadas de color grisáceo [...] [s]u madera es muy dura y [...] [t]iene aplicación en medicina popular (Fam. Annonaceae, *Oxandra lanceolata*)" (*Diccionario del español de Cuba* 2000: 542). Es uno de los palos fundamentales de la *nganga*. En un estudio reciente de la *nganga* cubana, James Figarola explica que "la pragmática del palo de yaya cuando articula fondo de caldero, nkisi y ngungula con los astros es garantizar la organicidad funcional del universo y con ellos asegurar la eficiencia del chamalongo –los pedazos de coco– en el acto de adivinación" (2001: 27). Cabrera a su vez dice lo siguiente sobre el palo yaya: "Es Prenda fuerte de los paleros de Vuelta Arriba. No hay mayombere [*sic*] que no la tenga. Yaya es hembra. Tumba y levanta. Mata y todo lo cura" (1971 [1954]: 556). Más abajo en la misma página un informante le explica: "Yaya quiere decir madre. Yo soy su hijo. Yo juré Yaya".

Este último étimo (***yaya*** = 'madre') se confirma en el diccionario kikongo-francés de Swartenbroeckx: *Yâya* pl. ***bayaya*** 'titre donné à un frère plus ou une soeur plus âgés = Aîné ou Aînée, pf. à un oncle maternel à la grand-mère, aux femmes qu'on veut honorer, suivant usages locaux. Pl. ***bayaya***: père, mère' (Sw. 746; L. trae la voz bajo *yáaya*, 1964: 1121). Sin embargo, el nombre del palo yaya debe ser de origen indígena (se trata de una planta Annonacea, especie que no hay en África).

(g) **Talanquera** 'puerta', pero originalmente 'pared o valla de tablas o palos verticales, que sirven de defensa'; por extensión 'puerta o entrada de un corral' (del español campesino, donde hoy es voz anticuada, y derivado a su vez del CAST./ PORT. *tranca*, de origen incierto [Corominas 1980: 554, 579]). Entre los paleros, *talanquero* equivale a 'portero' (cp. la fórmula ritual ¿*Kikiani talanquero yosi?* '¿Quién fue el primer portero?' en González García 2000: 116).

(h) ¡**Sala maleku, maleku nsala!** Saludo (árabe) común del mundo musulmán y saludo ritual introductorio de rigor entre paleros. La conformación fonética (sílabas abiertas) de la expresión y su coincidencia con palabras kikongo como *sála* 'trabajar (mágicamente), hacer, etc.' (L. 868) –frecuente en la jerga palera– pueden haber contribuido de manera significativa a la adopción de este saludo extra-kikongo en la tradición ritual del Palo Monte.

(i) ¡**Va!** = lit. '¡Que *vaya (va)* con la licencia o el permiso de Lucero Mundo!'.

(k) **Centella Endoki** (Virgen de la Candelaria / Oyá), lit. "centella diabólica", empleada por el gangulero para causar el mal. Como explicamos en el artículo n.º 2 "Centella Ndoki" en la segunda parte de este estudio, PAL. *(E)ndoki* proviene de KIK. **ndòki** 'autor de un sortilegio, maleficio; brujo, etc.'.

(l) **Enfumbi** 'muerto, espíritu' < KIK. *mvúmbi* 'cadáver, persona muerta' (L. 638, Sw. 388). Variante de PAL. *fumbi* (VMP 99). Fuentes Guerra (2002: 59) trae las variantes *enfumbe, enfumbi, infumbe*. V. también Valdés Acosta (2002a: 130, *enfumbi*).

(m) **Jorocuma** 'fuerte, en buen estado, vigoroso'. Un *tata* nos aclaró lo siguiente: "Los *fumbi* están 'jorocuma' cuando tienen cojones, cuando se sienten fuertes y con deseos de trabajar". La palabra es común en el habla palera. Este *jorocuma* debe ser la versión palera del *Sederoxylon foetidissimum*, Jacq., árbol de madera dura conocido también por el nombre vulgar de *jocuma* 'especie de árbol', por lo que la voz sería de origen americano en vez de africano.

(n) **Entoto** 'tierra, suelo' < KIK. *ǹtóto* 'tierra, terreno, parte superior del terreno, país, etc.' (L. 799, Sw. 496). Voz palera común y ampliamente documentada, aunque con significados variados pero siempre relacionados (cp. PAL. *entoto* 'tierra cementerio' [sic] en Valdés Acosta [2002a: 98]; *entoto* 'tierra, cementerio' en Fuentes Guerra [2002: 62], *toto* 'tierra' en Cabrera [1984a: 152] y *entoto* 'la Tierra, tierra, cementerio' en el *VMP* [pág. 99]).

(o) **Enganga** 'prenda, *ganga*, fundamento' < KIK. *ngànga* 'médico, adivino, curandero, hombre experto, hábil, etc.' (Laman 1964: 683).

(p) **Kunanchila** '(de) corazón' < (?). De origen incierto, *kunanchila* habrá constado en su época formativa de dos lexemas i.e., *kuna* + *nchila* (véase también *kunandansa* < *kuna + *ndansa* en la nota siguiente). Fuentes Guerra (2002: 44-45) señala que *kuna* se ha fosilizado en múltiples voces paleras (cp. *kunambansa* 'ciudad', *kunanso* 'casa', etc.), siempre con un valor semántico de '(allí) en, (allí) dentro de', hacia, para'. Este *kuna* proviene de KIK. *kūuna* 'pron. y adv. locativo, con significado de "(ese) allá", para, hacia, en dirección de' (L. 335, Sw. 213; Fabbro & Petterlini 1977: 206). Conceptualmente este paso de KIK. *kūuna* 'allí'→ 'en' es similar a la función de la preposición locativa *aí* (< ESP. *allí*) del palenquero, donde *aí kasa* = 'en la casa', *aí siurá* = 'en la ciudad' (Schwegler & Green en prensa). Puesto que la "lengua" palenquera y la palera comparten el mismo sustrato congo, es posible que en el caso del criollo palenquero se trate de una relexificación de KIK. *kūuna* + SUSTANTIVO.

(q) **Kunandansa** 'de buena voluntad, sin interés [de un beneficio]' < (?). El término no se registra en otras fuentes paleras. Al igual que *kunanchila* (ver nota anterior), habrá estado compuesto por dos partes, i.e., *kuna* + *ndansa*.

(r) **Taita**, variante de *tata*, siendo esta última la voz más usada. La motivación por el paso de *tata* a *taita* no se ha estudiado, pero debe ser el resultado de una analogía a *paire* ESP. 'padre' / *maire* 'madre' –dos formas que según Zamora Vicente (1974: 346) eran frecuentes en el habla popular española de distintas zonas (sobre todo en el occidente y en el sur).

(s) **Munanso** (también deletreado *munanzo*) < KIK. *mûna* (pron. demostrativo) 'en, dentro de'. Sobre *kuna, muna* y *vana* 'sobre', los tres locativos del kikongo, consúltense a Clercq (1921: 62-62), Jean (1938: 97-98), Tavares (1934: 77-78) y sobre todo Fabbro & Petterlini (1977: 190-197). Sw. (515) y L. (829) también traen *mûna* (o *mūuna*).

(t) **Fasenda** 'mentira' y asimismo 'persona que no sirve, que es mentirosa, que es enredadora, gente falsa e hipócrita'. La voz pertenece a la jerga palera (no aparece en el español de la zona), y es posiblemente de origen afroportugués, i.e., *fazenda* 'hacienda', es decir, 'algo hecho = algo inventado, que no es cierto'. De este último significado habrá podido extenderse a "gente mentirosa, gente falsa". El *Vocabulario mínimo del palero* (Millet 1996: 105) documenta *fasenda* con el significado de 'hipócrita, falso'. Fuentes Guerra (2002: 62) trae esta voz como "falsedad, persona poco confiable".

(u) **Mukiama Muilo**: como explicamos en el artículo nº (17) "Mukiama Muilo", Santa Bárbara es una de las deidades más veneradas y respetadas de Cuba, lo que viene expresado en la etimología de su correspondiente kikongo, o sea *Mukiama Muilo* < KIK. *mu* (pref. de clase) + KIK. *kiàma* 'grandeza, respetabilidad' + KIK. *mwílu* 'jefe, noble', lit. 'grandeza de jefe o noble'.

diferencia de la Santería (Brown 2003a), en el Palo Monte los ganguleros suelen dialogar en "lengua" entre sí. Aquí funcionan las llamadas "puyas" (o "controversias"), en los cantos y en el lenguaje hablado, constituyendo una especie de divertimento en el cual los practicantes hacen galas del dominio de su habla ritual. La frecuencia de tales encuentros –y el consiguiente uso del "habla conga" en un contexto ceremonial– varía de un *munanso* a otro, y depende de toda una serie de factores. Entre ellos pueden influir la cantidad de ahijados[60] (mientras más ahijados, más ceremonias), el número de prendas de la casa-templo (cada prenda requiere de un ritual de cumplimiento anual en fechas distintas), la situación económica del palero (la compra de animales para el sacrificio, así como la adquisición de bebidas y otros materiales para el culto representan gastos considerables, los cuales oscilan entre cincuenta y cien dólares americanos[61]), y también la crisis económica cubana (Período Especial, 1992 hasta la actualidad) que ha provocado que una población anteriormente signada por el ateísmo marxista busque ahora, cada vez más, refugio y amparo en la religión. En nuestras entrevistas con los adeptos se nos informó que estos encuentros rituales entre paleros se producen al menos de cinco a diez veces al año. Tuvimos la oportunidad de participar en varios de ellos durante nuestro trabajo de campo.

En la consulta y en el "pacto con el monte" (búsqueda de hierbas, raíces y palos mágicos) también se usa la "lengua". Pero los únicos interlocutores aquí son el "muerto" de la prenda y el espíritu del monte, respectivamente. En tales casos se recurre entonces a un lenguaje preestablecido y memorizado, cuyo código ha sido fijado por la tradición.

Sobre todo en la consulta, la articulación de la *lingua sacra* resulta con frecuencia imprecisa, excesivamente acelerada, y por ende distorsionada y difícil de decodificar. Desde el punto de vista comunicativo, esta imprecisión lingüística resulta intranscendente ya que el objetivo no es la comunicación entre individuos o grupos, sino entre el *tata* (o la *ngudi*) y los entes espirituales (que por supuesto no responden verbalmente). A diferencia de las ceremonias o ritos, la consulta es un acto cotidiano y muy repetido para la mayoría de los paleros.[62] Para el propósi-

---

[60] Según nuestra experiencia, este número oscila entre una decena y más de cien ahijados, de acuerdo con el prestigio del *tata* o de la *ngudi*.

[61] En 2003, cien dólares americanos representaban aproximadamente diez veces más de lo que un palero podía ganar mensualmente. La actual situación económica del cubano le obliga a que se las arregle de alguna manera para incrementar sus ingresos, pero aun así cincuenta o cien dólares americanos para una fiesta de Palo representa una inversión cuantiosa.

[62] Los más prestigiosos *tata* o *ngudi nganga* de Cienfuegos reciben entre veinte y treinta clientes al día. Estas consultas varían mucho en cuanto a su duración. Dependiendo del problema del consultante, pueden ser diez minutos o dos horas.

to de este libro y más concretamente el estudio de los dioses mayombe es importante subrayar que tanto la frecuencia de las ceremonias como la cotidianidad de la consulta han contribuido a la preservación de los nombres de dioses afrocubanos aquí analizados. Expresiones como *Chola Wengue, Centella Ndoki, Sarabanda, Nsasi, Mama Kengue, Mama Kalunga* o *Nkita Kinseke* surgen reiteradamente en rezos y cantos durante las consultas. Sirva de ejemplo el texto recogido en Cienfuegos en noviembre de 2003 (reproducido en la página 74). En este canto, que se ejecuta durante la consulta, podrá observarse cómo los *nkita kinseke*, dioses del monte o de la manigua, se repiten de una manera muy reiterada.

Continuando con nuestra reseña sobre el proceso de iniciación en el Palo podemos añadir lo siguiente: después de la fase inicial, el *moana nganga* pasa a ser *bakofula* 'mayordomo o asistente del *tata*' una vez que ha adquirido un profundo conocimiento de las plantas, de los diferentes "trabajos" rituales (lo que incluye el sacrificio de animales) y de los cantos y oraciones.

Es al **tatandi** o **tatandi bilongo** al que recurren los *tata* y *ngudi nganga* para construir el receptáculo mágico (prenda) que se entrega en el segundo ritual iniciático (en la primera ceremonia "se raya"⁶³ sin que se le entregue un fundamento). A través del oráculo ('instrumentos de adivinación llamado *chamalongo*'), el *tata nganga* determina la prenda específica que se le va a entregar al nuevo padre. Esto incluye la *nganga* y el nombre de la deidad a la que va a ser consagrada (por ejemplo, Centella Ndoki, Sarabanda, Chola Wengue) la cual reside en el receptáculo mágico. Posteriormente el tata o la *ngudi nganga* solicita la intervención del *tatandi* para que éste "construya" el receptáculo mágico (prenda).

A diferencia de los creyentes cristianos o de los practicantes de otros sistemas de creencias, los no iniciados que van al *munanso* a consultarse, y los que participan de alguna manera en ceremonias abiertas (juegos de Palo), desconocen casi por completo las interioridades de los cultos paleros. Ellos ignoran también la glosalia ritual del Palo y el significado de las entidades, espíritus o dioses relacionados con su liturgia; tampoco comprenden el sentido de los cantos y plegarias. De aquí se infiere que, entre el pueblo cubano en general, las expresiones estudiadas en nuestro texto (1) tienen –con la excepción de algunas deidades– una baja frecuencia de uso y (2) están circunscritas al mundo ceremonial del Palo Mayombe.

A pesar de su gran importancia sociocultural, expresiones como *Baluande* ('Virgen de Regla', n.º 1), *Mukiama Muilo* ('Santa Bárbara', n.º 17) o *Pungu Mfútila* ('San Lázaro', n.º 32) son denominaciones específicas que remiten a entidades paleras cuya circulación pública es muy limitada. Sin embargo *Sara-*

---

[63] *Rayarse* = 'iniciarse en el Palo como *moana nganga*'.

Canto durante una consulta

En este canto que se llevó a cabo durante una consulta, el tata nganga invoca a los nkita kinseke *(espíritus/dioses) del mundo para que vengan a "trabajar", es decir, ayudarle a preparar los palos y las hierbas con el propósito de que éstos actúen con eficacia en la solución del "problema" del consultante.*

Los nkita kinseke *son los "espíritus del monte o de la manigua", por lo que no corresponden a una deidad específica sino a un concepto general bajo el cual se agrupan dioses paleros que se caracterizan por no ser del agua.*

El nombre nkita kinseke *proviene de* KIK. nkita *'espíritu'* + KIK. ki *(pref. genitivo)* + KIK. nsèke *'manigua, monte' (para mayores detalles, véase el artículo n.º 19 "Nkita Kinseke" en la segunda parte de este estudio, págs. 166-168).*

Texto	Traducción
¡Nkita kinseke mundo!	¡[Oigan] espíritus del mundo!
¡Nkita kinseke yaya[a]!	¡[Oigan] espíritus fuertes!
¡Vamo a laborá!	¡Vamos a "trabajar" [juntos]!
¡Nkita kinseke yaya!	¡[Oigan] espíritus fuertes!
¡Vamo a laborá!	¡Vamos a "trabajar"!
Palo yaya vamo a elaborá.	El palo yaya [lo] vamos a "trabajar".
Palo tengui[b] vamo a elaborá.	El palo tengui [lo] vamos a "trabajar".
Palo brujo[c] vamo a elaborá.	El palo brujo [lo] vamos a "trabajar".
Kuni kano[d] vamo a elaborá.	La palma real [la] vamos a "trabajar".
¡Fumbi[e] bueno!	¡"Muerto" [sé] bueno!
¡Riba[f] mundo!	¡["Muerto"] ven arriba [= a este] mundo [para "trabajar" conmigo]!

Notas al texto *"Canto durante una consulta"*

(a) **Yaya** 'fuerte, poderoso, potente', y también 'planta medicinal "fuerte" (potente)' muy utilizada por los gangeleros (más abajo esta mata se menciona en el verso "Palo yaya vamo a elaborá").

Según Cabrera (1984a: 139), el nombre científico de la yaya es *"Oxandra lanceolata*. S.W. Berth.". La misma autora cita el siguiente rezo para esta planta: "Ambekese amkese yaya, nyaya guidi nguidi nke kemá kumba nkumbansa nsa Kunanbeta mbeta beta léngue emá lémbe Yaya".

(b) *Palo* **tengui**, variante fonética del más común *palo* **tengue** (*"Poeppigia procera*, Presl." según Cabrera 1984a: 116 y Díaz Fabelo 1998: 63). *Tengui* y *tengue* provienen del compuesto KIK. **ǹti** 'palo, árbol, arbusto' (L. 793, Sw. 492) + **ngùi** 'fuerte, sano, poderoso, capaz de resistir, que tiene energía, firme' (L. 687, v. también *ngwìi* L. 698; Sw. 424, *ngwî*), por lo que el significado literal de *tengue* se aproxima a "árbol o arbusto fuerte (que tiene mucha energía, fuerza que se impone)".

Fonéticamente, *tengui* y *tengue* son derivaciones lógicas del KIK. *ǹti ngìi*. Otro argumento en favor de nuestra etimología es que KIK. *ǹti* 'árbol, arbusto' se combina también en otras expresiones paleras para denotar nombres de palos. Y cuando lo hace exhibe variaciones fonéticas que confirman el paso de *ǹti-* a **nte-*, como es el caso, por ejemplo, en PAL. *ntete ~ antiti ambombe* 'palo hueso' (Díaz Fabelo 1998: 61), donde *ntete < *nte + te <* KIK. *ǹti + ǹti* (reduplicado), y *antiti < *ante + te <* KIK. *ǹti + ǹti*.

El *tengue* se menciona en Díaz Fabelo (1998: 61) como uno de los palos sagrados de los mayomberos. En *La medicina popular de Cuba*, Cabrera incluye:

> Palo Tengue (*Poeppigia procera*). Ornamental, adorna avenidas en C. Amer. [sic] madera dura. o.n. *Quebracho blanco*. Por eso el palero cubano lo saluda así: "Tengue es el palo más fuerte de todos los palos". Tiene su propio repertorio de canciones (Cabrera 1984b: 258).

(c) **Palo brujo.** En la región central de Cuba se conoce esta planta como **palo diablo**, *Capparis cynophallophora*, Lin. Cabrera lo incluye en su listado de *El monte*. Aquí la autora apunta lo siguiente: "Se supone que los lucumís [santeros] no lo utilizan, pues este arbustillo, como su nombre lo indica, es tan maléfico, que pulverizado sirve de estimulante a las ngangas "judías" en los días de semana santa" (1971 [1954]: 502).

(d) **Kuni kano** 'palma real' < KIK. *kúni nkáanu* lit. 'palo grande'. Curiosamente no mencionada en otras fuentes paleras. *Kuni* es voz de uso frecuente en la jerga de los gangeleros. En expresiones compuestas suele anteponerse a toda una serie de nombres de plantas, aunque con algunas variaciones formales, i.e., *kunia* 'árbol de ..., palo de

...' (v. Díaz Fabelo 1998: 60-61); el *VC* por ejemplo registra "GUÁSIMA (Guazuma ulmifolia): *Nkunia fuadí, Owungué*" (pág. 79). El *VMP* da *encunia* 'palos' (pág. 99) y *enkunia* 'palo' (pág. 100).

Con la excepción de García González & Valdés Acosta (1978), *enkunia* se registra en todas nuestras fuentes, y en múltiples ocasiones y con formas y traducciones diversas (incl. *enkuni, nkunia, nkunie, kuni*). Fuentes Guerra (2002: 60) lo traduce como 'árbol' y lo etimologiza así: KIK. *nkuni,* sing. *lukuni:* 'bosque de árboles maderables, leño'. Cabrera (1984a: 23) no lo recoge en el artículo "árbol, palo" (donde en su lugar da *musi*, al parecer una trascripción errónea de la voz *muti* 'árbol, palo' < KIK. *mu-ǹti* 'ídem') pero sí lo lleva bajo "árboles" (pág. 24). En la papeleta "palo", la misma autora lo registra con *kunia, kunie.*

PAL. **kuni** es la forma original, muy cercana a su etimología kikongo (cp. *lu-kúni* (s.) 'leña, madera seca, ramas secas (para quemar)' y *nkúni* (pl.) 'leña (para calentar, cocinar)' (L. 426 y 735, respectivamente). Swartenbroeckx (1973: 455) la traduce como 'bosque de árboles maderables, leño'. El PAL. *kunia* puede considerarse como un término secundario, en el cual la partícula genitiva KIK. *–a–* (L. 1) ha sido incorporada (así *kuni a* 'palo de ...' > *kunia* 'palo'). El significado primitivo de PAL. *kunia kano* era, pues, lit. "palo de *kano*".

PAL. **kano** provendrá de KIK. *nkáanu*, voz que en kikongo alude al 'árbol o palo transversal (grande, recto y fuerte) que se coloca sobre los techos para tenerlos firmes' (L. 711). Por lo tanto *kuni kano* puede interpretarse literalmente como "palo grande, palo recto (usado para cubrir techos)".

El **kano** que aquí se menciona pudiera ser también una infiltración del lenguaje ñáñigo (abakuá) en la jerga palera. *Ukano* (o *ukano mambre*) es el nombre que los abanekues (miembros de la Sociedad Secreta Abakuá) le dan a la palma. En *El monte* de Cabrera (1971 [1954]: 277-287) hay un capítulo titulado "Ukano Mambre", dedicado a la palma real y los abakuás. Investigaciones posteriores tendrán que aclarar si la *confluencia* de ambas lexías –KIK. *nkáanu* y ABAKUÁ *ukano*– quizás contribuyó a la acepción de PAL. *kuni kano*.

(e) **Fumbi** 'muerto, espíritu' < KIK. *mvúmbi* 'cadáver, persona muerta' (L. 638, Sw. 388).

(f) **Riba** 'en, sobre, encima de, a'. Véase la nota (e) al canto ritual "Bititi ngo, fumbi yaya" en la pág. 58.

banda ('San Pedro', n.º 38), *Mama Kalunga* ('Virgen de Regla', n.º 9) y *Centella Ndoki* ('Virgen de la Candelaria', n.º 2) resultan bastante conocidas en Cuba, donde la música popular (salsa, rumba, etc.) las ha hecho famosas a través de sus textos (v. también Castellanos & Castellanos 1994, cap. 4). En la letra de muchas canciones de prestigiosos intérpretes (Celia Cruz, Benny Moré, Chano Pozo y muchos otros) aparece contextualizado el mundo palero: con su monte, sus hierbas, sus poderes, sus creencias y sus dioses. El caso de Benny Moré es particularmente significativo ya que sus honras fúnebres se realizaron en el Cabildo Congo de Lajas matizadas por un rito mortuorio mayombe cuando el famoso cantante falleció en el año 1963.

Quienes entran en contacto ocasional (consultas) con el ambiente palero visitan al padre o a la madre de prenda para resolver un problema específico de su vida privada (enfermedad, conflictos amorosos, problemas laborales o legales, etc.), para buscar resguardos o protección contra posibles daños físicos o espirituales (hechicería), o para causar un mal a una persona indeseable. Al igual que en los Estados Unidos (Chireau 2003: 25) y otras áreas donde se implantaron prácticas mágico-religiosas de origen africano durante la trata, en Cuba la praxis del Palo Monte responde a las necesidades y condiciones personales más inmediatas del individuo. En este sentido se trata de un quehacer religioso cuyos fines son ante todo pragmáticos, vinculados a la vida cotidiana y no a preocupaciones metafísicas como la salvación del alma y la vida eterna en el más allá. Al mismo tiempo –y en esto los sacerdotes paleros difieren de los *nganga* bakongo– los *tata nganga* cubanos no entran en relación con entidades locales vinculadas a un territorio específico (los *bisimbi* [Dianteill 2002: 64]) para solucionar problemas colectivos (plagas, sequías, inundaciones y otras desastres naturales que afectan al grupo humano), sino que buscan resolver las dificultades individuales de un consultante.[64]

En nuestro trabajo de campo hemos comprobado que los dioses no actúan como entes desvinculados de lo humano, sino que se comportan, a pesar de todos sus poderes, como hombres y mujeres que tienen también virtudes y defectos. El practicante palero, durante el ritual, invoca a su "muerto" y si éste no le responde discute y riñe con él. El objetivo es provocarlo para que actúe a favor del oficiante o del que viene a consultarse.

Con frecuencia se ha enfatizado el carácter masculino de la Regla Conga. Se ha llegado hasta el extremo de caracterizar al Mayombe como una "religión masculina". Sin embargo, esta aseveración está muy lejos de constituir un rasgo típico.

---

[64] La ausencia en Cuba de los ritos comunales, tanto cíclicos como de cumplimiento, ya había sido advertida por Fuentes & Gómez (1994: 26).

Mayomberas (*ngudi nganga*) de prestigio hay en toda Cuba, con infinidad de ahijados, tanto masculinos como femeninos; *bakofula* mujeres y *moana nganga* mujeres encontramos en muchas casas-templo. El papel a veces preponderante de éstas se vio confirmado en nuestro trabajo de campo en Cienfuegos y también en los textos de Cabrera. Esta prevalencia femenina en el Palo Monte en ningún momento responde a una consideración cuantitativa. Aunque no en proporción muy elevada, hemos comprobado (en nuestra labor de campo) que hay una mayor cantidad de oficiantes varones si establecemos una comparación con el número de mayomberas en la ciudad de Cienfuegos, por ejemplo. Pero sí es necesario destacar que esta preponderancia de la gangulera se basa en su primacía como practicante y, sobre todo, en el reconocimiento de su validez y eficiencia en la praxis cultual.[65]

En Cienfuegos corroboramos que el palero más prestigioso y más temido por su eficacia ritual es precisamente una mujer, la *Ngudi Nganga* ('madre de prenda') María de los Ángeles Sánchez (1937-), conocida en dicha ciudad como "Marelis" (v. foto n.º 16). Los practicantes la llaman *Madre Nkisi Malongo Teremene*. Tal es el prestigio de esta palera que en su humilde casa se custodia el fundamento (prenda) del Teniente Pedro Sarría Tartabull. Este hombre es conocido en la historia de Cuba por haberle salvado la vida a Fidel Castro después del asalto al Cuartel Moncada, el 26 de julio de 1953.[66] Es una prenda *ndoki* (v. foto n.º 17), una *nganga* judía[67] que guarda un secreto que no nos fue revelado. Al indagar sobre el por qué se les atribuye a las *ngudi nganga* paleras una cierta

---

[65] Compárese también Lachateñeré:

> Actualmente, como apuntamos, no existe, y no creemos que haya existido, discriminación alguna en el ejercicio del sacerdocio por cuestión de sexo; y en lo que respecta al porcentaje de uno y otro sexo para conducir los cultos, esto depende de un factor puramente vocacional. (1992b [ca. 1940]: 149; paginación del texto reproducido en Dianteill 1995)

[66] Cuando Fidel Castro fue arrestado por los soldados de la tiranía de Batista después de los acontecimientos del asalto al Cuartel Moncada en Santiago de Cuba y ellos supieron quién era su prisionero, se disponían a ejecutarlo. Pero debido a la intervención del Teniente Sarría no pudieron consumar el hecho. Cuentan los testimoniantes que el oficial se dirigió a la tropa y les dijo: "¡No lo maten, las ideas no se matan!".

[67] En el Palo se distingue entre "*ngangas* cristianas" y "*ngangas* judías". La primera se utiliza para "trabajar" el bien, la segunda para "trabajar" el mal. Según Dianteill (2002: 74), esta oposición terminológica y conceptual puede haberse introducido ya en el antiguo Congo por misioneros católicos. Sobre la "cristianización" de la Suprema Deidad de los bantúes consúltese Fuentes Guerra (2003: 17-40).

superioridad sobre los *tata nganga*, Marelis nos aclaró: "La patá (= patada) de la mula es más fuerte que la del caballo".

Esta trascendencia de la mujer en el Palo se aprecia también en el *Vocabulario Congo* de Cabrera (1984a). Allí hay varios términos y entradas que apuntan en este sentido. Por ejemplo: *Ngudi Nkita Nganga*[68] 'Madre Dueña de la Nganga, Sacerdotisa de Regla de Mayombe' (1984a: 96), *Ngudi Ganga* 'Madrina de iniciación' (1984a: 97), *Ngudi Nkita* 'Dueña, Madre de Nganga' (1984a: 65), lit. 'madre del fetiche' (cp. KIK. *nkita* 'espíritu-fetiche'). Más abajo la autora anota todo un párrafo donde conceptualiza la función más importante que pueda desempeñar una sacerdotisa palera, prestigiada en la entrada "Brujo":

> **Brujo:** Tata Nganga. Madrinas de Palo, son iniciadas, es decir "rayado" tienen que agarrar Kisenguere, para que el palo las tiemple. No dejar que las tumbe, sino que las sacuda un poco. Si el Mayombero viene, la saluda y le dá [*sic*] la bendición. Si la Madrina ve algo que no está bien[,] objeta. *El padre ni el Mayordomo la pueden contrariar. No le dicen que no. Porque la Madrina es la Principal.* Si un "palo" (médium) se queda privado, "ella lo llama, el Palo obedece". Mayordomo y Madrina, son más que el Dueño de la Nganga: son los responsables.
>
> Las madrinas se eligen como si fueran madrinas de un niño. Madrinas, hay una sola, que es la Principal. La de la Prenda. Las que vienen atrás son madrinas también, pero entran por esta Principal, que es la primera que tuvo la Prenda. Se les llama a las madrinas de los hijos por el nombre de la Prenda: Madrina Luna Nueva, Madrina Mamá Tengue, Madrina Camposanto o Madrina Vira Mundo, etc. (Cabrera 1984a: 33, los subrayados son nuestros)

La preponderancia de algunas practicantes paleras no es, como podría pensarse, el resultado de un movimiento emancipador reciente. Emilio Sánchez, en sus *Tradiciones trinitarias* (libro póstumo editado en Cienfuegos en 1916), narra la historia de una mujer extraordinaria que ejercía su profesión de *ngudi nganga* en la segunda mitad del siglo XIX:

> Hace medio siglo, próximamente (*sic*), vivía en la finca Cabarnao, una negra vieja, gangá, famosa curandera, llamada María Dolores Iznaga, y generalmente conocida por Ma Dolores Cabarnao. Este es un lugar accidentado, árido y triste, distante no más de dos leguas, hacia el N.E., de la ciudad, y allí, en un sombrío rincón de la finca erigió Ma Dolores su pobre bajareque; que servía a un tiempo de templo consagrado al culto de la brujería, y de centro de consultas médicas [...].

---

[68] Lit. 'Madre del espíritu (o muerto) de la prenda'.

Y justo es reconocer que la vieja africana llegó a adquirir una nombradía y popularidad, que la hubieran podido envidiar algunos médicos de talento y sabiduría.

No cabe duda de que Ma Dolores adquirió su ciencia en los conciliábulos de los barracones y ranchos de los ingenios, mediante las experiencias y sugestiones de los negros brujos, que eran, –y son,– pícaros redomados y marrulleros; que conocen los secretos y medios de ejercer una poderosa influencia sobre la récua humana. Y el nombre de la vieja, nimbado con la aureola de la fama, empezó a repetirse en la comarca, y luego traspasó los estrechos linderos de Cabarnao, para extenderse por más dilatados horizontes; creciendo en igual sentido su prestigio y autoridad brujeril. (Sánchez y Sánchez 1916: 129-130; texto citado –con ligeras alteraciones– en Cabrera 1984b: 140)

Nuestras investigaciones preliminares sobre posibles diferencias en la práctica del Palo Monte entre hombres (*tata nganga*) y mujeres (*ngudi nganga*) sugieren que, al menos en el área de Cienfuegos, no existe un "estilo femenino" o "masculino" en la ejecución de los ritos. En otras palabras, a estas alturas no nos parece válido hablar de géneros distintos (palo de hombre, palo de mujer). Así, la antes mencionada *ngudi nganga* María de los Ángeles Sánchez, por ejemplo, parece manejar el mismo tipo de lenguaje esotérico ("lengua") que sus "hermanos" de palo, y ella no se diferencia de los hombres en cuanto a cómo reza o prepara las diversas actividades relacionadas con el culto. Ella misma, y no un hombre, es la que "da de comer" a la prenda con sacrificios de animales (gallo, gallina, cabra, paloma, etc.), cuya sangre se vierte sobre el fundamento.[69] La misma palera (M. de los Ángeles Sánchez) o su *bakofula*, que es también mujer, escribe los signos sagrados sobre el piso del *munanso*, cuando se lleva a cabo un "trabajo" de purificación o "limpieza". La mayombera Marelis o su *bakofula* "despoja" (purifica) con yerbas al cliente –al igual que lo hacen los paleros hombres– con la finalidad de expulsar todo lo malo o algún daño de su cuerpo. Desde un punto de vista comparativo, esta actuación de las *ngudi nganga* es excepcional ya que según Jay (1992) no hay comunidades en las cuales las mujeres ejerzan el papel de "sacrificadoras". Dianteill, en *Des dieux et des signes. Initiation, écriture et divination dans les religions afro-cubaines,* hace el siguiente comentario al respecto:

> L'un des indicateurs les plus pertinents pour distinguer les religions sur le critère du genre est la pratique du sacrifice des animaux. Selon Nancy Jay (1992), il

---

[69] Dice Dianteill al respecto: "Le sang animal qui nourrit les morts et les dieux est un liquide chaud, et même brûlant dans les représentations collectives afro-cubaines. Il est porteur d'*aché,* c'est-à-dire de force, de puissance, d'énergie" (2000: 154).

n'existe pas de société dans laquelle les sacrificateurs soient des femmes. L'anthropologue américaine propose une théorie originale du sacrifice: il s'agit d'une pratique visant à instituer une lignée exclusivement masculine. Le sang de la victime, versé par l'homme sacrificateur, purifie de la souillure du sang féminin versé à la naissance. Le sacrifice est ainsi une nouvelle naissance où l'homme renaît exclusivement de ses pères. Quelles que soient les traditions religieuses, seuls les hommes sont autorisés à participer au sacrifice. (Dianteill 2000: 152)

1.9. Fuente de datos y origen de la Regla Mayombe

Las deidades paleras que se estudian (con un enfoque etimológico) en la segunda parte de este trabajo provienen de *Reglas de Congo: Palo Monte Mayombe* de Lydia Cabrera (1979), libro que consta de dos partes fundamentales. En la primera (Capítulo 1), la autora ofrece un extenso panorama histórico sobre la esclavitud en Cuba (siglo XIX).[70] Más interesante para el lingüista y el investigador de los sistemas de creencias cubanos de sustrato africano es la "Segunda parte" (la autora evidentemente obvió el subtítulo "Capítulo 2"). Esta sección está dividida en cinco acápites: (1) "Paleros y Mayomberos", (2) "Sambi", (3) "La nganga, nkisi", (4) "Mpungus" y (5) "Nso Nganga, el templo". Aquí la etnógrafa caracteriza al sacerdocio mayombero y a toda la gama jerárquica del culto; reseña los mitos relacionados con la Deidad Suprema (*Sambi* o *Nsambi* < KIK. *Nzambi*); describe los componentes esenciales del receptáculo mágico y otros atributos; caracteriza a las diferentes entidades del Mayombe y nos ofrece una descripción detallada del templo palero.

En la Regla Mayombe hay tres componentes básicos (dos extra-lingüísticos y uno relacionado con la "lengua") que definen lo bantú, y específicamente lo congo. A continuación nos referimos a cada uno de ellos:

(1) El **kinkisi** (< KIK. *ki* [prefijo de clase] + KIK. *ṅkisi),* es decir, lo que algunos estudiosos denominan "fetichismo", o sea, el culto a un receptáculo mágico o a un objeto cargado de fuerza espiritual cuya morfología y función se consideran casi idénticas entre los bakongo y los paleros cubanos. Los ingredientes son similares (sustancias tomadas de la naturaleza y restos humanos) y se ha comprobado que los fines son los mismos: curar, proteger y/o causar daño. Dianteill (2002: 68-73) describe diferentes *nkisi* congo y expone sus similitudes con las prendas de los paleros cubanos. Reseñas detalladas sobre

---

[70] Cabrera da una visión sumamente idealizada y politizada del negro en la colonia caribeña.

este "recipiente espiritual" pueden hallarse en Laman (1962)[71] y en MacGaffey (1991, 1993). Igualmente útiles son las obras monográficas de Palmié (1991 y 2002) y Hagenbucher-Sacripanti (1973, 1989).

(2) El **simbi** o **kisimbi**,[72] o sea, la "creencia en espíritus locales", denominados "entidades de la periferia" por Fuentes Guerra (2003: 67). Éstos se conocen también bajo los nombres de **nkita**[73] 'espíritus-fetiches, genios del agua o alma de un difunto' o **mpungu** 'supremo, ente o divinidad suprema'.[74] Esta

---

[71] En el capítulo IX "Nkisi Cult" de *The Kongo* (tomo 3), Laman ofrece la siguiente descripción del origen y naturaleza del *nkisi*:

> A nkisi is an ancestral spirit that has taken shape in a sculpture or some other object, with or without medicine bag so that through its presence and power it helps the owner if he has learned how to use the nkisi, has dedicated himself to it and observes the rites prescribed by its nganga ...
> Minkisi have subsequently come from man's spirit, for according to the native theories of the soul the deceased have lived to pass over into nkita and simbi spirits. These have left the world of the dead to take up their abode here and there in and on the earth, e.g., under stones, in watercourses and forests or on the plains etc. ...
> The nkisi-power is constituted by the sum of the powers that are represented by the bilongo (medicines) existing in the same, and the power and ability of the nganga, for with invocations and spells the latter sends his nkisi to perform his wishes. (Laman 1962: 67-68)

[72] *Simbi* < KIK. "*sìmbi* 'espíritu, "muerto", aparecido, etc.", o sea, "esprit d'une personne bonne, qui est décédée, lutin, dieu marin; endroit sacré, dangereux; esprit lutin qui hante plus spécialement les eaux et les précipices ou la forêt" (L. 899, Sw. 578).

[73] *Nkita* < KIK. *Nkita* 'espectro, espíritu, alma de un difunto, "muerto", etc., que suele vivir en un lugar acuático', o "l'âme du défunt qui a établi sa demeure dans l'eau, dans des ravins; vermines diverses dans l'eau ou à la surface de l'eau, qui représentent *Nkita*" (L. 721, Sw. 446).

Como señala Hagenbucher-Sacripanti (1989: 44-45), es imposible distinguir claramente entre las entidades *nkita* y los *simbi*. Dice Hagenbucher-Sacripanti que

> *Nkita* et *simbi* paraissent cependant nécessaires à l'intelligence de la cosmologie kongo dans la mesure où ils caractérisent le devenir de l'âme après la deuxième mort de la Personne, dans l'au-delà, et semblent poser un stade d'évolution intermédiaire entre, d'une part, ce monde de la nuit et de la mort, et d'autre part, l'incarnation de l'esprit dans la nature, en tant que mouvance et disparité *nkisi*. (Hagenbucher-Sacripanti 1989: 45)

[74] Para PAL. *simbi* 'espíritu', véase Bolívar & González, donde leemos que "[l]os simbi se manifiestan en torrentes o inundaciones súbitas que arrasan con chozas y cosechas. Un

categoría espiritual de los bakongo al ser trasladada a Cuba sufre una curiosa transformación al asociarse con el panteón de dioses yoruba-lucumí y con el santoral católico. Pero más que ante un cambio de concepto en el culto estamos en presencia de una simple identificación nominal ya que el palero, en última instancia, ignora toda la parafernalia litúrgica de los orichas yoruba-lucumí y desconoce el quehacer hagiográfico de los santos cristianos. El practicante de la Regla Conga al acercar su entidad a un oricha yoruba o a un santo católico toma del uno o del otro (o de ambos) una o dos características, un semema o rasgo semántico y lo expresa en "lengua" (su modalidad lingüística ritual).[75] Por ejemplo, en Mayombe, uno de los espíritus del agua se denomina *Mama Kalunga*, lo que en kikongo significa literalmente "madre del mar". Inmediatamente, el oficiante de la Regla Conga la identifica con la divinidad yoruba-lucumí *Yemayá* (v. Brown 2003a: 371, Guanche 1983a: 372) porque ésta es la diosa del mar, además de representar la maternidad (de Yemayá nacen las demás deidades).[76] Aquí el palero ha incorporado dos marcas semánticas –el concepto de "madre" y el del "mar"–, homologando así un tanto a su deidad con una diosa (*Yemayá*) de una cultura ajena. De esta manera el estigmatizado brujo, el gangulero que trabaja en lo oculto, sin grandes misas ni lucidas procesiones, prestigia a su muerto, y lo conecta con una divinidad yoruba-lucumí que tiene un enorme arraigo entre los creyentes cubanos.

(3) Otro elemento que asocia al practicante de la Regla Palo Monte Mayombe con el mundo congo es su "**lengua**", también llamada "**habla palera**" o "**habla congo**". En fecha temprana, Granda (1973a)[77] llamó la atención

---

simbi no puede ser capturado y encerrado en una *nganga*, sino tras muchas dificultades y peligros. [...] El agua –salobre o dulce– es el *hábitat* de los simbi y sus lagunas tienen la reputación de ser muy peligrosas para quienes se acerquen a ellas" (1998: 18).

[75] En la segunda parte de este estudio ("2.3. Corpus y análisis de datos"), donde ofrecemos nuestras etimologías, el lector podrá constatar el sentido que el palero otorga a todas estas identificaciones.

[76] Esta identificación de las entidades paleras con los dioses del panteón Yoruba es factible si se tiene en cuenta que en el plano de las creencias muchos adeptos del Palo Monte también practican la Santería o Regla de Ocha (yoruba-lucumí). Se produce entonces una fuerte contaminación ritual entre ambas religiones afro-cubanas. Téngase en cuenta también que la Santería en Cuba (así como en Brasil) es el producto de un sincretismo yoruba con el catolicismo popular y con componentes del espiritismo kardeciano y de cordón (el llamado "espiritismo cruzao").

[77] "De la matrice africaine de la langue congo de Cuba: recherches préliminaires". Una versión en español del mismo artículo aparece en Granda (1988).

sobre la oriundez kikongo del material lingüístico que aparece tanto en la parte del *Monte* (Cabrera 1971 [1954]) dedicada a la Regla Conga como en los datos expuestos por González Huguet & René Baudry (1967). Schwegler (2002a) confirma la tesis del origen monogenético kikongo del habla palera al etimologizar ciento cincuenta voces del *Vocabulario congo* (Cabrera 1984a). Fuentes Guerra (2002), por su parte, coincide con los colegas que lo antecedieron y propone una matriz kikongo meridional para la mayoría de los lexemas africanos presentes en esta "lengua". Al aceptar la "tesis kikongo", Valdés Acosta (2002a), a su vez, se une a este pequeño grupo de investigadores que recientemente han buscado corregir la antigua y muy difundida concepción de que la "lengua" palera sería el producto de una anterior mezcla, en suelo cubano, de numerosas lenguas bantúes (cp. Matibag 1996: 154-155, Castellanos & Castellanos 1992: 312-314, 1994: 314).

1.10. ¿Qué entendemos por "dioses afrocubanos" y "entidad(es)"?

> *Guiados por los dioses o por los* fumbi, *que diagnostican, la terapéutica le incumbe al [...] nganga que hallará con el beneplácito de las fuerzas sobrenaturales que ellos sirven o dominan el remedio adecuado a cada mal.*
>
> (*La medicina popular de Cuba,* Cabrera 1984b: 137)

Los sistemas de creencia tradicionales de los pueblos bantúes en general y los bakongo en particular se basan en dos complejos de credos fundamentales: (1) el culto a los ancestros y (2) el *kinkisi* o el culto a entidades espirituales protectoras o dañinas que habitan en un receptáculo mágico (*nkisi*). Los paleros, herederos de esta tradición, conservan en sus ceremonias y ritos una presencia fuerte del segundo componente (*kinkisi*). Aunque no obviamos el culto a los ancestros, sí consideramos central el papel que desempeña la prenda (*nkisi*) en el Palo. Como ya hemos señalado en el acápite §1.5, en torno a esta prenda se desarrolla casi todo el quehacer ritual mayombe así como la nomenclatura que se maneja en la Regla.

La cazuela del fundamento (*nkisi*) puede encontrarse tanto en un cuarto de la casa del practicante como en un *munanso* ('casa-templo') que por lo general está situado en el patio de la residencia del *tata nganga* o de la *ngudi nganga*. Cada cuarto o cada *munanso* está regido por una "entidad" –llamada también *(e)mpungo* o *nkita*– a la que por un proceso de transculturación y sincretismo incluso se le ha llegado a denominar "dios" o "deidad".[78] Según nos han demostrado nuestras encuestas, en la actualidad las denominaciones *nkita* y *(e)mpungo* que aparecen reiteradamente en las obras de Cabrera ya no son reconocidas por algunos de nuestros informantes. Los testigos de la autora de *El monte* pertenecían casi en su totalidad a una generación vinculada a la oriundez africana, y por lo tanto era lógico que ellos conservaran estos conceptos y términos de indudable filiación conga. O sea, hoy en día algunos mayomberos (del centro-sur de Cuba) no saben identificar *nkita* o *(e)mpungo* como concepto general de deidad o ente divino (v. "Encuesta sobre deidades paleras", §3.5, n.º 16, 19, 23). Sin embargo ellos los incorporan a denominaciones específicas en la nomenclatura de deidades como MPUNGO Lombua Mfula ('San Francisco'; §3.5, n.º 14), NKITA Kiamasa ('Virgen de Regla', §3.5, n.º 18) o NKITA KITÁN ('Santa Bárbara, §3.5, n.º 20) < KIK. *Nkita* + *Nkita*.

Cuando en este libro hablamos de "dioses", "deidades", "divinidades" o "santos" nos estamos precisamente refiriendo a entes o espíritus que según la tradición han pertenecido al mundo de los *mpungo* y *nkita* africanos. Así, no sorprende que los *nkisi* bantúes que aún hoy en día existen entre los bakongo se reproduzcan en el contexto afrocubano. Ejemplo de ellos son los fetiches del Bajo Congo *Mbúmba, Nzázi, Muílu*, los cuales han sido incorporados por los paleros actuales en la nomenclatura de sus entidades sagradas. No constituyen dioses en el sentido occidental del término, ni santos que aparezcan en altar alguno; pueden ser considerados más bien entes, espíritus, seres sobrehumanos y humanos a la vez a través de los cuales el palero realiza sus "trabajos" y su magia. Con ellos el mayombero se comunica de tú a tú, les discute, les ordena, y hasta los controla con el objetivo de hacer el bien o el mal. Por sí solos, estos dioses no son omnipotentes. Ellos adquieren poder únicamente mediante su interacción con el gangulero (quien los manipula y utiliza en su favor), partiendo de un centro de fuerza concentrado en la *nganga* o prenda. En otras palabras, el palero no adora a sus dioses sino que los aprecia por sus fines pragmático-utilitarios. Y en última instancia los maneja. De ahí se entiende que sus ceremonias, más que rituales de adoración, sean propiciatorias; los sacrificios y las ofrendas tienen la intención de contentar al dios (o más bien al *enfumbe* o al perro de prenda que son las fuerzas actuantes) para que "trabaje". Por esta razón, muchas

---

[78] Castellanos & Castellanos señalan que

en este proceso de síntesis hay equiparación pero no hay completa identificación. Los mpungos no son objeto de culto particular, como los orichas lucumíes. Se les respeta, se les nombra, ayudan a los fieles, pero su papel es relativamente secundario en las Reglas Congas donde lo fundamental es el culto a los muertos. (1992: 140)

veces el palero le dice a su "muerto": "si no haces esto, no te doy comida" (esta "comida" consiste en gallos, gallinas, cabras, carnero, paloma, más algunas bebidas y tabaco). Los ganguleros dicen también que sus dioses comen, fuman y beben como los hombres.

En este libro, la expresión "entidad" figura como un término clave para la cabal comprensión del sistema de creencias de la *Regla de Palo Monte*, por lo que los autores consideran que su definición exacta podrá ser útil al lector. A continuación nos referiremos al contenido semántico del concepto.

Desde el punto de vista religioso, "entidad" (o "entidades") contiene dos semas (valores semánticos) desiguales, ambos imprescindibles para este estudio:

(1) ENTIDAD = (*m*)*fumbi*, "muerto", espíritu del muerto; en este caso "entidad muertera", ente o entidad espiritual.

(2) ENTIDAD = deidad, divinidad, dios, *mpungo*, *enkita*; es decir "entidad divina".

Mientras que el *mfumbi* es una entidad muertera (un ente espiritual), los *mpungo* (= los *nkita*) son entidades divinas. Tanto el *mfumbi* como los *mpungo* interactúan en el fetiche. Desde el punto de vista de su procedencia, el *mfumbi* tiene un origen cierto y cercano: es de la tierra donde vive el palero, y algún componente de su materia transitoria reside en el fundamento del gangulero. Los *mpungo* (o *nkita*) se originan en la lejana y mítica África, y llegaron a Cuba junto con los esclavos bantúes, sus memorias y creencias. Ambas entidades, según el credo mayombe, residen en la prenda, se complementan, intercambian características, se funden y expresan a través del médium.

1.11. ¿Cómo se conforma el nombre ritual de un palero?

Como ilustra la Figura 1 (pág. 87), el nombre ritual del mayombero, briyumbero o kimbisero es casi siempre la suma de tres componentes básicos, relacionados con sus creencias:

(1) el nombre de la deidad,
(2) el nombre de la prenda y
(3) el nombre de la rama o Regla.

El objetivo de nuestro libro, como ya apuntamos arriba, es el de etimologizar las denominaciones de las *entidades espirituales* mayombe (que como también ya

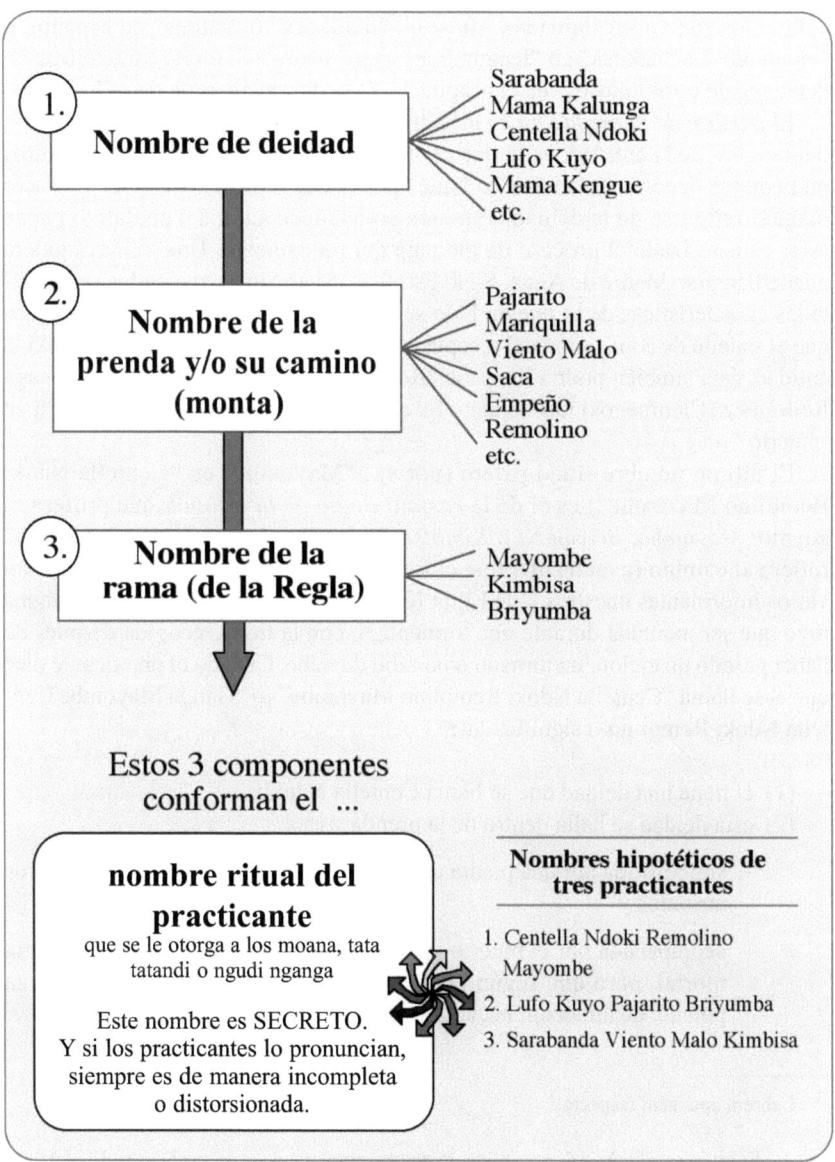

Figura 1.
Configuración del apelativo ritual de un palero
(área de Cienfuegos)

aclaramos suelen ser llamadas "dioses", "deidades" o "santos" en español; o "empungos" o "enkitas" en "lengua"). El lector podrá hallar una caracterización detallada de estos "dioses" en el acápite "2. Corpus y análisis de datos".

El *nombre de la prenda* no es más que una versión, casi siempre en español, del nombre de la entidad; es lo que el oficiante llama "camino" y que nosotros pudiéramos denominar "avatar" o "ruta" por donde se desenvuelve el quehacer mágico-religioso de la deidad. También en la concepción del apelativo puede estar caracterizado el proceso de montaje del fundamento. Una Yemayá palera puede llamarse Madre de Agua, Siete Estrellas, Siete Sayas, teniéndose en cuenta las características de lo que en Palo se conoce como "**monta**" que no es más que el tratado de confección del receptáculo. Por ejemplo, si es Centella Ndoki la entidad, ésta también podría llamarse "Remolino". El informante Basilio Iznaga Rodríguez (Cienfuegos) nos aclara: "Es como un apodo lo que uno le pone a su 'muerto'".

El último nombre ritual palero (por ej., "Mayombe" en "Centella Ndoki Remolino MAYOMBE") es el de la *rama o Regla de la religión* que profesa el adepto: *Mayombe, Briyumba* o *Kimbisa*. El apelativo o mote de "Remolino" refiere al camino (avatar) que trae el fundamento según su "monta". Apuntan varios informantes nuestros y de Elliot Klein que en este caso la cazuela mágica tuvo que ser montada durante una tormenta, o con la tierra recogida después de haber pasado un ciclón, un tornado o un rabo de nube. Cuando el practicante dice que él se llama "Centella Ndoki Remolino Mayombe" (o "Ganga Mayombe Centella Ndoki Remolino") significa que

(1) él tiene una deidad que se llama Centella Ndoki;
(2) esta deidad se halla dentro de la prenda y está

– simbolizada por una piedra específica (hierofanía lítica) así como otros atributos y

– acompañada por el muerto (representado por restos humanos, materia mortal, pero que según las creencias del palero ejercen una fuerza potente de atracción hacia el *enfumbe*)[79];

---

[79] Cabrera apunta al respecto:

El brujo se adueña del espíritu de un muerto apoderándose de sus huesos. El alma queda apegada al cuerpo, "va por costumbre a buscar lo suyo", todo el tiempo que subsisten los restos; y en el cráneo la kiyumba, lo más precioso para el brujo, se halla la substancia espiritual del difunto, "la inteligencia". (1954: 121)

(3) él pertenece a la Regla Mayombe y no a la Regla Briyumba o Kimbisa,[80] y
(4) él se llama también Remolino por ser este el "camino" que recibió la cazuela durante su montaje.[81]

Otro ejemplo: el nombre "Nganga Briyumba Lucero Vira Mundo" refiere a un practicante que pertenece a la Regla Briyumba y cuya deidad es Lucero; y "Vira Mundo" es el nombre de su prenda, el cual se le otorga, como ya dijimos, por las características del montaje del fetiche. En esta segunda denominación puede apreciarse que el orden de su apelativo ritual ha sido invertido: en este caso el nombre empieza por la Regla (Briyumba), continúa con el de la deidad (Lucero) y finaliza con el de prenda (Vira Mundo). Según Elliot Klein (comunicación personal), Vira Mundo puede ser uno de los caminos ("monta") de Siete Rayos, Tiembla Tierra o de algunas prendas de Centellas o de Lucero. "Este avatar (Vira Mundo) es un destino *ndoki* –para hacer el mal– que se le da al fundamento", nos dijo el informante M. Mayombe Tiembla Tierra Saca Empeño, de La Habana.

1.12. Contextualización y evaluación de los datos obtenidos en el trabajo de campo

1.12.1. El contexto: Nuestro trabajo de campo se llevó a cabo principalmente en la provincia de Cienfuegos (2002-2003), donde uno de los autores de este libro (Jesús Fuentes) reside desde hace más de cincuenta años. Cienfuegos y sus alrededores se consideran un centro importante de la práctica del Palo Monte. Mayomberos y briyumberos proliferan por todos los municipios de esa ciudad. Aunque en un principio eran exclusivamente los negros quienes ejercían el Palo, en la actualidad podemos ver a blancos, mulatos, chinos y negros oficiar en ceremonias mayombe.[82] Por razones sociohistóricas, son los negros y mulatos quie-

---

Al final de este mismo párrafo Cabrera vincula al *enfumbe* (muerto) con el *mpungo* (entidad) de la siguiente manera: "El hueso se coge para que sea apoyo del espíritu. (El muerto tiene querencia por sus restos). Y en la piedra, también se fija el muerto".

[80] El nombre de la Regla, con excepción de los briyumberos que siempre la mencionan, generalmente se omite.

[81] *Montaje* o *monta* le llaman los paleros al proceso de confección del receptáculo mágico. Montar o fundamentar son dos verbos sinónimos que caracterizan la acción de construir una *nganga*.

[82] Refiriéndose al siglo XIX, Cabrera (*La medicina popular de Cuba*) ya observó que "está de más decir que el curandero, y no olvidemos a las curanderas, no es necesariamente negro. Los hemos tenido ayer y hoy de todos colores" (1984b: 12).

nes aún hoy predominan numéricamente en este credo, por lo que la mayoría de nuestros informantes pertenece a estos grupos raciales.

Otro elemento caracterizador significativo es que muchos practicantes de la Regla son de extracción humilde y viven en barrios marginales.[83] Aunque desde tiempos remotos las consultas y la iniciación en su credo han constituido una fuente de ingreso para los *tata* y *ngudi nganga*, éstas nunca han llegado a ser un negocio lucrativo entre los paleros que conocemos, como ocurre muchas veces con la Santería y la iniciación en Ifá (Babalawo). Es dentro de este contexto sociorreligioso que debe interpretarse la obtención de los datos que nos han suministrado nuestros informantes, donde los intereses económicos –si los había– eran siempre secundarios.

Los datos primarios para este libro fueron obtenidos a través del contacto directo con los adeptos de la Regla Conga. Ambos autores (no practicantes del Palo Monte) mantuvieron una estrecha relación con paleros durante casi todo el año en que se realizó el trabajo de campo. La observación participativa y la encuesta formal e informal fueron nuestras principales herramientas de trabajo. Algunas entrevistas y ceremonias fueron grabadas y fotografiadas (v. por ejemplo la foto n.º 10) y muchas otras no. Factores muy diversos contribuyeron a que en algunas ocasiones no documentáramos los datos adquiridos mediante grabaciones o fotografías. En primer lugar, en los contextos rituales nos importaba siempre obtener el permiso de los paleros, quienes a veces preferían que ciertos aspectos de sus prácticas quedaran sin divulgarse (recuérdese que el concepto de "secreto" es importante en la tradición mayombe). En segundo lugar –y esto era algo frecuente– determinadas ceremonias no se prestaron a la documentación "científica" con grabadoras, cámaras u otros equipos técnicos ya que su presencia habría interferido el desarrollo natural del culto.

Los contactos repetidos fomentaron la confianza mutua entre los investigadores y los miembros de la Regla, condición imprescindible para este tipo de obra ya que el palero no le abre su mundo a personas que intenten simplemente indagar en él. Es bien conocida la reticencia de los mayomberos en relación con los intrusos o personas ajenas que se interesan por la práctica del Palo Monte. Este sentimiento de recelo o infidencia tiene causantes múltiples y refleja actitudes

---

[83] En Cienfuegos hay tres barrios marginales que se destacan históricamente por la presencia de las religiones afrocubanas: "Punta Cotica", "San Lázaro" y "Reina". En dichas zonas el porcentaje de practicantes del Palo es muy alto. A estas mismas barriadas se les atribuye una tasa de delincuencia y actividades ilegales relativamente altas, por lo que algunos asocian la Regla de Palo con el bajo mundo.

que, en última instancia, ya se formaron en los territorios del antiguo Congo, donde la cristianización fue profunda desde el establecimiento de las misiones a principios del siglo XVI (Hilton 1985: 90-103, Nsondé 1995, Thornton 1992: 254). Este proceso evangelizador tuvo aparejado una estigmatización fuerte de las tradiciones locales, las mismas que fueron heredadas por y subyacen en el Palo Monte. No resulta extraño que Hagenbucher-Scripanti, en *Les fondements spirituels du pouvoir au Royaume de Loango,* mencione ya al inicio de su estudio que

> une tendance générale à la dissimulation et à la méfiance, beaucoup plus accentuée qu'en pays Yombe, nous a contraint de n'aborder en pays Vili le fond de notre enquête [sobre la vida mágico-religiosa] qu' avec d'infinies précautions excluant le plus souvent le style direct et les questions précises ...

y que

> l'acculturation avancée et constante entre Bas-Kouïlou et la frontière du Cabinda, a modifié les mentalités et entraîné la perte quasi totale des traditions religieuses et historiques, dont il ne subsiste (excepté à Diosso) dans la pratique et les esprits que des fragments disparates, dénués de significations consciente. (1973: 11)

En muchos casos intervinieron los mismos practicantes para facilitar el acceso a datos confiables y a familias rituales (en cabildos y *munansos*). En nuestra relación con los mayomberos nos resultó grato constatar que ellos con frecuencia demuestran un verdadero interés por descubrir el origen africano de sus palabras y tradiciones, lo que convirtió las encuestas en un proceso de intercambio y descubrimiento mutuamente beneficioso.

A diferencia de la Santería (Regla de Ocha e Ifá), donde el texto ritual impreso (libretas, manuales, oráculos e incluso diccionarios yoruba) puede desempeñar un papel considerable (Menéndez 1998a, 1998b), en la Regla de Palo Monte de la zona central de Cuba la *transmisión oral* es el mecanismo casi exclusivo para el desenvolvimiento de su praxis, tanto en su aspecto lingüístico como litúrgico.[84] Aunque se ha dado el caso de que algunos informantes posean las llama-

---

[84] En Dianteill (2000: 205-210), el lector encontrará un análisis comparativo (*Santería, Culto a Ifá, Palo Monte, Espiritismo*) de la producción literaria dentro de las religiones cubanas de sustrato africano. Allí se señala, por ejemplo, que "le spiritisme et le *palo monte* sont à la fois les religions les plus hétérogènes et celles où la littérature publique a le moins d'importance" (2000: 208).

das "libretas", éstas en la práctica apenas se consultan. Un índice de esto es que tales libretas suelen ser de extensión muy limitada; y por lo general constituyen una fuente poco útil (en parte por su estructura caótica) para el manejo diario de la "lengua" y de los componentes rituales del credo. Aunque investigadores como Dianteill (2000, caps. V-VIII) y Dianteill & Swearingen (2003) han apuntado –acertadamente– hacia una posible retroalimentación de religiosos afrocubanos en fuentes etnográficas, éste no es el caso de los adeptos de la Regla Conga en Cienfuegos, donde algunos han oído hablar de libros como *El monte* de Lydia Cabrera, pero no lo poseen ni lo consultan. Asimismo, para ellos el área bantú africana es una gran incógnita. Muchos ni siquiera saben dónde queda, y la confunden con Nigeria, el Calabar y otras áreas del África. Y ninguno de nuestros testimoniantes o sus familiares ha viajado al Congo o norte de Angola, donde se originó el sustrato del Palo (Mapas 3, 4, 6 y 7).

Otro aspecto polémico relacionado con la historia externa de la "lengua" es la posible influencia franco-haitiana (Dianteill 2002: 74). Aunque ésta ha sido considerable en los sistemas de creencias sincréticos en la zona oriental de Cuba (de Santiago a Camagüey),[85] en el centro de la isla no se observan ni componentes del vodú ni de la lengua criolla haitiana en la Regla del Palo Monte.[86] Este hecho refuerza nuestra hipótesis sobre el foco irradiador del credo palero desde el área centro-occidental hacia el resto del país (Mapa 5). La casi totalidad de los repertorios lexicales de la "lengua" palera provienen de y se originan en la zona centro-occidental de Cuba (véanse, por ejemplo, los textos de Bolívar & González 1998: 150-172, Bonachea González 1975, Cabrera 1984a, Fuentes Guerra 2002, García González & Valdés Acosta 1978, González Fuentes et al. 2000, González García 2000, González Huget & René Baudry 1967, Valdés Acosta 1974, etc.). El grado de preservación fonética y morfológica (en relación con el kikongo) que aparece en estos glosarios es significativamente más cercano a la lengua del sustrato si los comparamos con los escasos vocabularios del oriente cubano. En estos últimos (por ejemplo, Millet 1996) se observa una especie de "kikongo

---

[85] Véase, por ejemplo, *El vodú en Cuba* de James Figarola, Millet & Alarcón (1998) o *Kote ou bouke má pote. Cultura haitiana en Esmeralda* de Nevet Resma & De la Rosa (2002). También son relevantes las investigaciones lingüísticas de L. Ortiz (1999a, 1999b, 2001) así como "Antecedentes africanos. La inmigración francesa y francohaitiana" de Guanche (1983b).

[86] En los datos de campo que manejamos, no se reflejan elementos lingüísticos (léxicos o morfosintácticos) que justifiquen la presencia histórica del *créole* haitiano en el habla palera. Es posible que en algún momento hayan entrado al área de Cienfuegos algunos individuos de ascendencia haitiana o de sus descendientes criollos del oriente de Cuba. Si ése fue el caso, su impacto ha sido intrascendente.

reestructurado" de segunda mano, incluso creaciones de "voces" atípicas para el habla palera.

1.12.2. La evaluación de datos: La praxis palera no constituye un sistema de creencias homogéneo, ni se caracteriza por ser un complejo de credos con una organización rígida. Sus centros de cultos no tienen un foco rector único. Como expresan algunos practicantes, "es una religión de familia" (entiéndase aquí "familia" como un conglomerado ceremonial específico en el cual los lazos consanguíneos son menos importantes que el pacto ritual entre cofrades). Por lo tanto, hay en la liturgia y en su expresión lingüística variaciones que el investigador no puede soslayar para llegar a una caracterización y a conclusiones objetivas.[87]

Dentro de este contexto se entenderá la importancia de los datos comparativos porque en un sentido histórico la "verdad" no es exclusiva de un palero determinado, o de una casa-templo específica. Las discrepancias abundan, si bien el núcleo de la tradición exhibe una fuerte cohesión que no puede ser negada. Todos los cabildos se desenvuelven, por ejemplo, en torno a la prenda, los *moana nganga*, los *tata*, los *bakofula*, el empleo mágico-ritual de hierbas, el culto a los muertos y un vocabulario básico de innegable oriundez kikongo.

Es precisamente esta valoración crítica de los datos comparativos la que, en algunos casos, nos ha conducido a corroborar etimologías que, a nuestro modo de ver, resultan irrefutables. Un ejemplo concreto es la expresión *Mama Kengue* que corresponde a "Virgen de las Mercedes" (católico) y a "Obatalá" (yoruba / lucumí), pero cuya etimología, según nuestra versión, es "madre diosa que ha atado" (artículo n.º 10). Al respecto el *tatandi bilongo* Jesús Varona Puente, de La Habana, nos advirtió (a través de Elliot Klein) que nuestra interpretación

KIK.	*máama*	+	KIK.	*kèngè* (pretérito)	>	PAL.	***Mama Kengue***
	'madre'			'atar mágicamente'			

---

[87] Sobre esto punto, véanse también Castellanos & Castellanos, quienes aciertan al señalar que "[a]l igual que los otros idiomas afrocubanos, el congo exhibe una considerable variación" (1992: 311). Dichos autores adscriben una parte de esta variación a la llegada a Cuba de esclavos "que hablaban diversas lenguas bantúes y todas ellas eran conocidas en Cuba como *lenguas congas*" (1992: 313). Como explicamos más abajo en el acápite "2.1. Introducción al corpus y análisis de datos", esta tesis del supuesto origen múltiple (mezcla de lenguas sustratales) de la "lengua" ya no puede sostenerse, por lo que la variación lingüística en la liturgia palera se debe a otros factores.

era incorrecta ya que, según sus creencias, Mama Kengue no es capaz de "atar" porque ella no posee "Cuatro Vientos", que es el atributo o "tratado" que autoriza para "amarrar" mágicamente a una persona.

Sin embargo, investigaciones posteriores en Cienfuegos nos han confirmado que Mama Kengue es una deidad que sí ata. Los paleros de dicha ciudad concuerdan en que su poder es tal que ella también está facultada para amarrar a alguien mediante ese "tratado mágico". Como puede apreciarse aquí, son versiones contradictorias que, en la ausencia de elementos comparativos muy bien podrían conducir a conclusiones equivocadas al formular una etimología. Según el palero N. (de Cienfuegos) hay un Cuatro Vientos (uno de los "tratados secretos") que consiste en una firma o signo mágico que se traza al pie de la prenda (de cualquier fundamento, ya sea Sarabanda, Siete Rayos, Mama Kalunga, Chola Wengue o Mama Kengue). Para conformar la rúbrica palera el *tata* traza un círculo (que simboliza el mundo) y en su centro pinta cuatro flechas, las cuales indican a los cuatro puntos cardinales. De ahí viene su nombre, los cuatro vientos representan para el cubano los cuatro puntos cardinales. El palero N. también nos dijo que en la línea central del signo se colocan montoncitos de pólvora dirigidos hacia el nombre de la "víctima" (persona que se va a atar), el cual se encuentra escrito en un papel y puesto en el extremo contrario. Se realizan entonces algunos rezos y cantos en "lengua" y finalmente se prende la pólvora. Hasta aquí lo que nos fue revelado.[88] En la segunda parte ("2.3. Corpus y análisis de datos", papeleta n.º 10 "Mama Kengue") de esta obra aparecerá la versión del testimoniante M. Mayombe Tiembla Tierra Saca Empeño (habanero), quien argumenta también que con cualquier fundamento se puede "amarrar" y que al pie de su *nganga* (Tiembla Tierra que es una versión de Mama Kengue) él hace sus *ensala*[89] ("trabajos" mágicos) utilizando el *masango*[90] (paja de maíz). Otro practicante, Basura Cuatro Vientos Briyumba Congo, afirmó categóricamente:

---

[88] Al completar la lectura final del manuscrito, Elliot Klein nos señaló que el Cuatro Vientos al que se refiere Jesús Varona Puente no es el mismo Cuatro Vientos que el palero N. nos describió. Según J. Varona Puente, su Cuatro Vientos –el que autoriza para que una prenda "amarre" mágicamente– no es una firma sino un "tratado" enteramente distinto que, por razones muy específicas, recibe el mismo nombre. Su Mama Kengue (al igual que todas sus prendas) de hecho tiene la firma de los Cuatro Vientos mencionada por el tatandi N., pero aun así éste no "amarra" (comunicación personal).

[89] *Ensala* < KIK. *nsála* (de *sála* 'hacer, trabajar, etc.') 'quien trabaja; fruto del trabajo, producto agrícola' (L. 764, Sw. 465-466).

[90] *Masango* < KIK. *ma* 'pref. de clase, plural o colectivo' (L. 471, Sw. 286) + *nsángu* 'maíz' (Sw. 558).

"el palero que no pueda amarrar no es palero", es decir, que para este adepto de la Regla Conga, el *amarre* es una condición *sine qua non* del quehacer mágico palero. "Sin amarre no hay Palo" fue su conclusión final.

1.13. El carácter evidentemente kikongo de voces rituales en *Reglas de Congo* de Cabrera

Un recorrido por las voces "africanas" sueltas que constantemente aparecen en el libro *Reglas de Congo* basta al especialista en lenguas bantúes (centro-occidentales o meridionales) para convencerse de que estamos sin lugar a dudas en presencia de lexemas kikongo (en su modalidad palera), y que la mayoría de dichos datos tienen etimologías muy transparentes tanto desde el punto de vista fonético como semántico. Presentamos al lector una breve muestra de este material lexicográfico palero.

PALABRAS PALERAS[91]	ETIMOLOGÍA KIKONGO[92]
boumbas 'recipientes mágicos' (126)	**búmba** 'saco de medicina' (33)
fua 'muerto' (121)	**fwà** 'morir' (87)
fuidi 'muerto' (121)	**fwìdi** 'pretérito de **fwa** = morir' (90)
fuiri 'muerto' (121)	**fwìdi** 'pretérito de **fwa** = morir' (90)
fumbi 'espíritu de un muerto' (121)	**mvúmbi** 'cadáver, fantasma' (388)
Insambi 'Dios' (124)	**Nzámbi** 'Dios, Ser Supremo' (508)
kalunga 'mar' (128)	**kalùnga** 'océano, mar' (114)
kiyumba 'cráneo' (127)	**kinyumba** 'malo, espíritu, diablo, demonio, espectro, fantasma, espíritu de un muerto' (165)
makutos 'sacos mágicos' (126)	**ma** (prefijo de colectividad) (286) + **nkútu** 'saco' (456)
mbobo 'hablo' (31)	**vóva** 'hablar, decir' (99, v. *góga* 'parler, dire', donde también se cita la forma kikongo occidental *vóva*)

---

[91] El número entre paréntesis remite a la página de la obra de Cabrera en que aparece dicho vocablo.
[92] Para las etimologías de este material lexicográfico usamos como fuente el *Dictionnaire kikongo et kituba-français* (Swartenbroeckx 1973). Las mismas voces se encuentran también en Laman (1964 [1936]), aunque con una ortografía ligeramente divergente. El número entre paréntesis remite a la página de Swartenbroeckx 1973).

mboma 'majá' (128)
mbua 'perro de prenda' (130)

menga 'sangre' (124)
mpakas 'cuernos mágicos' (127)
mpangui 'hermano iniciado' (126)
mpungos 'espíritus superiores' (127)
ndoki 'brujo' (133)
nfumo 'jefe ritual' (126)
nganga 'sacerdote palero' (122)
ngombes 'médiums' (130)
nguá 'madre ritual' (142)
nkanga / nkangue 'amarres mágicos' (13)

nkento 'mujer' (124)
nkisi, nkiso 'caldero mágico' (126)
nkita 'espíritus del agua' (121)

nkombos 'médiums' (130)[93]
nkulu 'ancestros' (165)
nkuto 'oído' (124)
nso 'casa templo' (122)
Sambi(a) (124) 'Dios'
simbo 'dinero' (140)
yakara 'hombre' (124)

mbòma 'pitón, boa' (323)
mbwá 'perro, nkisi para cazar al ndoki (brujo, hechicero)' (328)
mènga 'sangre' (331)
mpàka 'cuernos' (350)
mpàngi 'amigo, hermano' (352)
mpúngu 'supremo, fetiche poderoso' (361)
ndòki 'brujo, hechicero' (407)
mfúmu 'jefe, regente' (337)
ngàngà 'médico-adivino' (415-416)
ngòmbé 'res, vaca' (420)
ngwá 'madre' (424)
nkàngi 'el que ata', nkàngu 'amarre' (438)
nkènto 'mujer, femenino, izquierda' (443)
nkísi 'fetiche' (446)
nkíta 'espíritus-fetiches del agua y del monte' (446)
nkómbo 'chivo, cabra' (449)
nkúlu 'ancestros' (452)
kútu 'oreja, oído' (219)
nzò 'casa' (515)
Nzámbi 'Dios, Ser Supremo' (508)
Nzìmbu 'tipo de concha, dinero' (514)
yàkála 'hombre, masculino, marido, derecha' (737)

Los grupos consonánticos kikongo con nasal en posición inicial ante oclusiva (*mpàngi* 'amigo, hermano', *nkíta* 'espíritu', *nkúlu* 'ancestros'), ante fricativa (*mfúmu* 'jefe, regente', *nzò* 'casa') y ante lateral (*nlángu* 'agua, líquido', *nlèmbo* 'dedos'), que son ajenos al sistema fonético-fonológico del español, aparecen en el vocabulario mayombe como puede observarse de tres maneras diferentes: (1) idénticos al sistema africano (PAL. *nkita* < KIK. *nkíta*), (2) adaptados a la fonética española mediante elisión de la nasal (PAL. *Sambi* < KIK. *Nzámbi*) y (3) ajustados también a la articulación española mediante adición de vocal protética (PAL. *Insambi* < KIK. *Nzámbi*). Este último procedimiento de adaptación, es decir, el

---

[93] Los paleros dan al *nkombo* 'médium' (< KIK. *nkòmbo* 'chivo') la traducción asociativa de "caballo" ya que ellos consideran que el "muerto" monta al médium como un jinete al caballo.

aumento vocálico, es actualmente el más común entre los paleros cubanos, pero, en la obra de Cabrera, resulta el menos frecuente debido tal vez a que muchos de sus informantes eran descendientes de primera generación de esclavos bakongo, quienes mantenían su lengua con mayor fidelidad con respecto a sus formas primigenias.

En el material lexical seleccionado (ver supra) puede también advertirse la pérdida de sonoridad de la fricativa labiodental [v] (PAL. *fumbi* < KIK. *mvúmbi*) y de la alveolar postconsonántica [z] [PAL. *nso* < KIK. *nzò*] por la inexistencia de ambos sonidos en la modalidad cubana del español, así como algunos cambios de timbre vocálico al final de palabra (PAL. *nkuto* < KIK. *kutu*). Todos estos procesos de acomodamiento fonético y sus causas han sido analizados detalladamente en Fuentes Guerra (2002), Valdés Acosta (2002a) y Schwegler (MS).

Si se tiene en cuenta lo que aquí hemos explicado (para más detalles, véanse las obras citadas) puede afirmarse, casi categóricamente, que la distancia fonética entre los étimos kikongo y sus resultados paleros es mínima en la mayoría de los casos. Esta observación se corroborará en la parte principal de este estudio (§2.3 "Corpus y análisis de datos"), donde abordamos las etimologías de las diferentes divinidades mayombe. Aunque no es difícil sostener que, en las voces paleras, predomina generalmente la transparencia etimológica, tanto en el plano fonético como en el semántico, en el caso de las deidades se requiere de conocimiento profundo de la *cosmovisión palera-santera* y de sus interrelaciones sígnicas que nos permita descifrar algunos códigos ocultos. Será por ejemplo importante saber captar qué rasgos de la deidad yoruba-lucumí o del santo católico ha asimilado el practicante palero para incorporarlo a una entidad espiritual propia y, al mismo tiempo, nombrarla en "lengua", cuyo sustrato kikongo es evidente. En términos generales estas incorporaciones se basan en tres conceptos puntuales:

(1) UN ATRIBUTO **característico del oricha lucumí o santo católico**

Ejemplos: un atributo de *Changó* "Santo por excelencia" (Cabrera 1984a: 144) es el "rayo",[94] lo cual explica la semántica original de su correspondencia "congo" –Nsasi–, cuya etimología es KIK. *nzázi* 'rayo, trueno, relámpago'. De igual manera puede entenderse la similitud entre Changó / Nsasi y su homólogo católico Santa Bárbara, ya que en el catolicismo popular cubano,

---

[94] Compárese Brown (2003a: 371): "Changó: The Fourth Alafin of Oyó, a thunderbolt, 'fire', 'problems', on the head, a procreator, and the loyal 'defender of all of Obatalá's children'. His attribute is the thunderax, called *oché*".

ésta se vincula con las tempestades y el mal tiempo. Otra deidad santera es Yemayá (Brown 2003a: 371, Guanche 1983a: 372), madre de todos los orichas, quien tiene entre sus atributos los *secretos* que guarda en el fondo del mar. Según los creyentes, quien los vea muere o se queda ciego si no está iniciado. Esto explica una de las denominaciones paleras de esta "nkita" ('espíritu-fetiche'), *Mama Bumba*, es decir, 'madre de los secretos'. *Mama* (voz llana) se deriva de KIK. *máama* 'madre, título de respeto', cuya incorporación a la "lengua" puede haber sido favorecida por ESP. *mamá*.[95] *Bumba* proviene del KIK. *mbùmba* 'secreto'. (Para mayores detalles, v. los artículos "26. Nsasi" y "11. Mamá Umba" en §2.3 infra.)

(2) UN COMPORTAMIENTO **característico de una divinidad**

Ejemplos: *La Oyá* yoruba-lucumí y la entidad *Pungo Mama Wanga* palera comparten el rasgo de "ser la fuente de la confusión, del disgusto y la contrariedad", ya que ambas diosas están relacionadas con las calamidades humanas (muertes) que traen consigo las tormentas y las guerras. En su origen, éste era precisamente el significado literal de *Pungo Mama Wanga*, ya que dicha expresión está compuesta por KIK. *mpúngu* 'fetiche poderoso' + KIK. *máama* 'madre, título de respeto' + KIK. *vwànga* 'ser la fuente de la confusión, del disgusto y del embarazo'. (Para mayores detalles, v. el artículo "31. Pungo Mama Wanga en §2.3 infra). El Changó de los santeros es considerado rey y como tal se venera, al igual que lo fue en Oyó (Yorubaland) de donde procede. El practicante, al ser poseído por su espíritu, asume una actitud majestuosa e imponente; los demás creyentes lo atienden y le muestran reverencia. Es indudable que este comportamiento de Changó-rey indujo a los paleros a identificarlo con *Muilo*, voz que remite al KIK. *mwílu* 'jefe, noble, aristócrata' (para más detalles, v. el artículo "17. Mukiama Muilo").

(3) UNA ACTIVIDAD **característica de una divinidad**

Ejemplos: *Ogún* es el herrero de la Regla de Ocha (Brown 2003a: 370, Guanche 1983a: 371). Su correspondiente palero "congo" es *Sarabanda,* cuya cercanía semántica a la de Ocha (el herrero) se desprende de su composición

---

[95] Los paleros nombran a sus deidades femeninas anteponiendo *Mama* a su nombre (por ej., *Mama Kengue, Mama Kalunga*). Cabrera y otros autores a veces trascriben este hipocorismo como voz aguda (*Mamá*), pero ninguno de nuestros informantes lo articula así.

primitiva bipartita, o sea, KIK. *sála* 'trabajar' + KIK. *bánda* 'cosa sagrada', lit. '"trabajar" [mágicamente] una cosa sagrada [como lo es el hierro entre santeros y paleros]'). Para los practicantes de las religiones cubanas de sustrato africano **el amarre** (atadura mágica) es una actividad ritual muy común: "amarrar las cuatro esquinas" (*Nkanga Nsila*, Cabrera 1984a: 20), "amarrar a la mujer deseada o al hombre querido" (*Nkangue*, Cabrera 1984a: 21), y para ello se recurre a todas las deidades, incluyendo a *Mama Kengue*, que se representa en la Santería como Obatalá (Virgen de las Mercedes, en el catolicismo popular cubano) (v. artículo 10 en §2.3 infra). Este proceder mágico-religioso indujo a los paleros a utilizar la lexía **(N)kengue** para la entidad aquí señalada, ya que dicha voz proviene del KIK. *kèngè* = pretérito de *kanga* 'atar, amarrar' (Para mayores detalles, v. los artículos "38. Zarabanda → Sarabanda" y "10. Mama Kengue" en §2.3 infra). Téngase en cuenta también que Obatalá (Mama Kengue) con su poder apaciguador (traer la paz y el entendimiento) impide que se desaten (KIK. *kàngúla*) las guerras y otras acciones no deseadas.

Además de estos tres conceptos básicos aquí reseñados, resulta importante advertir que entre los bakongo existen **nkisi** (receptáculos mágicos regidos por entidades o espíritus) cuyas denominaciones y cuyo accionar litúrgico coinciden con los de las deidades paleras y sus fundamentos o *ngangas*, como son los casos de:[96]

NKISI ...

Mayúmba: Fetiche que causa la locura (L. 514, v. art. n.° 8).
Mbòma: *Nkisi* acuático representado por una pitón, lit. 'pitón' (L. 534, Sw. 323, ver art. n.° 12).
Mbúdi: Recipiente mágico cuyo espíritu cura las enfermedades del vientre, lit. 'gran lombriz [que causa dolores o enfermedades de estómago]' (L. 538, Sw. 325, v. art. n.° 29).
Mbúmba: Recipiente del *Nkisi Simbi*, espíritu acuático maligno, lit. '(algo) secreto' (L. 540, v. art. n.° 13).

---

[96] Entre paréntesis consignamos las obras (diccionarios kikongo-francés de Laman [L.] y Swartenbroeckx [Sw.]) y el artículo nuestro en que aparecen las diferentes denominaciones de estos *nkisi*. Consúltense también Dianteill (2002: 68-73), Laman (1962), MacGaffey (1993) y Palmié (1991, 2002).

Mpóngo: Receptáculo mágico cuya entidad espiritual apacigua la locura, lit. 'que calma, que distrae' (L. 585, Sw. 359, v. art. n.º 8).
Mwílu: Fetiche antropomórfico conformado por una estatua de madera, lit. 'noble, jefe, aristócrata' (L. 649, v. art. n.º 17).
Nzázi: *Nkisi* cuya entidad tiene el poder de dominar el rayo, lit. 'rayo, trueno, relámpago' (L. 823, Sw. 509, v. art. n.º 26).

Estos *nkisi* africanos los han asumido los mayomberos para nombrar deidades paleras específicas. Pero a su vez ellos se valen de dos fetiches congos, *mpungu* 'fetiche poderoso' y *nkita* 'espíritu-fetiche; genio de las agua, los bosques y las sabanas que los *nganga* conjuran para combatir el *ndoki*',[97] con la finalidad de conceptuar su credo; es decir, ellos buscan palabras claves africanas (en este caso kikongo) para fundamentar un concepto mediante un calificador común que abarque a todas las entidades o dioses.

Con el término **mpungu** –o más bien con sus plurales paleros **mpungus, mpungos, pungos** o **empungos**– se nombra al conjunto de entidades que conforman una especie de "panteón de dioses" mayombero. Cabrera apunta al respecto:

> Estableciendo una jerarquía de fuerzas sobrenaturales, después de Nsambi, que para nuestra mejor comprensión llamaremos el Creador, el Ser Supremo, nuestros congos llaman Mpungus a espíritus superiores que equiparan a los Orichas lucumí y a algunos Santos de nuestro Santoral (Cabrera 1979: 127-128)

Por otra parte, de los **nkita**[98] los paleros se valen para establecer una distinción entre **nkita kiamasa** 'espíritus del agua' y **nkita kianseke** 'espíritus del monte o de la manigua'. Por consiguiente, según Cabrera (1979: 128-129) los practicantes de la Regla Mayombe consideran que sus deidades habitan en las aguas o en los montes. Al grupo de *nkita kiamasa* 'espíritus del agua' pertenecen todas las advocaciones "congas" de la diosa del mar, Yemayá (yoruba-lucumí) o la Virgen de Regla (católica): **Mama Kalunga** (art. n.º 9), **Mama Umba** (art. n.º 11), **Mboma** (art. n.º 12), **Mbumba Mamba** (art. n.º 13), **Nkita Kuna Mamba** (art. n.º 21), **Nkita Kuna Masa** (art. n.º 22) y **Pungo Kasimba** (art. n.º 30). Se consideran, entonces, **Nkita Kianseke** (o **Minseke**) 'espíritus de la manigua' a

---

[97] Estas definiciones de KIK. *mpúngu* y KIK. *nkíta* pueden hallarse en Swartenbroeckx (1973: 361 y 446, respectivamente).
[98] Voz a veces utilizada como sinónimo de *mpungo*. En la modalidad de la Regla Conga Lombanfula, *nkita* es el nombre del santo mayor de su credo (González Fuentes, Martínez Alemán & Garrasco Pérez [2000: 33]).

entidades como **Nkuyo** (art. n.° 24), **Lufo Kuyo** (art. n.° 7), **Pungu Mfútila** (art. n.° 32), **Zarabanda** → **Sarabanda** (art. n.° 38), **Tata Fumbe** (art. n.° 34) y **Watariamba** (art. n.° 35), quienes han escogido el monte, la selva, las encrucijadas, el cementerio y otros lugares sombríos como su *hábitat*.[99]

Estos argumentos lingüísticos, relacionados muy estrechamente con la ritualidad mayombe, nos conducen, una vez más, a proponer con certeza la filiación kikongo del habla de la Regla de Palo Monte, y, a pesar de los sincretismos y procesos de transculturación, a considerar del mismo origen su fundamento místico-religioso. Incluso, para ambos sistemas –i.e., el africano tradicional y el afrocubano sincrético– coincide también la presencia en sus credos de una Suprema Deidad: PAL. **Sambi, Insambi, Sambia, Sambia Mpungu** (Cabrera 1979: 124) y KIK. **Nzámbi** (Sw. 1973: 508), **Nzambi a Mpûngu** (Nsondé 1999: 124), con un carácter de *deus otiosus*; es decir, el Creador que hizo al mundo y a los hombres y que posteriormente se retira de todo lo que concierne a los humanos. Compárese lo que señalan Soret (para los bakongo) y Cabrera (para los mayomberos cubanos):

> On en parle très peu, et si on en parle, c'est **Nzambi**, ce "Dieu vague, indifférent, immobile", qui est plus un principe qu'une divinité proprement dite (...), **Nzambi** la source et l'origine à qui l'on doit tout, mais à qui on ne demande jamais rien, qu'on n'explique jamais, car c'est **Nzambi**. (Soret 1959: 91)

> **Insambi** después de realizada su obra inconmensurable, "se retiró del mundo". Tampoco quiso que sus criaturas lo importunasen y "se fue lejísimo, a lo último del cielo, donde nadie pudiera encontrarlo (...). Es incomprensible, inaccesible e invisible (...). Este dueño absoluto del universo en la Regla de Congos, lo mismo que Olodumare, Olorun u Olofi en la lucumí, no es objeto de un culto especial. No se le ofrenda nada. "No come". No lo necesita (...). (Cabrera 1979: 125)

También los oficiantes o sacerdotes de los dos credos reciben el mismo nombre y realizan funciones litúrgicas similares: adivinar y curar. **Nganga Ngombo** es el término que nos da Cabrera, entre otras denominaciones, en su *Vocabulario*

---

[99] Sobre este tipo de entidad leemos lo siguiente en González Fuentes *et al.*:

> **Nkita** es el ángel mayor de los manfula [= practicantes del Lombanfula]. Después de Sambiampungo es el de mayor poder. Raras veces se "monta". Cuando viene, trae una noticia grande, brinda auxilio en las ocasiones más difíciles, es bondadoso y justiciero. Su color es el blanco; su yerba, la artemisa. (González Fuentes *et al.* 2000: 18-19)

Congo (1984a: 16). Esta misma voz aparece también en Cabrera (1979: 126), texto que nos sirve de fuente principal. Allí encontramos además **nganga nkisi** que, según la etnógrafa cubana, "se refiere a la vez al dueño del caldero o del objeto en que reside la fuerza que lo obedece" (Cabrera 1979: 26).

Nsondé alude a estos especialistas de la medicina tradicional africana de la siguiente manera:

> Auparavant chaque **ngàngà** abatí en principe sa spécialité, liée à un domaine, une affection particulière: **ngàngà nkisi**, *prêtre* ou *médicin* des nkisi, désignait le spécialiste des désordres ou maladies ordinaires tandis que **ngàngà ngombo** était le grand practicien de la divination, chargé de détecter les causes d'un trouble. (Nsondé 1999: 33)

Pero resulta importante enfatizar en lo que el autor congoleño destaca más abajo ya que constituye un fenómeno sincrónico coincidente: la pérdida de matices diferenciadores en cuanto a la funcionalidad ritual de los distintos tipos de *nganga*. Esta distinción entre **nganga ngombo** (practicante adivino) y **nganga nkisi** (practicante curandero) se ha perdido en Cuba. Sobre el Congo nos dice Nsondé:

> Toutes ces nuances ont cependant tendance à s'estomper depuis une trentaine d'années, avec plus de lenteur en zone rurale. (Nsondé 1999: 33)

En resumen, denominaciones idénticas, liturgias comunes y pérdida de funciones especializadas en ambos sistemas de creencias son marcas de identidad, rasgos lingüísticos y extralingüísticos que funcionan como vasos comunicantes entre la comunidad de los bakongo y los paleros cubanos. Esto indudablemente refuerza nuestra tesis idiomática de una única oriundez africana, la kikongo, de la Regla de Palo Monte cubana.

Si analizamos los textos de Cabrera (1971 [1954], 1979, 1984a y 1986) y la obra de Bolívar & González (1998), que tratan sobre la Regla de Palo Monte y que de manera general se refieren a las diferentes deidades paleras, podemos hallar allí, aparte de las denominaciones "congas" con que los adeptos designan a sus entidades, variantes "cubanas" con las cuales también son reconocidos los *mpungos* y *nkitas* de la Regla.[100] Esta última es una tendencia actual que se ha

---

[100] Esta tendencia ya había sido notada por Cabrera entre algunos de sus informantes:

> A los Mpungos y Nkitas se les dan también nombres en castellano como Cabo de Guerra a Agayú = San Cristóbal. Siete Rayos a Changó, –"el santo por excelencia

extendido entre la comunidad de practicantes mayombes. En la tabla 1 presentamos una muestra con los nombres más comunes, obtenidos en nuestros trabajos de campo (área de Cienfuegos). Damos las diferentes versiones: católica, santera (yoruba-lucumí), palera "ortodoxa" y palera moderna. Al final de esta obra (Apéndice §3.5, págs. 210-215) aparece una encuesta sobre el estado actual de las denominaciones que reciben algunos "santos" mayombe.

Hemos subrayado en este acápite la evidente cercanía fonética entre numerosas voces paleras y sus étimos kikongo, y al mismo tiempo nos referimos a la afinidad entre determinados conceptos básicos de la religión palera y el sistema de creencias de los bakongo (*nkisi, nganga,* nombres de entes espirituales, etc.). Si comparamos desde el punto de vista de su permanencia, se da el caso de que estos remanentes lingüísticos de origen kikongo y los componentes religiosos de su cultura han podido preservarse en Cuba de manera evidente mientras que en muchos otros territorios afrohispanos –por ejemplo en las Tierras Bajas del occidente de Colombia[101]– han desaparecido (casi) por completo. Los factores causales de la retención del componente bantú, y africano en general, en la isla caribeña son múltiples y muy complejos. Nos referiremos a tres de ellos.

(1) En Cuba la esclavitud de plantaciones –y sobre todo la entrada de esclavos de manera masiva– fue un fenómeno social tardío (siglo XIX) comparado con el resto de Latinoamérica. Esto favoreció la supervivencia de prácticas rituales de oriundez conga ya que, en términos temporales, fueron menos expuestas a la estigmatización por parte de las clases dominantes.
(2) Otro elemento propiciador de la conservación de componentes de origen bantú en la Regla Conga de Cuba podemos vincularlo a la forma en que se llevó a cabo el proceso de cristianización entre los bakongo. Esta misión evangelizadora se emprendió de manera voluntaria por los propios nativos del antiguo reino de Mbanza Congo. Fue el monarca congoleño Afonso y sus discípulos, "rather than foreign priests and missionaries, who set about developing a definition of Christianity that would work in the Kongo"

---

que no ponemos en suelo de mosaico sino en la tierra". Tiembla Tierra a Obatalá, – "muy riesgoso, no se puede molestar". Padre Tiempo a Orula – San Francisco. Pata Llaga a Babalú Ayé – San Lázaro, etc. etc. (Cabrera 1979: 129)

[101] Las Tierras Bajas se caracterizan por su población mayormente negra y un fuerte aislamiento geolingüístico que, en teoría, debería de haber favorecido la formación de una lengua criolla (similar, quizás, al palenquero) y la preservación de determinadas lenguas africanas. Sobre esta temática, véanse McWhorter (2000) y Schwegler (2002a).

Tabla 1.
Deidades paleras y sus correspondencias.

SANTO CATÓLICO	DEIDAD SANTERA	DEIDAD PALERA ORTODOXA	DEIDAD PALERA MODERNA
San Francisco	Orula	Mpungo Lombua Mfula	Padre Tiempo
Ánima Sola	Eleguá	Nkuyo (Mañunga)	Lucero Mundo
Caridad del Cobre	Ochún	Chola Wengue	Mariquilla
Virgen de Regla	Yemayá	Mama Kalunga	Madre de Agua
Santa Bárbara	Changó	Nsasi	Siete Rayos
Virgen de la Candelaria	Oyá	Centella Ndoki [ver comentarios sobre la tabla]	Centella, Noche Oscura
San Lázaro	Babalú Ayé	Mpungo Mfútila (Kobayende)	Pata 'e Llaga (= Pata de Llaga)
San Pedro	Ogún	Sarabanda	Viento Malo (Noche Oscura) [ver comentarios sobre la tabla]

Estos nombres de deidades paleras aparecen en Cabrera, Reglas de Congo: Palo Monte Mayombe *(1979: 128). La denominación cubana para ellos es muy variada, dándose el caso de que algunos informantes discrepan en cuanto al apelativo de determinado dios. Por ejemplo, aquí tenemos el caso de* Sarabanda = Viento Malo. *Nuestro informante Elier Burke considera sin embargo que (a)* Viento Malo *se corresponde más bien con* Centella Ndoki, *y que (b)* Sarabanda *es más apropiado para* Noche Oscura. *Es necesario también añadir que, a pesar de la modernidad y de toda la nueva nomenclatura, entidades como* Sarabanda, Chola Wengue, Nsasi *y* Centella Ndoki *aún tienen una gran vigencia y los paleros recurren a ellas para nombrar a sus entidades.*

(Thornton 1995: 174). Según este autor, la adopción de la fe cristiana por los súbditos del rey Afonso resultó desde un inicio un proceso natural y de adaptación a las creencias locales (al *kinkisi* y al sacerdocio tradicional). El carácter sincrético que va adquiriendo este nuevo credo no fue el producto de una reacción por parte de los bakongo contra una doctrina impuesta desde fuera, sino más bien el resultado de un desarrollo razonado, llevado a cabo por individuos que, operando de manera independiente y libre, estaban íntimamente familiarizados con ambas tradiciones, la cristiana y la de los bakongo. Esto explica, en parte, por qué "[f]rom the very beginning, ordained Christian priests were called *nganga* in Kikongo" (Thornton 1995: 179) y por qué las misiones cristianas al mismo tiempo también aceptaban y honraban a los *nganga* tradicionales.[102] Los congos de antaño no percibían pues una contradicción teológica entre la acepción de dos tipos de sacerdotes, el *ganga* y el padre católico. Y dada esta apertura a la simbiosis de elementos europeos y africanos, es natural que durante la colonización ellos continuaran apoyándose en sus *nkisi* y en otras nociones tradicionales (por ej. los *simbi*) que desde siglos anteriores habían constituido el núcleo del pensamiento religioso de los bakongo.

(3) Otro factor clave es que en la Cuba del siglo XIX, los bozales y sus descendientes inmediatos no fueron sometidos a una intensa educación evangelizadora como ocurrió en la América continental. Como señala Tardieu refiriéndose al Perú de los siglos XVI y XVII: "[L]a legislación tradicional sobre la esclavitud en las Indias occidentales consideró siempre la educación religiosa como un factor trascendental para encauzar las manifestaciones de rechazo de parte de los esclavos merced a la elaboración de una verdadera teología de la resignación" (2003: 163). Pero si se examinan las afirmaciones de los latifundistas cubanos interrogados por el Capitán General de Cuba, es poca o casi nula la atención que la sacarocracia criolla le concedió al control religioso. "El discurso de la fraternidad en Cristo dejó pues insensibles a los hacendados" (Tardieu 2003: 165). Al respecto, Moreno Fraginals comenta: "Desde fines del siglo XVIII los azucareros abandonaron en sus ingenios toda práctica religiosa [cristiana] con excepción de aquellas ceremonias anuales que servían de mínimo disfraz moral" (cit. en Tardieux 2003: 163, *n.* 411). Contrario a lo que ocurrió en otras partes de Latinoamérica, en el área centro-occidental de Cuba (siglo XIX), la religión cristiana no constituyó un

---

[102] Pero véase también Nsondé (1995: 123-137), donde se enfatiza la *rivalidad* entre *nganga* y sacerdotes católicos.

freno para la implantación y desarrollo de religiones sincréticas como el Palo Monte.[103]

1.14. Caracterización de los datos de Cabrera

Los trabajos de Cabrera (1971, 1979, 1984a, 1984b, 1986 [1977]) sobre el Palo Monte se caracterizan por acumular un caudal de información muy amplio y una fuente lexicográfica de gran utilidad para los investigadores y lingüistas, pues proceden de testimoniantes paleros de gran renombre en esta praxis religiosa y expone datos de primera mano, recogidos en su totalidad durante la primera mitad del siglo XX. Pero es necesario advertir que la falta de entrenamiento lingüístico de la autora conduce a que se hayan producido numerosos errores de transcripción en los datos (lexías), donde se encuentran con cierta regularidad sonidos trocados y segmentaciones incorrectas de palabras.[104] Confróntense lo siguiente:

(1) Error del primer tipo (trascripción errónea):

Pungún Fútila = *Pungu Mfútila* 'San Lázaro, deidad de las llagas' (la "-n" final del supuesto lexema *Pungún* en realidad es la prenasal inicial de *Mfútila*). Para mayores detalles, véase el art. n.º 32.

Tata Funde = *Tata Fumbe* 'San Lázaro (católico), Babalú Ayé (yoruba / lucumí)', lit. 'deidad poderosa de los muertos' (los paleros jamás articulan *Tata Funde;* en otra ocasión Cabrera (1986 [1977]: 14) recoge la expresión sin cometer el error, dando *nfumbe* 'San Lázaro'). V. el art. n.º 34. Nuestros informantes solamente reconocen *Tata Fumbe* (v. "Encuesta sobre deidades paleras", §3.5).

(2) Error del segundo tipo (segmentación errónea):

Watariamba = *watari mba* 'San Norberto, espíritu de la piedra del fuego' < KIK. *wa* 'part. genitiva' + KIK. *tári* 'piedra' + KIK. *a* 'part. genitiva' + KIK. *mbà* 'fuego', con significado literal de "[el espíritu errante] de la piedra de fuego". V. el art. n.º 35.

---

[103] En lo que atañe a la actitud de la Iglesia frente a los esclavos ante el *boom* azucarero, recomendamos el acápite "La religión" en Tardieu (2003: 163-167) y el capítulo 5 "The Church and its negro communicants in colonial Cuba" del libro *Slavery in the Americas* de Herbert Klein (1967: 87-105).

[104] Sobre las segmentaciones falsas de palabras y otras inexactitudes en la obra de Cabrera, consúltese Schwegler (2002a: 119-122).

Guadi Mamba Nguda Masa 'Madre de Agua' = ***Guadi Mamba*** 'Madre de Agua' ||
Ngu[a]di Masa 'Madre de Agua'. Se trata de dos expresiones diferentes en vez de una, ambas con el significado de 'madre de agua'. Por desconocimiento del kikongo, Cabrera recogió de su informante las dos expresiones *Guadi Mamba* y *Ngudi Masa* fundidas en una sola. V. el art. n.º 13, nota 4.

1.15. Formato de nuestra exposición de las etimologías (deidades mayombes)

Los resultados individuales obtenidos por nuestro estudio etimológico pueden encontrarse en "2.3. Corpus y análisis de datos" infra. Como lo ilustrará el ejemplo "2. *Centella Ndoki*" más abajo, cada artículo presenta los datos:

- en su forma original (*Reglas de Congo: Palo Monte Mayombe*, Cabrera 1979);
- en su forma corregida (donde sea necesario) o alternativa (variantes fonéticas);
- con su traducción española, junto con una explicación sobre la conexión semántica entre la etimología kikongo y los atributos actuales del santo en cuestión.

Ejemplo (art. *Nsasi* n.º 26):

Nzázi significa "trueno, relámpago, rayo" en kikongo, y, al igual que en Cuba, esta misma voz todavía hoy denota un *nkisi* entre algunos bakongo (véase la nota 3 infra). Changó es el dios del trueno de los yoruba. Y en el catolicismo popular cubano Santa Bárbara se vincula con las tempestades y el mal tiempo. Cuando una persona se olvida de sus santos o abandona momentáneamente el cumplimiento de determinados deberes y acude a éstos llevada sólo por la necesidad, suele decirse "se acuerda de Santa Bárbara sólo cuando truena", es decir, que cuando hay un problema se recurre a la deidad. Aquí la vinculación está dada en un sentido figurado. También los viejos creyentes cubanos acostumbraban decir, al caer un rayo cerca, "Santa Bárbara Bendita, que el Señor nos ampare". Es decir, el creyente le pide ayuda a la diosa (*Nsasi, Santa Bárbara, Changó*) para que lo proteja de los truenos.

- con su etimología kikongo y su traducción española correspondiente;
- con su etimología kikongo y su traducción francesa, extraída del *Dictionnaire kikongo – français* de Laman (1964) y del *Dictionnaire kikongo et kituba – français (vocabulaire comparé des langages kongo traditionnels et véhiculaires)* de Swartenbroeckx (1973); y
- con explicaciones adicionales (en forma de notas) sobre la voz en cuestión.

Ejemplo ilustrativo del formato adoptado:

(2) CENTELLA NDOKI (*RCPM* 128) || < ESP. *centella* + KIK. *ndòki* || 'Virgen de la Candelaria (católico), Oyá (yoruba / lucumí)', lit. 'centella diabólica'.

Oyá en la tradición yoruba / lucumí representa la centella. Cuando esta deidad se enfurece utiliza sus poderes para dañar a su víctima. Es una diosa muertera relacionada con lo oculto y con la brujería.

El *ndoki* en el sistema de creencias tradicional congo es el "brujo", el que hace magia para dañar. Dicen los bakongo que esta función es más propia de la mujer, lo que vincula al *ndoki* con Oyá, que es una deidad femenina.

< ESP. *centella* + KIK. *ndòki* 'hechicero, brujo', lit. 'centella diabólica, malvada; centella bruja, centella hechicera'.

Kikongo

(1) *ndòki* 'auteur présumé d'un sortilège, d'un maléfice, sorcier, ensorceleur qui par ensorcellement ôte la vie à qqn' (L. 671, Sw. 407).

Cp. también:

lòka 'embrujar, hechizar' (L. 402)

lòka, kilòka, bulòka, ulòka 'brujería, poder o facultad de "comer" el espíritu de una persona; fuerza destructiva (por medio de un nkisi)' brujo, portador del maleficio' (L. 402).

Nota 1: *Ndoki* (y sus variantes, incl. *bandoki*) es una voz palera muy común (23 entradas en el *VC*). Cabrera (*VC* 31) trae la siguiente explicación detallada sobre el "brujo" *ndoki*: ... [etc.]

En algunos casos los comentarios y aclaraciones extralingüísticas que acompañan a nuestras etimologías son detalladas y contribuyen, al mismo tiempo, a caracterizar el mundo palero. Estas notas aclaratorias contextualizan y confirman definiciones etimológicas que por sí solas no serían del todo transparentes. Un ejemplo de ello se encuentra en el artículo n.° 33 "Sindaula Ndundu Yambaka Bután Séke", donde *Sindaula* < KIK. *sínda-ula* 'extraer, sacar' remite a determinados aspectos mágico-religiosos vinculados a Osain. Reproducimos aquí una parte de las explicaciones que ofrecemos al respecto:

> Es una característica de la deidad Osain (Brown 2003a: 370, Guanche 1983a: 372) la acción de extraer o sacar raíces y plantas tanto de la tierra como del monte. Con estas sustancias los paleros conforman sus *ngangas* y hacen sus trabajos mágicos. En Cuba, al Osain o yerbero mayombe también se le llama *Gurufinda*. Éste es el nombre de mayor extensión entre los paleros.[105] El origen bantú y específicamente kikongo de esta voz no puede soslayarse de ninguna manera. *Gurufinda* se deriva del kikongo *ngùlumfínda* 'jabalí, cerdo salvaje' (Sw. 422; *ngùlu amfinda* en L. 694), expresión compuesta por los lexemas *ngùlu* 'cerdo' (Sw. 422, L. 694) + *mfínda* 'bosque, selva' pero tamb. 'salvaje, silvestre, jíbaro' (Sw. 334, L. 553). En la transición del *ngùlumfínda* africano al *Gurufinda* cubano este último término ha experimentado un proceso de ajustes fonéticos típicos de las voces paleras, sobre los cuales ya llamamos la atención en la introducción de este libro (consúltese tamb. Fuentes Guerra, 2002: 31-38). En este caso específico se observan (1) la pérdida de la prenasal (*ngu-* > *gu-*) y (2) el cambio de *r* por *l* (*gulu* > *guru*).
>
> Semánticamente la correspondencia entre *Osain* y *Gurufinda* no puede considerarse arbitraria. El Gurufinda palero es un fetiche que poseen los *tata nganga* que se especializan en la llamada "medicina verde". El dueño de este fundamento es un practicante que se interna en el bosque (o monte) para buscar plantas, raíces y bejucos que son utilizados con el fin de preparar *macutos* (amuletos), *bilongos* (hechizos) y *mpolos* (polvos mágicos), ingredientes imprescindibles para el culto palero. Con ellos el oficiante cura, daña o embruja. Esta misma función la realiza también el *nganga* africano, quien al igual que un jabalí (*ngùlufinda*) se adentra en la selva (*mfínda*) y extrae de la tierra raíces y bejucos. El adivino bantú tiene entre los componentes de su oráculo (instrumento de adivinación) astrálagos (huesillos) de jabalí. En muchos países del África centro-meridional el cerdo salvaje, el *ngùlumfínda*, está estrechamente relacionado con la praxis curativo-adivinatoria. Es un simple símil: al igual que el jabalí, el yerbero escarba en la tierra para sacar las raíces. Y por un proceso de magia simpatética, el adivino tiene que tener

---

[105] Cabrera (1971 [1954]: 103) lo llama también *Gurufinda Andundu Yambaca Butanseke*.

en su oráculo partes del jabalí para que su "espíritu" lo ayude a encontrar la medicina eficaz que resuelva los problemas del cliente.

Por último, para facilitar la utilización futura de las etimologías logradas, incluimos una lista alfabética (Apéndice §3.1 y §3.2) de las expresiones etimologizadas (añadimos también las formas fonéticas alternativas). Igualmente ofrecemos una lista de voces paleras cuyo origen desconocemos o cuya etimología está en duda (Apéndice §3.3).

FOTOGRAFÍAS

FOTOGRAFÍAS 113

Foto 2.
Detalle de la Nganga Niña Linda Santo Cristo Prenda Viajera
con tratado de Lucero del Tata Héctor Hidalgo Mederos (Cienfuegos)

Es la foto que ilustra la cubierta de este libro. (V. también la foto n.º 3).

Foto 3.
Nganga Niña Linda Santo Cristo Prenda Viajera
con tratado de Lucero del Tata Héctor Hidalgo Mederos (Cienfuegos).

V. también la foto n.º 2 (detalle de la nganga).

Foto 4.
Bastón, detalle de la *nganga* Niña Linda Santo Cristo Prenda Viajera.

La función de este bastón es despertar al "muerto" para que "trabaje".
El oficiante golpea rítmicamente la bóveda (parte del piso donde descansa la nganga) mientras pronuncia algunos rezos en "lengua". (V. también la foto n.º 3).

Foto 5.
Prenda "Brazo Fuerte" de Herminio Hidalgo Mederos, *tata nganga* de Cienfuegos.

Fetiche muy poderoso, también conocido como "Bola Mundo" por ser la deidad que igual que un titán es capaz de cargar el mundo sobre sus hombros.

Foto 6.
Palero Herminio Hidalgo Mederos (*tata nganga*, Cienfuegos) frente a su altar.

Herminio (1966), cuyo nombre en "lengua" es *Tata Nkisi Pisa Fuerte Sacaempeño*, es dueño de la prenda Brazo Fuerte. A finales de 2003 tenía cuatro ahijados (dos hombres y dos mujeres).

Foto 7.
Palero Herminio Hidalgo Mederos (*tata nganga*, Cienfuegos).

Foto 8.
Héctor Hidalgo Mederos (cuyo nombre ritual es Tata Ero, Cienfuegos) y su hermano palero Herminio Hidalgo Mederos.

Ambos hermanos, practicantes de la Regla Conga, comparten el mismo *munanso* (casa-templo) en casa de Héctor. (V. también la foto n.º 9).

Foto 9.
Héctor Hidalgo Mederos (Tata Ero, Cienfuegos, nacido en 1964).

Este *tata nganga*, que habla "lengua" con fluidez, ha sido uno de nuestros principales testimoniantes. A finales de 2003 tenía 39 ahijados (30 hombres, 9 mujeres). Debido a que su mamá es santera, él también conoce y practica la Regla de Ocha.

Foto 10.
Tata nganga (Héctor Hidalgo Mederos) y su mayordomo Hiosvany Hidalgo durante un ritual.

Fue una ceremonia de cumplimiento celebrada en casa de Héctor en noviembre de 2002. Participaron unas veinte personas. Hubo sacrificios de animales, bailes y cantos paleros.

Foto 11.
Elier Burke (*tata nganga*, Cienfuegos) y Virginia Burke (*bakofula*, Cienfuegos).

Elier Burke es uno de nuestros principales testimoniantes. Este *tata nganga* posee los fundamentos Sarabanda y Siete Rayos que aparecen en las fotos n.º 12-15.

Foto 12.
Vista parcial del altar en el *munanso* de Elier Burke, Cienfuegos (v. también la foto n.º 13).

Nótese la presencia del *mbele* 'cuchillo' y otros hierros en torno al fundamento. La escalerita simboliza un ascenso hacia la prosperidad. La figura que representa un rostro humano es Lucero Nkuyo, el guardián de las prendas practica la Regla de Ocha.

Foto 13.
Prenda (Sarabanda) de Elier Burke, Cienfuegos.

Sarabanda es, junto con Siete Rayos, uno de los principales fundamentos del palero cubano. Sarabanda se vincula al poder sagrado de los metales. Los problemas más grandes y difíciles los resuelve el practicante con esta prenda.

Foto 14.
Prenda (*ndoki*) de Elier Burke, Cienfuegos.

Nsasi Siete Rayos se considera la *nganga* por excelencia de la Regla Mayombe. Es el fundamento donde reside el mpungo-rey del Palo Monte, poderosa deidad que domina el rayo, el fuego y el tambor. Según Elier esta prenda es judía o *endoki* y por lo tanto se le atribuye la capacidad de poder causar el mal. La voz *endoki* proviene de KIK. *ndòki* 'autor de un sortilegio, maleficio; brujo'. (V. también la foto n.º 15).

Foto 15.
Prenda (*ndoki*) de Elier Burke, Cienfuegos.

V. también la foto n.º 14.

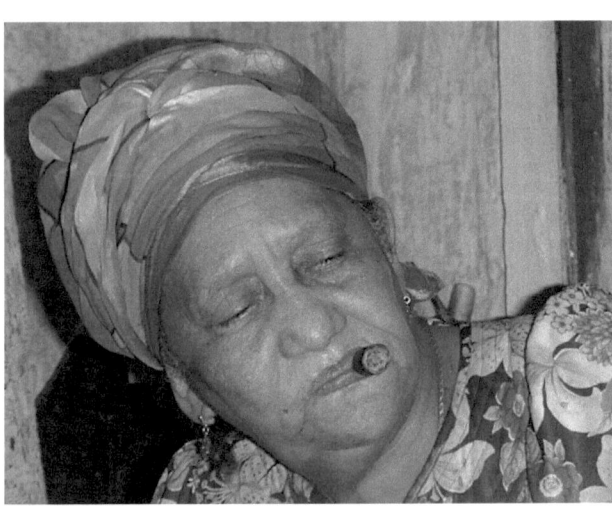

Foto 16.
María de los Ángeles Sánchez ("Marelis", Ngudi Nganga).

María de los Ángeles Sánchez ("Marelis"), la muy conocida y temida Madre Nkisi Malongo Teremene, recibe a diario decenas de clientes y ahijados en su humilde casa de la barriada de Punta Cotica (Cienfuegos).

Foto 17.
Prenda (*Nkisi Ndoki*) del difunto teniente Pedro Sarría Tartabull; se halla actualmente bajo custodia de Marelis.

A esta prenda judía le llaman "Nkisi Ndoki" los paleros de la casa de Marelis. Contiene secretos que no pueden ser revelados. V. también la foto n.º 16.

Foto 18.
Andrés Vilches (*tata nganga*), hijo de Marelis.

Andrés (nacido 1960) reside en el barrio marginal Punta Cotica, en una casa modesta al lado de su madre Marelis (foto n.º 16). En esta zona de Cienfuegos el porcentaje de practicantes del Palo es muy alto.

Foto 19.
Prenda (Nsasi: "Basura Cuatro Vientos Ndoki Tuto Kankasi Briyumba Congo") de Andrés Vilches (foto n.º 18).

Otro camino (versión judía) de Nsasi Siete Rayos.

Foto 20.
Prenda cruzada, llamada *Ikú*, de Andrés Vilches.

Ésta es una *nganga* palera cargada con algunos componentes de la Regla de Ocha o Santería. *Ikú* es una palabra lucumí (yoruba) que significa "muerte".

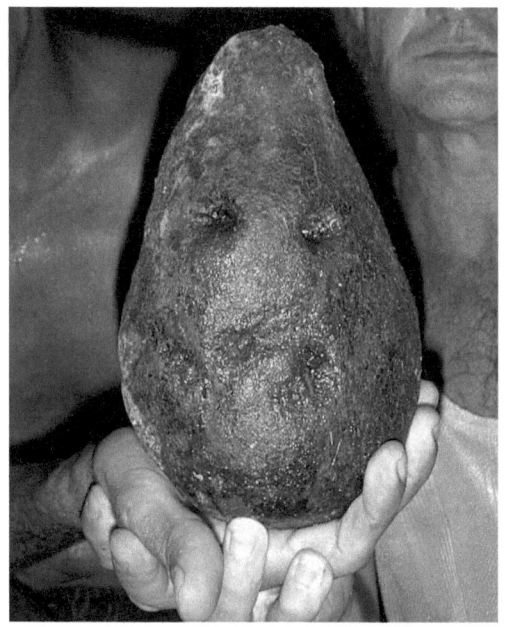

Foto 21.
Prenda Ndundu Yaya de Andrés Vilches.

Es una *nganga* judía utilizada para "trabajos fuertes" (causar el mal). En "lengua", *Ndundu Yaya* significa "albino fuerte". Llama la atención la figura pétrea y el rostro antropomorfo del fetiche.

Foto 22.
Julio Torres, palero residente en Cienfuegos.

Este señor se inició en la Regla Conga con el fin de buscar una protección individual. No quiere tener *moana nganga* (ahijados).

Foto 23.
Nganga (Mpungu Mfútila) de Julio Torres (foto n.º 22) en su entorno natural.

Un fundamento muy importante relacionado con la cura de las enfermedades.

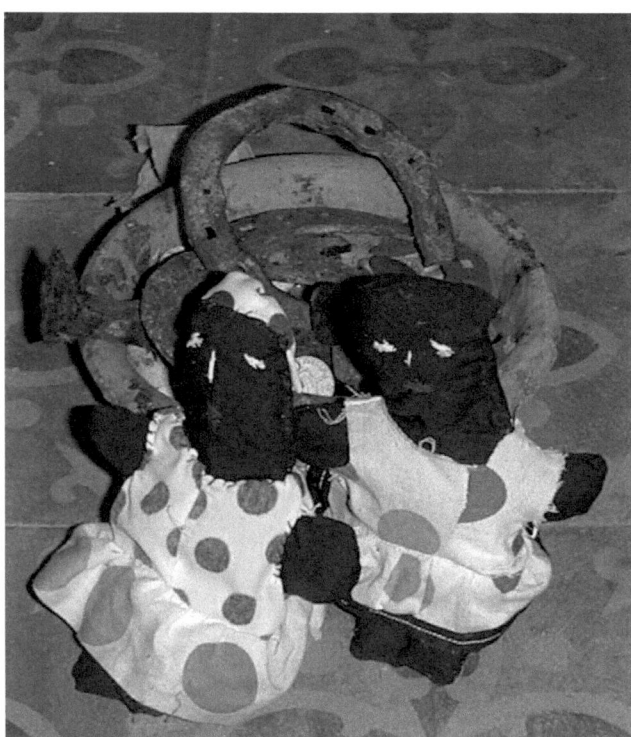

Foto 24.
Nganga (Mpungu Mfútila) de Julio Torres.

Las muñequitas son las "guardieras" (guardianas) de la *nganga*.
(V. también la foto n.º 23)

Foto 25.
Los autores: Jesús Fuentes y Armin Schwegler en Cienfuegos (noviembre de 2003).

Segunda parte

Palo Monte Mayombe: sus dioses y fuentes africanas

2. Corpus y análisis

2.1. Introducción al corpus y análisis de datos

Como podrá observarse en este acápite, y como ya señalamos en Schwegler (2002a), una de las características más sobresalientes del vocabulario "congo" recogido por Cabrera y otros autores es su altísimo grado de preservación fonética y morfológica. Éste y otros indicios sugieren que algunos de los informantes quizás mantenían con regularidad el valor fonemático de las cuatro clases tonales del kikongo (ver Laman 1964: xii-xxxix y especialmente 1922). Puesto que su reconstrucción para los materiales congo-cubanos no es de ningún modo pertinente, desistimos de incluir cualquier tipo de diferenciación tonal.[1]

Las conclusiones generales extraídas de nuestro estudio etimológico de las deidades de la Regla Mayombe pueden resumirse de la siguiente manera: con la excepción de las siete expresiones paleras *Baluande, Iña Ñaába, Kabanga, Ntala y Nsamba, Pandilanga, Yeyé* y *Yolá* → *Lola* (art. n.º 1, 4, 5, 27, 28, 36 y 37 respectivamente), la totalidad del corpus analizado aquí (38 expresiones) tiene un origen kikongo verosímil y en muchos casos enteramente seguro.[2] Dentro de esta última caracterización podemos agrupar etimologías como las anotadas a continuación:

CENTELLA NDOKI 'Virgen de la Candelaria' (art. n.º 2)
   < ESP. *centella* + KIK. *ndòki* 'hechicero, brujo', lit. 'centella diabólica, malvada; centella bruja, centella hechicera'.

KISIMBI MASA 'espíritu del agua' (art. n.º 6)
   < KIK. *ki* 'pref. de clase' + KIK. *símbi* 'espíritu, genio del agua' + KIK. *mása* 'agua', lit. 'espíritu del agua'.

---

[1] Una propuesta atendible sobre la aplicación práctica de los sistemas tonales en la etimologización de voces africanas puede encontrarse en "Kongo elements in Saramacca Tongo" de Daeleman (1972).

[2] *Yeyé* 'Mercedes' y *Lola* 'Nuestra Señora de las Mercedes' son dos casos particulares porque son las únicas denominaciones paleras ortodoxas estudiadas aquí que provienen de la modalidad cubana del español, por lo que estamos en presencia de dos voces extrakikongo.

LUFO KUYU 'San Pedro y San Norberto (católicos)' (art. n.° 7)
< KIK. *lúufu* 'forja, trabajo con el hierro' + KIK. *ǹkùyu* 'espíritu errante', lit. 'forja (del) espíritu errante'.

NSASI 'Santa Bárbara (católico) y Changó (yoruba-lucumí) (art. n.° 26)
< KIK. *nzázi* 'rayo, trueno, relámpago'.

Nzázi significa "trueno, relámpago, rayo" en kikongo. Changó es el dios del trueno de los yoruba. Y en el catolicismo popular cubano Santa Bárbara se vincula con las tempestades y el mal tiempo. Cuando una persona se olvida de sus santos o abandona momentáneamente el cumplimiento de determinados deberes y acude a éstos llevada sólo por la necesidad, suele decirse "se acuerda de Santa Bárbara sólo cuando truena", es decir, que cuando hay un problema se recurre a la deidad. Aquí la vinculación está dada en un sentido figurado. También los viejos creyentes cubanos acostumbraban decir, al caer un rayo cerca, "Santa Bárbara Bendita, que el Señor nos ampare". Es decir, el creyente le pide ayuda a la diosa (*Nsasi*, *Santa Bárbara*, *Changó*) para que lo proteja de los truenos.

Estos y otros resultados etimológicos presentados en este estudio confirman nuestra hipótesis de trabajo anteriormente esbozada (Fuentes Guerra 2002, Schwegler 2002a, Schwegler MS)[3] de que la tradición ritual del Palo Monte (y de sus ramas) es el producto de una transmisión directa (*sin* mezcla de lenguas sustratales[4]), iniciada y luego mantenida por esclavos bakongo y sus descendientes en suelo cubano. Ello implica, al mismo tiempo, que al menos en el nivel de la "lengua", la influencia de los lucumís (yoruba) y de otros sustratos africanos

---

[3] Véase también Valdés Acosta (2002a) y Granda (1973a), donde se exponen conclusiones muy similares a las nuestras en cuanto a la filiación kikongo del habla palera.

[4] Barnet (1995), Castellanos & Castellanos (1992: 312-314, 1994: 314), Guanche (1983a: 413), Valdés Bernal (1978: 96) y otros autores mantuvieron explícitamente que el "habla congo" es una mezcla de múltiples lenguas subsaharanas. Barnet, por ejemplo, escribió:

> Lo importante era mantener una unidad conceptual, y para ello trataron de conservar una lengua pese a la diversidad de dialectos que poseían las diferentes naciones; así se creó ese léxico mixto de palabras castellanas, asimiladas, con palabras congas de un tronco común que era el bantú, pero extraída de sus distintos dialectos. Esa lengua tan permeable, como toda la cultura conga, recibió infinidad de préstamos que crearon formas novedosas, semejantes a una especie de bozalón de origen congo que hoy se emplea sólo como lengua ritual (Barnet 1995: 81).

presentes en Cuba en los sistemas de creencias sincréticos como la Regla Arará (adja-fon) y la Sociedad Secreta Abakuá (efik-ibibio) ha sido casi nula. Tampoco se justifica una confluencia sustratal múltiple de varias lenguas bantúes. Nadie ha podido atestiguar la existencia de remanentes africanos extra-kikongo en el Palo Monte.[5]

Por lo tanto nuestro criterio difiere de modo significativo de la antigua concepción (confluencia o mezcla de varias lenguas bantúes en el habla palera) que sigue defendiéndose inclusive en obras muy recientes como el *Atlas etnográfico y lingüístico de Cuba* (*AELC*), donde se mantiene que el Palo Monte es una religión popular cubana, la cual

> junto con el lenguaje ritual, *que comprende voces de varias lenguas bantú (lari, monokotuba, lingala, kiswahili*), emplea formas arcaicas del español hablado desde la época colonial (*AELC* 1999, "Glosario: Palo Monte"; las cursivas son nuestras).

Dentro de este proceso de conservación del idioma matriz (kikongo) han intervenido importantes estrategias de simplificación y reestructuración, algunos de cuyos mecanismos y detalles han sido abordados por Fuentes Guerra (2002), Schwegler (MS) y Valdés Acosta (2002a). Pero estos cambios posteriores en suelo cubano en nada debilitan la tesis de que, en cuanto al léxico, la "lengua" es casi exclusivamente de raíz kikongo, si bien no haya en Cuba kikongoparlantes propiamente dicho. Nuestra caracterización de los elementos "africanos" de la "lengua" palera como "kikongo *reestructurado*" responde a una hipótesis de trabajo preliminar, cuyas particularidades aún no han sido abordadas. Podemos sin embargo anticipar que la competencia lingüística de dicho "kikongo reestructurado" es considerable, ya que algunos de nuestros informantes lo manejan con sorprendente fluidez, siempre que la intención comunicativa se relacione con temáticas religiosas de la Regla.

---

[5] González Huguet & Baudry (1967: 31-64) etimologizaron algunas voces paleras recurriendo a diccionarios de monokutuba, lingala y swahili, intento no válido desde el punto de vista lingüístico (diacrónico) porque estos textos utilizados por ambos autores responden a lenguas vehiculares, las que se "crearon" en el África centro-meridional en época posterior a la introducción de los bakongo en Cuba, o a raíz de los inicios de la trata negrera masiva (ruta del esclavo: Bajo Congo–Cuba). Sobre esta problemática, véase Schwegler (2002a: 135-136).

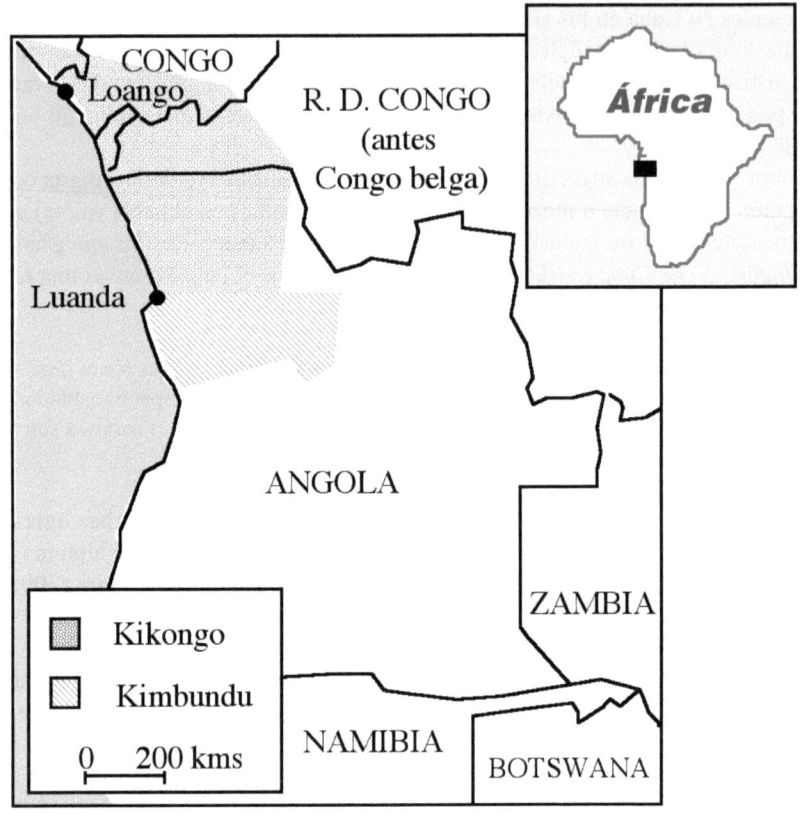

Mapa 7.
Área aproximada de dos lenguas bantúes (kikongo y kimbundu)
importantes en la trata negrera.

El idioma de los bakongo (hablantes del kikongo) jugó un papel clave en la historia de la "lengua" del Palo Monte, mientras que el de los mbundu (hablantes del kimbundu) parece haber contribuido muy poco. Para una síntesis histórica y sociocultural del área congo, véase Nsondé (2002). Muy útiles para una apropiada contextualización lingüística y cultural de los bakongo o de su impacto en el Nuevo Mundo y en Cuba en particular son las publicaciones de Alexandre (1967, 1981), Guthrie (1971), Obenga (1969, 1985), Palmié (1991, 2002), Tardieu (1984, 2003), Thompson (1983, 1990), Thompson & Cornet (1981), van Wing (1930, 1959), Warner-Lewis (2003) y Le geste kôngo *(Musée Dapper 2002) y las fuentes allí citadas.*

2.2. Explicaciones a la lista de expresiones analizadas

Trascripción: Seguimos la grafía simplificada adoptada por Cabrera, sin indicación de tonos ni cantidad vocálica para las voces "congos" aunque sí los indicamos para sus correspondientes kikongo. Obsérvese que en trascripciones ortográficas como PAL. *kangue* (fonéticamente /kange/), el grafema "u" no tiene valor fonético, por lo que su uso corresponde a prácticas ortográficas del español.

La ortografía kikongo que usamos aquí es principalmente la del diccionario de Laman (1964 [1936]), la cual difiere de la de Swartenbroeckx (1973) y más aún de fuentes kikongo recientes. Pero estas inconsistencias ortográficas en nada reducen los argumentos etimológicos que encabezan nuestro estudio.

Para las trascripciones fonéticas recurrimos al sistema del IPA (International Phonetic Alphabet; versión revisada 1996):

www.arts.gla.ac.uk/IPA/ipa.html
www.sil.org/computing/fonts/ipareadme.html

Prenasales: Damos las prenasales tal como se han recogido en nuestras fuentes (así *nfumbe, nkuyo,* etc.). Se trata sin embargo de elementos con alternancia libre. Así *nfumbe* = [ɱfumbe] y asimismo [fumbe]; *nkuyo* = [ŋkujo] y también [kujo]. A la combinación ortográfica "nf" en ejemplos como *nfumbe* normalmente corresponde la articulación [ɱf] labiodental (v. la nota 3 del artículo 34 *nfunde* → *mfumbe*).

Símbolos y abreviaturas: Una lista de símbolos y abreviaturas se encuentra al inicio de este libro.

2.3. Corpus y análisis de datos

➤ *Una lista alfabética de las expresiones* paleras *estudiadas (en su forma compuesta) sigue a este corpus en el apartado §3.1.*

➤ *Una relación alfabética de nombres de santos* católicos *y sus correspondencias en la Regla Mayombe se encuentra en el apartado §3.3.*

(1) BALUANDE (*RCPM* 128) ‖ < (?), de origen incierto, quizás *balu anda (con *a*- protética) < KIK. *bàlu ndã* ‖ 'La Virgen de Regla', lit. '(diosa) sobre lo alto'. *Baluande* corresponde a Yemayá [yoruba / lucumí])'.

< (?) KIK. *bàlu* 'sobre, arriba de' + KIK. *ndã* 'alto, distante', lit. '(deidad que está) sobre lo alto'. Nos apoyamos para esta etimología tentativa en una propiedad de la diosa que consiste en estar situada siempre en uno de los lugares más elevados del templo palero consagrado a esa divinidad. Esta exposición prominente de *Baluande* en lo alto responde a la especial consideración que el practicante le atribuye. Los mayomberos la consideran como otro "camino" o avatar de Mama Kalunga (Yemayá), diosa que domina las aguas marinas (Brown 2003a: 371, Guanche 1983a: 372). Tanto entre los bakongo como los paleros y santeros cubanos, el mar es el *hábitat* más importante donde reside todo lo grande, lo oculto y lo secreto.

Kikongo

(1) *bàlu* 'sur, au-dessus, sur la hauteur, en l'air' (L. 12, Sw. 6).
(2) *ndã* 'haut, éloigné, majestueux' (L. 661, Sw. 401).

Nota 1: Como indica Cabrera en *RCPM* (1979: 128), otras versiones paleras de la diosa del agua (*Baluande*) son *Kisimbi Masa, Mama Kalunga, Mama Umba, Mbumba Mamba, Mboma, Nkita Kiamasa, Nkita Kuna Masa, Nkita Kuna Mamba* y *Pungo Kasimba*. "Estos espíritus acuáticos *–yimbi* o *simbi nkita–* actúan en un *Nkisi Masa* [lit. 'fetiche de agua'], que se fundamenta, se compone, con plantas acuáticas, arena, limo, piedras, conchitas, culebra (Mbomba)" (Cabrera 1979: 128).

Díaz Fabelo (1998: 135) trae *Yaya Lango* 'Madre de Agua, Yemayá' como otra variante de esta entidad. La etimología aquí resulta trasparente pues la expresión se deriva del KIK. *yáaya* 'título de respeto, madre, padre, abuelos maternos' (L. 1121, Sw. 746, donde *yáya*) + KIK. *nlángu* 'agua, líquido' (L. 743, Sw. 459), por lo tanto su traducción literal sería: "madre de agua".

Mámba, mása (*máza*) y *nlángu* son voces sinónimas que en kikongo significan 'agua, líquido, jugo' (L., 489, 503, 743; Sw. 297, 303, 459). Cualquier combinación de estos tres términos con KIK. *máama* o *yáaya* que, como ya vimos, ambos son étimos para 'madre, mamá, título de respeto (matrilineal)', daría pues la expresión "madre de agua". Las variantes, en este caso, serían entonces: *máama mámba, máama mása, máama nlángu, yáaya mámba, yáaya mása, yáaya nlángu*. Aquí la partícula de relación genitiva que normalmente debe aparecer entre ambos lexemas sustantivos (KIK. *wa*, en este caso) ha sido omitida; éste es un procedimiento típico de los dialectos kikongo meridionales. Por ejemplo, en las modalidades sureñas tenemos *máama mámba* en lugar del más septentrional KIK. *máama wa mámba* 'madre de agua'.

Nota 2: En el *VC* aparecen varios artículos que incluyen el vocablo *Baluande*. A continuación citamos tres de ellos. Se observará que cada uno de los ejemplos termina en la vocal *-e* en vez de *-a* (o sea *Baluande* en vez de **Baluanda*), por lo que nuestra etimología resulta tentativa aunque la variación fonética libre entre estas dos vocales finales ocurre con cierta frecuencia en el habla palera. Por lo tanto, el resultado fonético más regular sería **Baluanda* o **Balunda* (la última forma excluiría la vocal protética que los paleros suelen añadir a formas como *nda* > *anda*).

Canto Mambo: Llamando a **Baluande**, la Virgen de Regla: "Wanyeré wánguere. Yémbe awán yeré sánguereré." (Cabrera 1984a: 40)

Casa de la Virgen   Nso **Baluande**. (Cabrera 1984a: 46)
de Regla:

Oficiando el congo: Vititingo ven acá alándoki. Ofrenda. A los Mpungu o dioses se les ofrenda, "comen": **Baluande** (Yemayá, la Virgen de Regla) gallo y pato... (Cabrera 1984a: 111)

Nota 3: Díaz Fabelo (1998) trae la forma *bauluande, kalunga* 'dios del mar'. Esta forma debe ser una ligera distorsión fonética (*bau-* en vez de *ba-*), quizás introducida por el autor o los editores.

Nota 4: La Virgen de Regla –también llamada "Madre Agua"– se caracteriza por ser una deidad vinculada con el mar o lo acuático en general, lo que explica sus nombres alternativos:

Mama Kalunga	< KIK. ***ka-lunga*** 'mar, océano, lago' (L. 207, Sw. 114).
Pungo Kasimba	< KIK. ***mpúngu*** 'fetiche poderoso' (L. 589) + KIK. ***ka*** 'lugar (de)' (L. 197) + KIK. ***nzìmba*** 'cavidad, hueco (de agua)' (L. 827), lit. 'fetiche poderoso de la "casimba"' (v. Schwegler 2002a: 183).
Mbumba Mamba	< KIK. ***mbùmba*** 'secreto' (L. 540) + KIK. ***mámba*** 'agua', lit. 'secreto del agua' (L. 489).
Inkita kiamasa	< KIK. ***Nkita*** 'nkisi de las aguas, dios(a) del agua' (L. 721) + KIK. ***kiá*** 'part. de rel. genitiva' (L. 236) + KIK. ***mása*** 'agua' (L. 503), lit. 'diosa del agua'.
Nkita kuna mamba	< KIK. ***Nkita*** 'nkisi de las aguas, dios(a) del agua' (L. 721) + KIK. ***kūuna*** (pron. y adv. locativo) '(ese) allá' (L. 335, Fabbro & Petterlini 1977: 206) + KIK. ***mámba*** 'agua', lit. 'diosa allá agua = diosa en el agua = diosa acuática' (L. 489).

Nota 5: Barnet trae esto sobre Baluande:

Madre de Agua, Siete Sayas, Balaunde [sic]: Es una entidad identificada con la Virgen de Regla. Dueña del mar y de la entrada de los ríos. Yemayá en la santería, es muy común en todas las sectas congas, muy venerada y presente en el mapa hagiográfico cubano como pocas fuerzas sobrenaturales. Simboliza la unidad del mundo, lo que fluye y la maternidad universal. (Barnet 1995: 134)

(2) CENTELLA NDOKI (*RCPM* 128) ‖ < ESP. ***centella*** + KIK. ***ndòki*** ‖ 'Virgen de la Candelaria (católico), Oyá (yoruba / lucumí)', lit. 'centella diabólica'.

Oyá en la tradición yoruba / lucumí representa la centella. Cuando esta deidad se enfurece utiliza sus poderes para dañar a su víctima. Es una diosa muertera relacionada con lo oculto y con la brujería.

El *ndoki* en el sistema de creencias tradicional congo es el "brujo", el que hace magia para dañar. Dicen los bakongo que esta función es más propia de la mujer, lo que vincula al *ndoki* con Oyá, que es una deidad femenina.

< ESP. ***centella*** + KIK. ***ndòki*** 'hechicero, "brujo"', lit. 'centella diabólica, malvada; centella bruja, centella hechicera'.

Kikongo

(1) **ndòki** 'auteur présumé d'un sortilège, d'un maléfice, sorcier, ensorceleur qui par ensorcellement ôte la vie à qqn' (L. 671, Sw. 407).

Cp. también:

lòka 'embrujar, hechizar' (L. 402)

lòka, kilòka, bulòka, ulòka 'brujería, poder o facultad de "comer" el espíritu de una persona; fuerza destructiva (por medio de un nkisi)' brujo, portador del maleficio' (L. 402).

Nota 1: *Ndoki* (y sus variantes, incl. *bandoki*) es una voz palera muy común (23 entradas en el *VC*). Cabrera (*VC* 31) trae la siguiente explicación detallada sobre el "brujo" *ndoki*:

Brujo: Bandoki, Ndoki. Es el mismo hechicero o hechicera que vuela. Es una persona dotada de poder para el mal. "Tiene la fuerza en el oído". Los Ndoki ejercen ese poder maléfico sin respetar parentescos; en el campo acaban con las crías, las siembras y frecuentemente con los niños. El Ndoki se parece a los hechiceros de Europa. Puede convertirse en majá, en pájaro, en cualquier animal. Se transforma en majá para chupar la sangre de los niños. Se dice que daña a los mulatos mas no los mata. De noche se convierten en arañas y se introducen en el cuerpo de sus víctimas. Con el sol desaparecen. El individuo que es Ndoki suele ser bizco. Tienen ojos brillantes que "amarran" al que quiere dañar. Al morir su espíritu continúa haciendo el mal y los hechiceros continúan trabajando con ellos. Vivos, tienen la facultad de deshacerse de su piel. "No hay mejor Ndoki que el niño: los de siete años sirven mejor. El Ndoki viejo es muy lento". Los que tienen Ndoki a su servicio, tendrán mucho cuidado con él, pues se revuelven contra sus dueños. Se encelan de la familia del hechicero y le matan la mujer y los hijos si se descuidan.

(3) CHOYA WENGUE → CHOLA WENGUE (*RCPM* 128) || < * *chola wengue* < **chiyola wengue* < **chi-yola wengue* < KIK. **ki yòla vwéngè** || 'Virgen de la Caridad del Cobre',[6] lit. 'deidad femenina que se caracteriza por la falsedad (en el juego del amor)' que ha sido causa del disgusto y de la confusión entre las deidades masculinas.

---

[6] Arrom (1998) estudia la historia, leyenda y el sincretismo de la Virgen del Cobre.

[Véase también *Pungo Mama Wanga* 'Virgen de la Candelaria' (art. n.º 31), expresión que contiene un derivado de la voz KIK. *vwànga* 'ser la fuente de la confusión y del disgusto'. Este mismo *vwànga* se encuentra en pretérito en *Chola Wengue* < KIK. *vwéngè*]

Concordamos con Elliot Klein (comunicación personal) que *Choya Wengue* es evidentemente una trascripción errónea de Cabrera. Ningún palero cubano reconoce esta expresión, y todos nuestros informantes enfatizan que *Cho̱la Wengue* es la versión correcta.

Chola Wengue, al igual que su variante santera (la oricha Ochún), es la entidad palera del amor. Pero muchas veces este supuesto sentimiento se halla envuelto en la trampa del doble sentido, el amor que atrae, pero también el amor que ata, que sujeta al individuo a un capricho ajeno, un amor aparente y engañoso; de ahí el matiz etimológico: KIK. *yòla* = 'falsedad'. Es la falsedad que provoca confusión y disgusto, expresados en el término KIK. *vwéngè* (pretérito) 'ser la fuente de la confusión y del disgusto'.

< KIK. ***ki*** 'pref. de clase' + KIK. *yòla* = 'falsedad' + KIK. ***vwéngè*** 'ser la fuente de la confusión, del disgusto, la contrariedad y el embarazo', con significado literal de "deidad femenina que se caracteriza por la falsedad (en el juego del amor)".

Kikongo

(1) ***ki-*** 'préf. de classe ki-' (L. 236). Como indican Fabbro & Petterlini (1977: 39), el prefijo *ki-* se relaciona con una clase nominal donde abundan los sustantivos que indican dignidad, situación y cualidad (de personas). Cp. KIK. *ki-ndònga* (de *lònga* 'aprender') 'principiante, aprendiz, debutante, novicio, alumno' L. 265); KIK. *ki-ndòki* (de *lòka* 'embrujar, hechizar') 'brujo, portador del maleficio' (L. 402); KIK. *ki-ndumbi* (de *dúmba* 'doncella, chica, mujer joven') 'club, sociedad, compañía, asociación de mujeres' (L. 265).

(2) ***yòla***, pl. *ma-* 'plaisanterie, fausseté, vanterie' (L. 1139), derivado según L. de

yòla 'parler, causer, jaser, balbutier, gazouiller, ... bavarder dans le délire, pendant le sommeil, bêler, appeler (comme les porteurs)' (L. 1139).

yòla, lélé 'f-du bruit, d'où parler, balbutier, gazouiller, sonner, héler. D'où *mayòla* plaisanterie, raillerie, fausseté, vanterie ou pl.' (Sw. 764).

(3) *vwéngè*, pret. de *vwànga* 'ê. source d'encombrement, d'ennuis, d'embarras, de confusion, d'embrouillement, de tracas, d'entremêlement. D'où *mavwànga* ennuis (peu usé sauf dans dérivés)' (Sw. 713, L. 1037).

Nota 1: El cambio fonético (palatalización) en KIK. *ki-yola* > *chola* es un fenómeno dialectal kikongo donde [ki-] puede realizarse como africada [tʃ]. Tal es el caso de la voz KIK. *kiûla* > KIK. *tchûla* 'rana, sapo' (Nsondé 1999: 174, Sw. 770). La realización africada aparece como un proceso frecuente en los dialectos kilari y kivili.

Nota 2: Castellanos & Castellanos (1992: 139) traen *Chola Wengue* 'patrona del amor, etc.'.

(4) IÑA ÑAÁBA (*RCPM* 128) || < (?) || 'Nuestra Señora de las Mercedes (católico), Obatalá (yoruba / lucumí)'.

< (?)

Nota 1: Nuestros informantes insisten en que *Iña Ñaába* no pertenece a la Regla de Palo Monte. Según algunos, es una forma arará (adja-fon). Bolívar & González (1998: Anexos, "Las deidades", sin pág.) traen *Iña Naá Ba*, lo que seguramente corresponde a nuestro *Iña Ñaába*.

(5) KABANGA (*RCPM* 128) || < (?) || 'San Francisco (católico), Ifá, Orula (yoruba / lucumí)'.

< (?)

Nota 1: *Kabanga* bien podría derivarse fonéticamente de fuentes kikongo (por ej., KIK. *ǹkà*[7] + *vwánga*[8] 'el bautista (el que puede bautizar[9])', pero semánticamente no nos resultan convincentes las hipótesis de trabajo que hemos elaborado hasta el momento.

---

[7] KIK. *ǹkà* ~ *ǹkwâ* 'personne, qqn qui possède, connaît, sait, apprend; *ǹka* se joint souvent à un autre subst. pour désigner que qqn a une certaine profession, une manière d'être, une qualité. Le qualificatif suivant rejette le plus souvent le préfixe d'accord et le signe de l'attribut ... Presque tous les subst. abstraits peuvent s'ajouter à *ǹkwa*' (L. 737).

[8] KIK. *vwánga* 'plonger, tremper, enfoncer dans l'eau, dans la boue, la vase, le limon, l'argile; baptiser; jeter de l'eau sur, asperger, mouiller, tremper, humecter, baigner, jeter de la boue, de l'ordure sur; salir, enduire, barbouiller, éclabousser, crotter, abîmer, endommager (de cette façon)' (L. 1037, Sw. 713).

[9] Cp. tamb. KIK. *nkwavwanga* 'bautista' (el que puede bautizar), *nkwangolo* 'el poderoso' (el que posee la fuerza), *nkwangangu* 'experto (el que tiene determinada habilidad)' en Fabbro & Petterlini (1977: 61, "Composição por aglutinação").

(6) KISIMBI MASA (*RCPM* 128) ‖ < KIK. *ki-símbi mása* ‖ 'Yemayá (yoruba / lucumí), Virgen de Regla (católico)', lit. "espíritu del agua" (*Kisimbi Masa* es un espíritu que vive en el agua, como explica Cabrera en *RCPM* [1979: 128]).

Como ya referimos en la primera parte ("Fuente de datos y origen de la Regla Mayombe", §1.9.), los *(ki)simbi* se conocen también bajo los nombres de *nkita* 'espíritus-fetiches, genios del agua o alma de un difunto' o *mpungu* 'supremo, ente o divinidad suprema'. En el mismo apartado citamos también que Hagenbucher-Sacripanti (1989: 44-45) apunta que es imposible hacer una distinción precisa entre las entidades *(ki)simbi* y *nkita*. Conceptualmente, los *Kisimbi Masa* son en esencia idénticos a las deidades acuáticas *Nkita Kiamasa* (art. n.° 18), *Nkita Kuna Mamba* (artículo n.° 21) y *Nkita Kunamasa* (art. n.° 22). Desde el punto de vista etimológico, estos tres fetiches coinciden también semánticamente ya que las tres expresiones aluden a una deidad acuática, es decir al "espíritu del agua" (consúltese también los tres artículos n.° 18, 21, 22).

< KIK. *ki* 'pref. de clase' + KIK. *símbi* 'espíritu, genio del agua' + KIK. *mása* 'agua', lit. 'espíritu del agua'.

Kikongo

(1) *ki-* 'préf. de classe ki-' (L. 236). Como señalan Fabbro & Petterlini (1977: 39), el prefijo *ki-* se relaciona con una clase muy rica de sustantivos que indican dignidad, situación y cualidad (de personas). Cp. KIK. *ki-ndònga* (de *lònga* 'aprender') 'principiante, aprendiz, debutante, novicio, alumno' (L. 265); KIK. *ki-ndòki* (de *lòka* 'embrujar, hechizar') 'brujo, portador del maleficio' (L. 402); KIK. *ki-ndumbi* (de *dúmba* 'doncella, chica, mujer joven) 'club, sociedad, compañía, asociación de mujeres' (L. 265).

(2) *simbi* 'de *sìmba*, esprit d'une personne bonne, qui est décédée; lutin, dieu marin; endroit sacré, dangereux; esprit lutin qui hante plus spécialement les eaux et les précipices ou la forêt' (L. 899, Sw. 578)

Cp. también *sìmba* 'maigre, flétri, mourant, très maigre' (L. 899).

(3) *mása* 'eau, cours d'eau, courant, ruisseau' (L. 503, Sw. 303).
máza 'eau, humidité, jus, liquide' (L. 514, Sw. 310).

Nota 1: Como apunta Cabrera en *RCPM* (1979: 128), otras versiones paleras de la diosa del agua (*Kisimbi Masa*) son *Baluande, Mama Kalunga, Mama Umba, Mbumba Mamba, Mboma, Nkita Kiamasa, Nkita Kuna*

Masa, Nkita Kuna Mamba y *Pungo Kasimba* (v. estas expresiones). "Estos espíritus acuáticos –*yimbi* o *simbi nkita*– actúan en un *Nkisi Masa* (lit. 'fetiche de agua'), que se fundamenta (se compone) con plantas acuáticas, arena, limo, piedras, conchitas, culebra (Mboma)" (Cabrera 1979: 128). Díaz Fabelo (1998: 135) trae *Yaya Lango* 'Madre de Agua, Yemayá' como otra variante de esta entidad. La etimología aquí resulta trasparente pues la expresión se deriva del KIK. *yáaya* 'título de respeto, madre, padre, abuelos maternos' (L. 1121, Sw. 746) + KIK. *nlángu* 'agua, líquido'. Por lo tanto la traducción literal de *Yaya Lango* sería: "madre de agua".

Nota 2: Según el *VC* (70), *kisimbi* corresponde a 'espíritu o espíritu de agua'. La misma fuente también lo equivale con 'espíritu del monte' (*simbi* o *yimbi*) (*VC* 69).

(7) LUFO KUYU (*RCPM* 128) ‖ < KIK. *lúufu ṅkùyu* ‖ 'San Pedro y San Norberto (católicos), Ogún y Ochosi (yoruba / lucumí)', lit. 'forja (del) espíritu errante'.

Este informante de Cabrera al parecer reúne en su *nganga* atributos de estas dos deidades afines: San Pedro y San Norberto, ya que ambas son guerreras y generalmente "trabajan" juntas. Otras veces también se unen a Eleguá, y así forman la trilogía de los guerreros lucumíes.

Lufo (Ogún) es el herrero quien trabaja en su forja con los hierros, lo que explica a su vez la etimología KIK. *lúufu* 'forja, trabajo con hierro'. Esto puede corroborarse además en el artículo "herrero = *lufu*", el cual aparece en el *VC* (83).

Kuyu (Ochosi) por lo regular lo vemos asimilado a Eleguá (v. el artículo n.º 24, *Nkuyu* 'Eleguá'). *Kuyu* es un ánima errante, cazadora que siempre se oculta en la selva al igual que la deidad de la Regla de Ocha (lucumí) arriba señalada. La semántica del término por lo tanto es transparente (cp. KIK. *ṅkùyu* 'espíritu errante'). [V. también el artículo n.º 24 *Kuyu* 'El Ánima Sola del Purgatorio'].

< KIK. *lúufu* 'forja, trabajo con el hierro' + KIK. *ṅkùyu* 'espíritu errante', lit. 'forja (del) espíritu errante'.

Kikongo

(1) *lúufu* 'forge, usine' (L. 416), 'forge, atelier (travail de fer), d'où pf. usine' (Sw. 257).

lú-uvu, pl. *tu-uvu* (N, *maluuvu*) 'forge' (L. 458, Sw. 279).

(2) *ǹkùyu* 'l'âme d'un défunt, esprit, démon, lutin, farfadet; l'ombre (d'un mort); spectre' (L. 737); y *ǹkúyu* 'ombre, spectre, âme errante, revenant, démon' (Sw. 456). Cp. también:

> *nkúya* 'esprit du défunt; *sa kúya* 'faire que l'esprit entre dans une image, dans une idole. Syn. *nkúyu*' (L. 737, Sw. 456).

Nota 1: Un *(e)nkuyu* semánticamente abarca matices que van mucho más allá del concepto de "santo" perteneciente a un determinado panteón de dioses ya que con *(e)nkuyu* el practicante se refiere igualmente a un ser incorpóreo indeterminado, a un ánima errante imprecisa, a cualquier ente espiritual. Pero en un contexto donde las deidades se invocan durante los ritos, el vocablo efectivamente puede tener el significado restringido de "santo". Éste es el caso, por ejemplo, en la expresión *Nkuyu Watariamba* 'San Pedro' (v. el artículo n.º 35 "Watariamba"), traído por Cabrera [1984a: 144] y *RCPM* [1979: 128]). En Bolívar & González (1998: 138) aparecen San Pedro y San Norberto referidos también a *Lupokuyo* o *Lufokuyo*, pero asociados a su vez al fetiche *Watariamba*.

Nota 2: Dice Barnet: "*Lufo Kuyo*. Ochosi, el dios de la cacería entre los yorubas, el san [*sic*] Norberto católico. No cuentan con muchos adeptos, pero es una *prenda* que, según los creyentes, 'lleva a la cárcel y te saca de ella'" (1995: 135).

(8) Majumbo Moúngu Mpúngu → **Mayumbo Moúngu Mpungu** (*RCPM* 129) || < KIK. *Ma-yumba* + KIK. *mongo* + KIK. *mpóngo* || 'San Cosme y San Damián (católicos), los Ibeyi Oro (yoruba / lucumí)', son los Santos Jimaguas', con una etimología aproximada de 'fetiches contra la locura que se encuentran en una loma o colina'.

Los Santos Jimaguas se consideran hijos de Centella Ndoki (Oyá). Según los informantes de Cabrera (1979: 129) estas deidades mellizas no tenían para los congo las características de benignidad de los Ibeyi (= los gemelos de los yoruba / lucumí). "Son malos por camino congo" dijo Nino de Cárdenas (informante de Cabrera).

Esta dualidad de dos *nkisi* –uno (*Mayumba*) que causa la locura y el otro (*Mpungu*) que la cura– se justifica si se tiene en cuenta el comportamiento dual de los gemelos sagrados; su actitud juguetona y engañosa confunde a la persona y la conduce a la locura, perdiéndola por los caminos de la loma o de la montaña (*moúngu* ~ *mongo* ~ *mongu*) que ellos habitan.

El palero que tenía este tipo de fundamento también estaba capacitado para provocar la locura o para curarla. Según nuestros informantes, actualmente no existe en Cuba el culto palero a las entidades mellizas. Al parecer, por lo menos en la zona central de la isla, esta liturgia ha sufrido un proceso de "deculturación". Bolívar & González (1998: 137-141) no lo registran en su lista de deidades mayombe del occidente del país.

< KIK. ***Ma-yumba*** 'fetiche que causa la locura' + KIK. ***mòngo*** 'loma, montaña, colina' + KIK. ***mpóngo*** 'fetiche contra la locura'. El valor etimológico aproximado de KIK. *Ma-yumba mòngo mpóngo* sería: 'fetiches que curan o provocan la locura y que se encuentran en la loma o colina'. El significado literal de KIK. *mpóngo* '*nkisi* contra la locura' se aproxima a '*nkisi* que calma, que distrae' (v. la información etimológica a continuación).

Kikongo

(1) ***Ma-yúmba*** 'nkisi qui cause de la folie, de la tristesse, de la toquade' (L. 514, Sw. no trae la voz). Probablemente relacionado con:

yúmba 'ne pas trouver de femme (à marier), ê. délaissé par le sexe féminin' (L. 1146).

(2) ***mòngo*** 'montagne, colline, montée, hauteur' (L. 571, Sw. 38).
(3) ***mpóngo*** 'nkisi contre la folie' (L. 585, Sw. 359 donde "chez Bakongo, fét. contre la folie"). Compárese:

mpòngo, mpònguzi, de *vòngula* (persuader) 'adoucissement, apaisement, calmant, adjuvant; détourner l'attention' (L. 585).

Nota 1: La trascripción *Majumbo* requiere un ligero ajuste ortográfico a *Mayumbo* (ni el grafema "j" ni el alófono [x] existen en el kikongo, por lo que no se dan voces paleras de este origen con [x] intervocálica).

Los cambios fonéticos observables en KIK. *Ma-yúmba mòngo mpóngo* > PAL. *Mayumbo Moungu Mpungu* son frecuentes en el habla palera, excepto que la diptongación (*Moungo, Moungu*) en *Moúngo* es poco común. Visto que en el *VC* Cabrera trae dos formas regulares (i.e., *mongo* 'montaña' (*VC* 103) y *mungo* 'loma' (*VC* 93, v. "Loma de Diablo

= *sulu mongo kadiapembe*" y "Loma de piedra: *sulu mungo mataro*"), esta inconsistencia fonética no debilita nuestra hipótesis etimológica. Por último cabe destacarse que la terminación -*o* de *Majumbo* es inesperada en vista de su fuente KIK. *Ma-yumba* (con -*a* final). Pero esta alternancia no es rara en la jerga palera, y se documenta precisamente en este mismo vocablo cuando Cabrera trascribe la entrada "Brujería = *mayumba*" (con -*a* en vez de -*o* final) en el *VC* (30).

Nota 2: En el *Vocabulario Congo* aparece el siguiente artículo relevante:

> MELLIZOS EN REGLA DE PALO: *Insamba ntala* "[s]ólo vienen para hacer daño y no conocen más que a su dueño [...] La mayoría de los congos no quería a los jimaguas. Eran cosa mala". (Cabrera 1984a: 101)

Nota 3: V. también el artículo n.º 27, *Ntala y Nsamba* 'San Cosme y San Damián (católicos), los Ibeyi Oro (yoruba / lucumí)'.

(9) MAMA KALUNGA (*RCPM* 128) || < KIK. *máama ka-lunga* || 'Yemayá (yoruba / lucumí), Virgen de Regla (católico)', cuya semántica remite a "madre de agua". Esto lo corrobora Cabrera en *RCPM* cuando apunta: "*Mama Kalunga* es un espíritu que vive en el agua" (1979: 128).

< KIK. *máama* 'madre, título de respeto' + KIK. *ka-lunga* 'mar, océano', lit. 'madre del mar'.

Kikongo

(1) *máama* 'mère, maman, titre respectueux de la mère ou de la femme âgée' (L. 489, Sw. 297).
(2) *ka-lunga* 'lac, mer, océan' (L. 207, Sw. 114).

Nota 1: Tanto *mama* como *kalunga* son voces comunes en el habla palera. En el *VC* (99), *kalunga* se traduce por 'mar, misterio'. El mar representa el misterio para los bakongo porque en él (y en lo acuático en general) residen los espíritus y se ocultan los fundamentos más secretos del credo mayombe. En una comunicación personal (dic. 11, 2003), Jean Nsondé nos aclara lo siguiente sobre el empleo de la palabra *kalunga* en el territorio congo:

> *Kalunga* est une forme lexicale propre et usuelle aux parlers [kikongo] côtiers, du nord de Luanda jusqu' à Pointe-Noire qu'on ne retrouve

pas toujours chez les autres Kôngo de "l'intérieur". D'ailleurs, à ma connaissance, ils n'ont pas de terme spécifique pour caractériser la mer. *Kalunga* peut s'y retrouver dans les proverbes, les contes. Les Lâri de Brazzaville parlent, par périphrase, de *nzàdi yà mungwa* = 'la grande étendue salée' et de *mâmba* ou *mâza ma mungwa* = 'eau salée'.

Nota 2: Otras versiones paleras de la diosa del mar (*Mama Kalunga*) son *Baluande, Kisimbi Masa, Mama Umba, Mbumba Mamba, Mboma, Nkita Kiamasa, Nkita Kuna Masa, Nkita Kuna Mamba* y *Pungo Kasimba* (v. estas expresiones).

Díaz Fabelo (1998: 135) trae *Yaya Lango* 'Madre de Agua, Yemayá' como otra variante de esta entidad. La etimología aquí resulta trasparente pues la expresión se deriva del KIK. *yáaya* 'título de respeto, madre, padre, abuelos maternos' (L. 1121, Sw. 746, donde *yâya*) + KIK. *nlángu* 'agua, líquido' (L. 743, Sw. 459). Por lo tanto la traducción literal de *Yaya Lango* sería: "madre de agua".

(10) MAMÁ KENGUE (*RCPM* 128) → MAMA KENGUE || < KIK. *máama kèngè* || 'Virgen de las Mercedes' (católico), Obatalá (yoruba / lucumí)', lit. 'la madre (diosa) que ha atado'. También llamada *Tiembla Tierra*.

Dentro de la concepción de los mayomberos cubanos es esencial la potencia que tienen sus deidades para atar (mágicamente). Es un concepto más vinculado a lo africano que a lo católico. Una traducción literal de *Mama Kengue* sería pues "madre diosa o entidad mágica capaz de atar; madre diosa que ha atado".

< KIK. *máama* 'madre, título de respeto' + KIK. *kèngè* (pretérito) 'atar mágicamente'. [Pero véase también la nota 4 infra].

Kikongo

(1) *máama* 'mère, maman, titre respectueux de la mère ou de la femme âgée' (L. 489, Sw. 297).

(2) *kèngè*, forma del pretérito de *kànga* 'lier, relier (un livre); nouer, serrer, attacher, bander, conclure, lacer, sangler, ficeler, fermer (au moyen d'un lien); ... emprisonner, charger de liens' (L. 213, Sw. 118).

nkànga de *kànga* 'action de lier; qui est attaché, pris' (L. 709, Sw. 118).

Nota 1: En la actualidad, todos los paleros que conocemos dicen *Mama Kengue* y no **Mamá Kengue,* dando así preferencia a la articulación llana del primer término (sospechamos que los testimoniantes de Cabrera articulaban siempre *Mama* y no su versión aguda, y que la similitud fonética entre PAL. *Mama* y ESP. *Mamá* indujo a la investigadora a formular una trascripción errónea). Esta acentuación llana de PAL. *Mama* puede estar relacionada con el sustrato kikongo, donde la primera "a" de *máama* se realiza en tono alto y con mayor cantidad vocálica.

Nota 2: En la Regla Kimbisa, *Mamá Kengue* (o su otra versión *Mama Kengue*) también corresponde a la Virgen de las Mercedes (católico) y a Obatalá (yoruba / lucumí)'.

Nota 3: El radical KIK. *kànga* (pretérito *kèngè*) es una forma muy común en el habla palera.

Para *kanga* 'amarre o atadura', v. *nkangue* en el *VC* (1984a: 21), donde se presenta una larga lista de voces relacionadas. Tal ha sido la frecuencia de uso del PAL. *kanga* que este término se ha incorporado en el sistema fonético del español, donde se dan las formas *(e)nkangado* (*VC* 1984a: 20) y *enkangar* (notas de campo).

Nota 4: El *tatandi bilongo* Jesús V. (de La Habana) ha impugnado nuestra etimología KIK. *máama kèngè* > PAL. *mama kengue.* Él alude (comunicación personal, trasmitida por Elliot Klein) que se trata de una deidad incapaz de atar porque no posee el Cuatro Vientos, o sea, el instrumento mágico palero que se usa para el amarre. Este criterio es negado por todos los practicantes cienfuegueros que hemos entrevistado.

Investigaciones posteriores en Cienfuegos nos han confirmado que Mama Kengue es una diosa que sí ata. Los paleros de dicha ciudad concuerdan en que su poder es tal que ella también está facultada para amarrar a alguien mediante ese "tratado mágico". Según el palero N. (de Cienfuegos) hay un Cuatro Vientos (uno de los "tratados secretos") que consiste en una firma o signo mágico que se traza al pie de la prenda (de cualquier fundamento, ya sea Sarabanda, Siete Rayos, Mama Kalunga, Chola Wengue o Mama Kengue). Para conformar la rúbrica palera, el *tata* traza un círculo (que simboliza el mundo) y en su centro pinta cuatro flechas, las cuales indican a los cuatro puntos cardinales. De ahí viene su nombre, los cuatro vientos representan para el cubano los cuatro puntos cardinales. El palero N. también nos dijo que en la línea central del signo se colocan montoncitos de pólvora dirigidos hacia el nombre de la "víctima" (persona que se va a atar), el cual se encuentra escrito en un papel y puesto en el extremo contrario. Se realizan entonces algunos rezos y cantos en "lengua" y finalmente se prende la pólvora. Hasta aquí lo que nos fue revelado.

Similar argumento nos fue dado por el testimoniante M. Mayombe Tiembla Tierra Saca Empeño (habanero), quien insistió también que con cualquier fundamento se puede "amarrar", y que al pie de su *nganga* (Tiembla Tierra, que es una versión de Mama Kengue) él hace sus *ensala*[10] (trabajos de amarres mágicos) utilizando el *masango*[11] (paja de maíz). En diciembre del 2003 nos dijo:

> Mi Mama Kengue es Tiembla Tierra y con ella yo hago todos los "amarres" posibles. Yo tomo un *masango* (amuleto hecho con hojas secas de maíz y el nombre de la persona que se va a atar), le hago siete nudos, si la persona es una mujer, o nueve, si es un hombre; lo pongo al pie de la prenda (Mama Kengue) y luego lo envío a la línea del tren, a las cuatro esquinas o a la puerta de la casa de la persona "perjudicada", y ya prácticamente está hecho el amarre. Claro, eso lleva otros rezos e ingredientes secretos que yo no les voy a revelar.[12]

Otro practicante, Basura Cuatro Vientos Briyumba Congo, afirmó categóricamente: "el palero que no pueda amarrar no es palero", es decir, que para este adepto de la Regla Conga, el *amarre* es una condición *sine qua non* del quehacer mágico mayombe. "Sin amarre no hay Palo" fue su conclusión final.

Nota 5: Barnet trae lo siguiente acerca de *Mama Kengue:*

> *Tiembla Tierra:* Su nombre lo indica todo; dueño de la tierra, del universo, quien puede controlar hasta los cuatro puntos cardinales, quien ejecuta todos los designios de Nsambi, su abogado y secretario; Obba-

---

[10] *Ensala* < KIK. *nsála* (de *sála* 'hacer, trabajar, etc.') 'quien trabaja; fruto del trabajo, producto agrícola' (L. 764, Sw. 465-466).
[11] *Masango* < KIK. *ma* 'pref. de clase, plural o colectivo' (L. 471, Sw. 286) + *nsángu* 'maíz' (Sw. 558).
[12] El palero Edgar (Siete Rayos Briyumba Congo, de Cienfuegos) nos confirmó (en febrero de 2004) que Mama Kengue es una entidad que vive en la loma (está en lo alto), y por lo tanto, tiene suficiente poder para amarrar. Para ello, sólo se requiere de la firma mágica y del masango.

talá entre los lucumí, y la virgen de las Mercedes del panteón católico. También conocido como *Mama Kengue* entre los mayomberos, dios andrógino y omnímodo. No se le puede invocar mucho, hay que dejarlo tranquilo; los creyentes dicen que es muy delicado y que se enfurece si se le molesta con peticiones nimias. (Barnet 1995: 133).

(11) Mamá Umba (*RCPM* 128) → **Mama Umba** || < *mamá búmba* < KIK. *máama Mbúmba* || 'Virgen de Regla (católico), Yemayá (yoruba / lucumí)', lit. 'madre de los secretos'. También articulado *Mama Bumba*.

[Véase también *Mbumba Mamba* 'Virgen de Regla' (art. n.º 13), expresión que tiene una estrecha conexión genética con *Mama Umba*].

En *RCPM* (1979: 128), Cabrera define a *Mama Umba* como "un espíritu que vive en el agua". Una característica de las deidades marinas, tanto de la santera Yemayá como de la palera Mama Umba (Mama Bumba), es la de poseer *secretos* ocultos en las profundidades del mar. Los practicantes creen que el no iniciado puede morir o quedarse ciego si logra verlos. Cabrera (1984a: 130, "Prenda") explica que "Mamá Umba (de río) es una *nganga judía* para defenderse contra los brujos".

< KIK. *máama* 'madre, título de respeto' + *mbùmba* 'secreto'.

Kikongo

(1) *máama* 'mère, maman, titre respectueux de la mère ou de la femme âgée' (L. 489, Sw. 297).
(2) *mbùmba* 'secret, qqch d'inventé, d'imaginé' (L. 540). Compare tamb.

Mbúmba 'un *nkisi*, la calebasse de *nkisi Simbi* qui contient la craie et qui se mange, se lèche' (L. 540).

búmba 'objet rond, sphère, boule; sac à médecines' (Sw. 33, L. 71) y asimismo *bùmba* 'cacher, garder secret' (Sw. 33).

Nota 1: Para la articulación llana en vez de aguda de *Mama*, véase la nota 1 al artículo n.º 10 "Mamá Kengue → Mama Kengue".

Nota 2: Expresión de fácil etimologización, y esto a pesar de la pérdida de la [b] o [β] inicial en *Mama Bo(u)mba* > *Mama Umba*. Esta ausencia de labialidad inicial puede haber ocurrido tanto en kikongo como en el español hablado en Cuba. Este fenómeno de carácter fonético puede presentar una causación doble. Se manifiesta así porque (1) los dialectos kikongo del sur suelen permutar el prefijo *bu* con *u* (L. 1015, Sw. 4 v. *b-* inicial),[13] y (2) en la modalidad cubana del español, *Mama Bumba* puede fácilmente pasar a *Mama Umba* debido a la fuerte fricativización de [b] (> [β] > [ø]) en posición intervocálica.

Nota 3: En el artículo "Prenda" del *VC* encontramos la justificación semántica de por qué *Boumba* (= *Umba*) va siempre acompañada del concepto de "Madre": "Boumba o Madre que va a parir otros santos tiene ingredientes para hacer prendas de distintos santos" (1984a: 131). Todo esto se corresponde con una característica esencial de la Yemayá (yoruba / lucumí), símbolo de la maternidad, o deidad-madre (Brown 2003a: 371). A partir de esta concepción los paleros vinculan a *Mama Umba* (= *Bumba*) con Yemayá. Por lo tanto, nuestra aproximación semántica aquí se justifica.

Nota 4: La forma fonética más común en el *VC* para *Bo(u)mba* es *Mbumba* (13 casos). Esta última versión resulta prácticamente homófona con el vocablo kikongo *Mbùmba*, traducido por Laman como "la calebasse de *nkisi Simbi* qui contient la craie et qui se mange, se lèche" (L. 540).

Los ejemplos que aparecen a continuación y que hemos tomado del *VC* (1984a: 69) son ilustrativos de las formas y de algunos de los significados que la expresión comporta:

Espíritu, "serpiente de agua", "Madre de Agua"	**Mbumba**, Nkisi **Mbumba**
Espíritu:	**Boúmba** (espíritu que actúa en el caldero y las sustancias que participan de estos, "son **Boúmba**").

(12) **MBOMA** (*RCPM* 128) || < KIK. *mbòma* || 'Diosa del Agua, Yemayá (yoruba / lucumí), Virgen de Regla (católico)', lit. 'boa, serpiente pitón, majá'.

Como expone Cabrera en *RCPM* (1979: 128), *Mboma* es un espíritu que vive en el agua y que adopta a veces la forma de un majá. De ahí su nombre palero *Mboma* < KIK. *mbòma* 'pitón, boa'. Este sentido se refuerza porque entre los bakongo existe un *nkisi* que se llama *mbòma-ndòngo* (L. 323) o simplemente *mboma* (Hagenbucher-Sacripanti 1989: 52-53, 130, 169), representado por una pitón. Por otra parte, el majá, ofidio

---

[13] La misma pérdida se observa en KIK. *bantu* vs. *antu* 'bantú' (Fabbro & Petterlini 1977: 15).

cubano, está presente en algunos fundamentos paleros de este tipo, en su condición de animal guardián. Este otro argumento apunta sin dudas hacia la transparencia de nuestra propuesta etimológica.

< KIK. *mbòma* 'pitón, boa'.

Kikongo

(1) *mbòma* 'python, boa' (L. 534, Sw. 323).

Nota 1: Cabrera (*RCPM* 1979: 128) anota también otras versiones paleras de la diosa del agua (*Mboma*), como son *Baluande, Kisimbi Masa, Mama Kalunga, Mama Umba, Mbumba Mamba, Nkita Kiamasa, Nkita Kuna Masa, Nkita Kuna Mamba* y *Pungo Kasimba* (v. estas expresiones). Díaz Fabelo (1998: 135) trae *Yaya Lango* 'Madre de Agua, Yemayá' como otra variante de esta entidad. La etimología aquí resulta trasparente pues la expresión se deriva del KIK. *yáaya* 'título de respeto, madre, padre, abuelos maternos' (L. 1121, Sw. 746) + KIK. *nlángu* 'agua, líquido'. Por lo tanto la traducción literal de *Yaya Lango* sería: "madre de agua".

Nota 2: El *VC* (197) traduce "majá, serpiente" por *mboma,* lo que apoya nuestra etimología. Díaz Fabelo (1998: 68, 69) confirma *boma* = 'serpiente (pitón)'. Fuentes Guerra (2002: 58) aporta además *emboma* 'majá, serpiente'.

Nota 3: En su libro *Santé et rédemption par les génies au Congo*, Hagenbucher-Sacripanti (1989) hace la siguiente referencia al *nkisi* "mboma" (serpiente):

> "[...] une femme se dit persécutée par un "boa" qui se nourrit de son sang menstruel et n'est pas sans évoquer le *mboma, cinko:ko* à la fois recherché et redouté parmi les Vili: "(...) il se promène partout, plafond, douche, surtout W.C. Il peut aussi m'empêcher de concevoir. Il se couche sur mes sous-vêtements, me suce et me lèche le sang de règles. Comme il loge dans le W.C., j'ai peur de ne plus concevoir, car paraît-il, il mange les serviettes hygiéniques que j'y jette" (1989: 130, citando a Hegba [1982: 81]).

(13) MBUMBA MAMBA (*RCPM* 128) || < KIK. *mbúmba mamba* || 'Virgen de Regla (católico), Yemayá (yoruba / lucumí)', lit. 'secreto del agua' o 'cosa oculta del agua'.

[Véase también *Mamá Umba* 'Virgen de Regla' (art. n.º 11), expresión vinculada estrechamente con *Mbumba Mamba*].

Mbumba Mamba aparece en la obra que aquí reseñamos (Cabrera 1979: 128) como un espíritu que vive en el agua. *Mbumba* en kikongo significa 'cosa oculta o secreta', por lo que *Mbumba Mamba* (< KIK. *mámba* 'agua') equivale a 'secreto del agua' o 'cosa oculta del agua'. Tanto la Virgen de Regla como la oricha (diosa santera) Yemayá son deidades que los cubanos vinculan con el mar (Brown 2003a: 371, Guanche 1983a: 372), cuyos "fundamentos" son *secretos* ocultos en sus profundidades. Yemayá es la divinidad marina de los santeros cubanos. A esta deidad los creyentes le llevan sus ofrendas a playas y bahías. Ceremonias típicas consagradas a esta diosa se celebran en la bahía de La Habana el día 7 de septiembre y en Río de Janeiro (Brasil) el 31 de diciembre. Bolívar & González (1998: 139) traen también *Mpungu Mbumba* como otra variante de la diosa de los secretos. Su etimología es transparente ya que remite al KIK. *mpúngu* 'fetiche poderoso' KIK. *mbúmba* 'cosa secreta', por lo tanto su significado literal sería "fetiche (ente) poderoso de los secretos".

Como podrá desprenderse de las notas 3-5 infra, la *Mbumba* cubana constituye un testimonio extralingüístico particularmente significativo ya que vincula la Regla Mayombe con el país Yombe (= Mayombe) de un modo estrecho. La Mbumba africana es uno de los *nkisi* más importantes y antiguos del Congo occidental (Yombe, Wôyo y Vili), y la tierra Yombe es considerada su foco irradiador (Mapas 3 y 4). Además, entre los congo la voz KIK. *mámba* 'agua, líquido' se emplea también en otras expresiones compuestas que denotan *nkisi* específicos, como es el caso de *Mutinu*[14] *Mamba* '*nkisi* acuático, usado contra problemas del embarazo' (Dupré 1975: 15).

< KIK. ***mbúmba*** 'cosa oculta o secreta' + KIK. ***mámba*** 'agua', lit. 'secreto del agua'.

Kikongo

(1) **Mbúmba** 'un *nkisi*, la calebasse de *nkisi Simbi* qui contient la craie et qui se mange, se lèche' (L. 540).

  búmba 'objet rond, sphère, boule; sac à médecines' (Sw. 33, L. 71) y asimismo ***bùmba*** 'cacher, garder secret' (Sw. 33).

  mbùmba 'secret, qqch d'inventé, d'imaginé' (L. 540).

---

[14] Para KIK. *Ntínu malenge, Ntínu amamba, Ntínu masi* etc. 'nombre de *nkisi*', véase también Laman (1964: 795), donde puede apreciarse que KIK. *Ntínu* se deriva del KIK. *ǹtínu* 'rey, jefe, presidente, albinos'.

(2) **mámba** 'eau, liquide, jus, suc, sève; réservoir, inondation' (L. 489, Sw. 297). Sinónimo de KIK. *ǹlngu* (v. CUB. *lango* 'agua,' en *VC* 16).

Nota 1: Expresión de fácil etimologización ya que la distancia fonética y semántica con su fuente kikongo es mínima. La etimología *mamba* < KIK. *mámba* ya fue propuesta por Granda (1988: 152) y García González & Valdés Acosta (1978: 43). Fuentes Guerra (2002: 65) trae también *mamba* 'agua'.

En kikongo, *mamba* y *masa* son sinónimos para "agua" (Sw. 297), lo que a su vez explica por qué en palero *Mbumba Mamba, Kisimbi Masa, Nkita Kiamasa* y *Nkita Kuna Masa* (v. estas expresiones) denotan la misma deidad del agua.

Nota 2: La forma fonética más común en el *VC* para *Bo(u)mba* es *Mbumba* (13 casos). Esta última versión es prácticamente homófona con el vocablo kikongo *Mbùmba*, traducido por Laman como "la calebasse de *nkisi Simbi* qui contient la craie et qui se mange, se lèche" (L. 540).

Los ejemplos que aparecen a continuación y que hemos tomado del *VC* (1984a: 69) son ilustrativos de las formas y de algunos de los significados que la expresión comporta:

Espíritu, "serpiente de agua", "Madre de Agua"	**Mbumba**, Nkisi **Mbumba**
Espíritu:	**Boúmba** (espíritu que actúa en el caldero y las sustancias que participan de estos, "son **Boúmba**").

Nota 3: Según Lisimba (1997: 68), entre los myene, etnia kikongo de Gabón, la aldea representa la Mbumba 'entidad mítica que se sitúa entre el hombre y el animal'. *Mbumba* –voz kikongo que también denota "arco iris" –connota la idea del rito de pasaje, de iniciación y de transformación. Constituye además un talismán, cuya función primaria es la de proteger al hombre contra las fuerzas malignas de origen humano. Este uso ritual de la *Mbumba* como fetiche portador de una capacidad mágico-protectora también está presente en la *nganga* del mayombero cubano.

Continúa explicando Lisimba que el fetiche (*Mbumba*) protege al hombre contra las enfermedades y los efectos mortales de la magia negra y, en otras circunstancias menos críticas, le propicia suerte. Estas mismas funciones coinciden con las de la prenda *Mbumba Mamba* de los practicantes de la Regla Mayombe de Cuba.

Por otra parte, como nos señala Jean de Dieu Nsondé (comunicación personal, 5 nov. 2003) y como apunta Hagenbucher-Sacripanti (1973: 113), entre los vili (etnia bakongo de Cabinda y del occidente del Congo), la *Mbumba* juega un papel importante, realizando funciones muy especializadas de acuerdo con los diferentes niveles sociales. Allí la *Mbumba* esta representada por una serpiente pitón, símbolo de fuerza y de perennidad. Ella se caracteriza por dos modos de acción:[15]

(1) la *Mbumba si* lit. "Mbumba de la tierra = Mbumba terrestre", es protectora de los dignatarios que ocupan funciones importantes (por ejemplo en la política); y
(2) la *Mbumba Maasi* es la "Mbumba del agua". Consultada por las mujeres (bakongo) en particular, ya que ella resuelve, entre otras cosas, diferentes problemas relacionados con la esterilidad.

---

[15] En un capítulo titulado "Invocations des principaux bakisi – Thérapeutiques magiques" (cap. 9), nuestra fuente explica la diferencia entre la *Mbumba si* y *Mbumba maasi* de esta manera:

> Les rapports des deux *Bakisi* désignés sous le nom de *Mbumba (Mbumba si* et *Bbumba ma:si)* n'ont pas été clairement définis. Sans doute faut-il voir dans ces appellations les deux modalités d'actions d'une seule et même entité originelle dans lesquelles la tradition ne voit aujourd'hui que deux *Bakisi* distincts:
>
> – *Mbumba si* est un *Nkisi ntha:du* dont l'action purement préventive constitue une protection efficace contre les sorciers, particulièrement recherchée par ceux qui, pressentis pour occuper des charges politiques importantes, se savent en butte à de dangereuses rivalités.
> – *Mbumba ma:si* est un *Nkisi ma:si* qui affecte ses victimes de troubles divers mais accorde aussi fécondité aux femmes et est fréquemment invoqué à ce titre.
>
> Les fonctions de ces deux *Bakisi* sont attribuées par Laman, de façon précise et détaillée, à une seule et même Force dénommée *Mbumba*: "Mbumba *causes blood blisters, swollen and aching legs, severe diarrhoea, cancer of the stomach and the like.* Mbumba *is used generally as a means of protection against the influence and evil deeds of wicked spirits and bandoki"*. (Hagenbucher-Sacripanti 1973: 113-114)

Y unas páginas más adelante, el mismo Hagenbucher-Sacripanti añade que "les troubles ressentis par les personnes possédées par *Mbumba ma:si* sont comparables à certains symptômes de l'hydropisie et caractérisés par une enflure générale du corps et un ballonnement très accentué du ventre. Le *Nkisi* peut cependant agir d'une manière bénéfique en accordant la fécondité à des femmes stériles" (1973: 123).

La *Mbumba Mamba* de los paleros semánticamente no difiere de la *Mbúmba Maasi* de los bakongo, ya que los términos *mamba* y *maasi* (también *masa*) son sinónimos, ambos con significado de 'agua, acuático'. Y en cuanto a la esterilidad femenina, este fetiche representa a Yemayá, la diosa madre de todas las entidades (Brown 2003a: 371). La maternidad niega la infertilidad. Por lo tanto es lógica esta relación entre la nomenclatura palera y kikongo.

El carácter acuático de la prenda *Mbumba Mamba* se documenta también entre los yombe (etnia bakongo occidental). Según Bittremieux (1936: 170, 242), allí la *Mbumba* es la principal deidad del panteón yombe, representada bajo la forma de una gran serpiente acuática, poderosa y temida. Controla la lluvia y el cielo y se manifiesta de una forma visible cuando sale el arco-iris.

Nota 4: En un epígrafe titulado "Les *nkisi*: leurs fonctions nouvelles et maléfiques", Hagenbucher-Sacripanti (1989) describe un caso interesante de una mujer (llamada Véronique) supuestamente estéril, que el 4 de marzo de 1984 fue a consultarse el *nganga* Mamona para descubrir la causa de su problema. Reproducimos aquí la totalidad de esta descripción ya que se trata de un caso muy relevante relacionado con la capacidad curativa que se le atribuye al *nkisi* Mbumba:

> [...] Véronique se présente devant Mamona. Elle écoute un discours similaire, assorti d'une description détaillée de son état. L'oratrice parle lentement en se palpant l'abdomen pour aider la patiente à mieux définir son mal et à corroborer, en tout état de cause, le propos dont elle est l'objet:
>
> – [HABLA EL GANGA] Après avoir mangé que ressens-tu dans ton ventre? Même lorsque tu as faim, ne sens-tu pas ton ventre "serré"? Mbu:mba est dedans! Et puis tes yeux se retournent. Vous appelez ça "vertiges" mais nous, ici, nous le nommons *nkisi* Sikibikali. Maman, à combien d'enfants as-tu donné le jour?
> – Je n'en ai eu qu'un et il est mort.
> – C'est Mbu:mba qui te fait cela! C'est lui qui te bloque les trompes! Autrefois les ancêtres accouchaient avec Mbu:mba, mais à l'heure actuelle 'les sorciers l'ont transformé dans la nuit' (*bandoki mebalula Mbu:mba na mpipa*) (m). 'Ainsi, on a pris Mbu:mba pour le mettre devant' *(Ni yawu yina bamebaka Mbu:mba kutula na mantwala)* (m) et l'ensorceleur se tient dissimulé en retrait, de telle sorte que l'on se demande 'qui a fait cela' *(nani mesala faso yina)* (m).

– Mbu:mba! Mbu:mba ne peut, tout seul, fermer les "trompes" d'une personne"!' *(Mbu:mba! Mbu:mba yandi mosi lenda kangisa mutu mabuta vê!)* (m). La période féconde de ton existence s'écoule inutilement. Mbu:mba n'est pas venu de lui-même dans ton corps; ce sont des gens qui l'y ont mis! Tu as compris? Un sorcier de ta famille l'y a mis. Il est faux de dire que Mbu:mba est sorti comme ça de l'eau pour entrer dans ton ventre. Que veux-tu? Que nous te soignions ici?
– Eêêê!
– Tu as dit "Je veux que vous me tiriez de la souffrance. J'ai trop souffert; j'ai trop perdu d'argent (en consultant les "féticheurs"); je veux aller mieux." Tu t'es exprimée ainsi. Nous acceptons. Je te soignerai [...]

Le même jour, Mamona observe P... Marie-Louise et déclare:

– Mbu:mba est l'envoûteur des femmes qui doivent accoucher. Les familles sur lesquelles il sévit sont également atteintes par Fu:nza. Lorsqu'une fille traverse les rites de nubilité de la *ciku:mbi,* il fait irruption dans son ventre et le ferme! N'est-ce pas vrai?
– C'est la vérité!
– Pour les gens d'une famille atteinte par ces deux *nkisi,* il n'y a pas moyen d'accoucher. Ils (Mbu:mba et Fu:nza, ou plutôt les sorciers qui les manipulent) refusent de manger les gens. Ils ne prennent que le sang des femmes pour faire leur travail.

Il a été montré que ces deux nkisi d'eau sont fréquemment invoqués et dansés au *Mvulusi*. Les mères de jumeaux et les femmes qu'ils ont, par le passé, affectées puis guéries de troubles divers conservent avec eux une relations privilégiée qu'elles expriment notamment par des danses de possessions lors de rituels associés –conjointement ou respectivement– à Mbu:mba et Fu:nza. Ils sont donc les moins nocifs de ces "mauvais génies" que constituent à présent les *nkisi* dans la cosmologie de Ma Meno Véronique. C'est pourquoi, sans doute, la gravité des faits de sorcellerie auxquels ils sont intégrés semble atténuée quoique maintenue à un niveau élevé: plutôt que de tuer pour satisfaire leur anthropophagie et nourrir leurs *cinko:ko,* les *ndoci* répondent à ces besoins en s'emparant du sang menstruel de leurs victimes, les rendant ainsi stériles. Cette conséquence maintient, d'autre-part, les deux *nkisi* dans le schéma étiologique ancestral en les associant d'une nouvelle manière à l'infécondité qu'ils engendrent et guérissent traditionnellement. (Hagenbucher-Sacripanti 1989: 191-192).

Nota 5: Creemos oportuno reproducir aquí parte de dos comunicaciones personales de Jean de Dieu Nsondé (experto en la lengua y en la historia sociocultural de los bakongo), recibida como reacción a su lectura de una versión preliminar de nuestro texto. El investigador congoleño reconoce (como se evidencia en su escrito) la conexión genética entre la *Mbumba* africana y su versión cubana que aquí reseñamos (artículos n.° 11 y n.° 13). Sus comentarios remiten además a fuentes publicadas que podrán ser de utilidad en futuras investigaciones comparativas sobre este *nkisi*.

[Primer correo electrónico, nov. 5, 2003]:

KIK. *Bûmba* renvoie à PAL. *Mbumba* (n° 13) ... C'est véritablement le cœur de cette question, le lien entre la *Regla Mayombe* de Cuba et le pays yombé. Mbumba est l'un des nkisi et rituels les plus importants et les plus anciens, présents chez tous les Kôngo occidentaux, Yombé, Wôyo et Vili, avec le pays Yombé comme possible foyer originel. Dapper ("Description de l'Afrique", 1989 [1686]: 262, párrafo n°238) l'évoque déjà comme étant le culte principal de l'État du Ngoyo au XVIIème siècle, utilisé dans l'initiation.

De nombreux autres auteurs évoquent la *Bûmba* à différents moments du XXème siècle. Bittremieux offre une description détaillée qui date des années 1930 dans *La société secrète des Bakhimba au Mayombe* (1936: 170, 241). Hagenbucher-Sacripanti (1973: 17-20) l'analyse en pays vili, dans les années 1960-1970. Et Buganza Mulinda (1985: 208) est le dernier à l'évoquer. Chaque peuple s'en sert d'une manière différente, avec un canevas et des supports identiques. On peut le considérer comme l'équivalent du *kimpasi* (rite d'initiation) et du *lêmba* (rite lié à l'exercice du pouvoir politique) réunis, que l'on retrouve chez les autres Kôngo.

[Segundo correo electrónico, dic. 7, 2003]

Au sujet de l'évolution moderne du culte de *mbûmba*, Hagenbucher-Sacripanti a publié un livre (*Santé et rédemption par les génies au Congo,* 1989) consacré au *mvulusi* (littéralement 'rédemption du pays') où il évoque à plusieurs reprises (pages 52, 53, 191-192) le *nkisi mbûmba* – un culte syncrétique moderne né à Pointe Noire à la fin des années 1970. C'est l'un des *nkisi* importants utilisé dans le *mvulusi*, associé comme toujours à la fécondité, à l'élément aquatique, figuré sous la forme de l'arc-en-ciel ou du python. C'est donc pour moi une grande surprise de voir ce culte exporté à Cuba (à une époque qui reste à être déterminée), où il s'est évidemment transformé, en même temps qu'il s'est perpétué dans son foyer d'origine en pays yombé–vili. Il garde en permanence son cadre conceptuel et notionnel.

Par contre, dans le *mvulusi*, culte moderne qui tient à se démarquer des pratiques traditionnelles jugées trop liées à la sorcellerie, le *nkisi mbûmba* comporte plus clairement un aspect maléfique. Toute l'habileté et le savoir des praticiens du *mvulusi* consistent justement à limiter les effets de son pouvoir néfaste dès lors qu'il a jeté son dévolu sur des personnes en âge de procréer, au point de les rendre stérile. Votre livre aborde ainsi un pan important de pratiques religieuses encore vivaces en pays kôngo et qui touche à la vie quotidienne des personnes.

Nota 6: *Mamba* es voz corriente en el habla palera (15 ocurrencias en el *VC*). Se emplea en varios compuestos, incl. *mamba yalalele* 'agua corriente', y *mamba sukulán Ntoto* = *mamba sukulá Ntoto* 'agua "que lava la tierra", llueve' (Cabrera 1984a: 17).

Nota 7: Cabrera (1984a: 96) alude al espíritu palero *Mbumba Mamba* con *Gua(n)di Mamba* y *Ngudi Masa,* donde aparecen los lexemas *mamba* y *masa* refiriéndose al concepto de "agua", acompañado en el último ejemplo con la voz *ngudi,* que en kikongo significa 'madre' (cp. *ngúdi* 'mère, dame, tante, femme âgée, etc.', L. 693, Sw. 421). Esto confirma dos características fundamentales de la concepción de esta divinidad, *Mbumba Mamba,* o sea, su maternidad y su naturaleza acuática.

A esta misma diosa también se le llama *Guadi Mamba* ya que esta expresión en kikongo tiene igual significado que *Ngudi Masa* 'Madre del Agua' (cp. KIK. *ngwá* 'madre, hembra, mujer' [L. 696] + KIK. *di* 'part. genitiva' [L. 113] + KIK. *mamba* 'agua', lit. 'madre del agua'). Tanto *ngwá* como *ngúdi* significan 'madre' en kikongo. Debe aclararse sin embargo que Cabrera (por desconocimiento de esta lengua africana) recogió de su informante las dos expresiones *Guadi Mamba* y *Ngudi Masa* fundidas en una sola, traduciendo así *Guadi Mamba Nguda Masa* como "espíritu que vive en una laguna o un río" (1984a: 96).

Nota 8: Otras versiones paleras de la diosa del agua (*Mbumba Mamba*) son *Baluande, Kisimbi Masa, Mama Kalunga, Mama Umba, Mboma, Nkita Kiamasa, Nkita Kuna Masa, Nkita Kuna Mamba* y *Pungo Kasimba* (v. estas expresiones).

(14) **Mpungo lomboán fula** → **Mpungo lombua mfula** (*RCPM* 128) || < KIK. ***mpúngu lómbwa mfùla*** || 'San Francisco (católico), Ifá, Orula (yoruba / lucumí)', lit. 'espíritu o fetiche poderoso que es preguntado, consultado o interrogado a través de la pólvora mágica'.

[Véanse también los artículos "Mpungu Mama Wanga" (n.° 15) y "Mpungus" (n.° 16)].

Aquí se evidencia una relación conceptual directa con Orula, dios lucumí de la adivinación (Brown 2003a: 371). El palero también suele adivinar, es decir, ser consultado, ser preguntado, ser interrogado a través de la pólvora mágica (PAL. *fula*).

< KIK. ***mpúngu*** 'supremo, el más alto, todopoderoso, fetiche poderoso' + KIK. ***lómbwa***, forma pasiva de *lómba* 'preguntar a un oráculo, interrogar' + KIK. ***mfúla*** 'pólvora mágica'; lit. 'el fetiche poderoso que es preguntado, consultado o interrogado a través de la pólvora mágica'.

Kikongo

(1) ***mpúngu*** 'le plus haut, le plus grand, le plus distingué, suprême' (L. 589); 'suprême, tout-puissant; fétiche puissant' (Sw. 361).
(2) ***lómba*** 'prier, mendier, demander, exiger'. Cp. también KIK. *lómba kuna fuku* 'demander qqch d'une manière magique *mu kindiko*' (L. 404, 248).
(3) ***mfùla*** 'poudre, poudre de diverses sortes dans un sachet de *nkisi*' (L. 555).

mfùla 'enquête, interrogatoire, interview' (Sw. 336).

Nota 1: La etimología KIK. *mpúngu lómbwa mfùla* > PAL. *Mpungo Lombua Mfula* es transparente puesto que contiene voces y conceptos muy comunes en el habla mayombe. La expresión PAL. *lombamfula* (= *lomba mfula*) forma parte del título de un libro reciente de González Fuentes, Martínez Alemán & Carrasco Pérez (2000) sobre prácticas paleras de la región de Villa Clara. Esta modalidad "conga" es conocida asimismo con el nombre de "Lombanfula".

Nota 2: Como muestra la nota 1 supra, la expresión PAL. *lombua mfula* se articula también *lomba mfula*. Esta variación fonética tiene su origen en dos etimologías parcialmente distintas: *lomba* se deriva del infinitivo KIK. *lómba* 'preguntar, interrogar, etc.', mientras que PAL. *lombua* (< KIK. *lómbwa*) proviene de la voz pasiva de dicho verbo.

Nota 3: Cabrera (1984a: 144) trae: "San Francisco: *Nsambia munalendo. Sambia muna bembo [= Sambia muna lembo]. Mpungu kikoroto. LAMBOAMFULA y Viejo Tondá le llaman*" (las mayúsculas son nuestras). El Tatandi Bilongo Jesús Varona Puente (comunicación personal a través del correo electrónico de Elliot Klein) corrige acertadamente estas trascripciones inconsecuentes de Cabrera, indicando que *Sambia muna lembo* es en efecto la versión real (ésta es la única forma reconocida también por los paleros de Cienfuegos).[16] Se observará que *Lamboamfula* contiene una ligera distorsión fonética (*Lamboa-* en vez de *Lomboa-*), lo que constituye sin dudas una imprecisión introducida por Cabrera.

Nota 4: Para un estudio más detallado de *Mpungu*, véase el artículo n.º 16 "Mpungus".

Mfula 'pólvora', puede hallarla el lector en el *VC* (124) donde aparece "Pólvora = *fula, nfula*".

(15) MPUNGU MAMA WÁNGA → MPUNGU MAMA WANGA (*RCPM* 128) || < KIK. *mpúngu máama vwànga* || 'Virgen de la Candelaria' (católico), Oyá (yoruba / lucumí)', lit. 'deidad madre poderosa fuente de la confusión, del disgusto, la contrariedad y el embarazo'.

[Para *Mpungu*, véanse también los artículos "Mpungo Lombua Mfula" (n.º 14) y "Mpungus" (n.º 16), respectivamente. Para *Wánga* → *Wanga*, consúltese además el artículo "Choya Wengue" → Chola Wengue" (n.º 3)].

Bolívar & González (1998) traen en su lista de deidades a *Mpungu Mamawanga* como 'Virgen de la Candelaria y Oyá' (pág. 139), pero antes habían aclarado que *Mpungu Mama Wanga* equivalía también a la Virgen de la Caridad del Cobre (Ochún) en la Regla Kimbisa. Desde el punto de vista histórico-semántico (etimología) es más lógica la identificación de *(M)pungu Mama Wanga* con la Virgen de la Candelaria u Oyá (Brown 2003a: 371) ya que esta última deidad se corresponde con el concepto que encierra el lexema KIK. *vwànga* 'ser la fuente de la confusión, del disgusto, la contrariedad y el embarazo', mientras que Ochún (Brown 2003a: 371) está más cercana a la idea de la presunción, la jactancia y la broma (*Chola*).

---

[16] *Sambia muna lembo* equivale en kikongo a "Dios con los dedos"; es con ellos que esta deidad manipula su oráculo (instrumento de adivinación).

< KIK. *mpúngu* 'supremo, todopoderoso, el más grande, el más alto; fetiche poderoso' + KIK. *máama* 'madre' + KIK. *vwànga* 'ser la fuente de la confusión, del disgusto, la contrariedad y el embarazo', con significado literal de "deidad madre poderosa fuente de la confusión, del disgusto, la contrariedad y el embarazo".

Kikongo

(1) *mpúngu* 'le plus haut, le plus grand, le plus distingué, suprême' (L. 589); 'suprême, tout-puissant; fétiche puissant' (Sw. 361).

(2) *máama* 'mère, maman, titre respectueux de la mère ou de la femme âgée' (L. 489, Sw. 297).

(3) *vwànga* 'ê. source d'encombrement, d'ennuis, d'embarras, de confusion, d'embrouillement, de tracas, d'entremêlement. D'où *mavwànga* ennuis (peu usé sauf dans dérivés)' (Sw. 713, L. 1037).

Cp. también:

vánga bándu ou *kiv.*, de *vánga,* 'fauteur d'intrigues; agitateur, fomentateur de complots, de querelles' (L. 1049).

vánga 'faire, fabriquer, confectionner, construire …; causer, occasionner, commettre, etc.' (L. 1049, Sw. 676).

(16) MPUNGUS (*RCPM* 127) **Mpungus** ‖ < KIK. *mpúngu* + ESP. *–s* ‖ 'espíritus superiores (nombre colectivo para todas las deidades paleras excepto Nsambi 'Dios' ya que él está por encima de todas las cosas); a veces sinónimo de PAL. *nkitas*.'

En la introducción de este estudio (§1.9, §1.13) nos referimos detalladamente a los conceptos paleros de *mpungos* y *nkitas*; (información adicional sobre los *nkita* se encuentra en la nota 3 al artículo n.º 19 "Nkita Kinseke ~ Nkita Minseke". Véanse también las entradas "Mpungo Lombua Mfula" (n.º 14), Mpungu Mama Wanga" (n.º 15) y "Mpungus" (n.º 16).

Pungu (o sus variantes *pungo, mpungo, empungo,* etc.) es una voz clave en los ritos paleros. Cada *munanso* ('casa-templo') está consagrado a uno o varios *(em)pungos*, los que reciben nombres específicos en kikongo o en español según su característica. Por ejemplo, *Nkuyu* o *Lucero Mundo* equivale a San Roque (católico) o Eleguá (yoruba / lucumí).

< KIK. *mpúngu* 'supremo, todopoderoso, el más grande, el más alto; fetiche poderoso' + *-s* hispana (morfema de pluralidad).

Kikongo

(1) ***mpúngu*** 'le plus haut, le plus grand, le plus distingué, suprême' (L. 589); 'suprême, tout-puissant; fétiche puissant' (Sw. 361).

Nota 1: *Mpungu(s)* tiene las variantes fonéticas *empungo, empungu, pungo, pungu* y *mpungo*. La versión prenasalizada *mpungu / mpongo* es la que con mayor frecuencia aparece en el *VC* (31 casos), pero en la actualidad *empungo* es la forma preferida entre nuestros informantes.

Nota 2: El *VC* trae *Pungún kulo* 'Jesucristo' (pág. 88), lo que se debió trascribir como *Pungu Nkulo*. Su significado es 'ancestro supremo' (cp. KIK. *ǹkulu* 'ancestros' (L. 11) (v. también Schwegler 2002a: 157, *bakula* → *bakulu*).

Nota 3: KIK. *Mpungu* es una de las voces rituales que ya en el siglo XVII era mencionada en la obra monumental *Description de l'Afrique* (versión 1686) del geógrafo holandés Olfert Dapper (1636-1689), donde leemos que

> [l]es habitants de Lovango aussi bien que ceux de Cacongo et de Goy sont engangez dans de grandes superstitions. Ils n'ont qu'une idée fort obscure de Dieu, qu'ils nomment *Sambian Pongo* [= *Sambi a Mpungu*]. (Dapper 1989: 258)

En el mismo contexto Dapper también hace referencia a la íntima conexión que existe entre estos "ídolos" y los receptáculos sacromágicos (*nkisi*) en que éstos residen:

> Les autres idoles sont dans une corne de Buffle dont ils remplissent la concavité, passent une boucle de fer dans l'extrémité pointue et y pendent de petites pièces d'étoffe. Ou bien ils prennent un grand pot plein de terre rouge et blanche et le paîtrissent avec de l'eau; ils l'entassent si bien qu'il y a la moitié autant de ce mortier par dessus les bords que dans le vase. ... ils y fichent plusieurs crochets, clous et pointes de fer, à quoi ils pendent des coquilles et des morceaux d'étoffes. (Dapper 1989: 259)

(17) MUKIAMAMUILO → MUKIAMA MUILO (*RCPM* 128) || < KIK. ***mu-kiàma mwílu*** || 'Santa Bárbara (católico), Changó (yoruba / lucumí)', lit. 'grandeza de jefe o noble'.

Este sentido literal concuerda con el valor semántico que se le atribuye a Changó (Santa Bárbara) ya que éste es uno de los santos más venerados y respetados de Cuba.[17] Además, como puede corroborarse en la información etimológica (en francés) ofrecida por Laman, KIK. *kiàma* es una voz plurisémica, por lo que denota tanto 'grandeza' como 'peligro'. Este doble sentido se relaciona semánticamente con las características del dios yoruba Changó, quien posee el rayo (Brown 2003a: 371, Guanche 1983a: 369) para matar y a su vez es el rey de la tierra Oyó de Yorubaland. Por lo tanto, *Mukiama Muilo* se considera al mismo tiempo como una entidad portadora de un peligro y como un dios de origen noble.

< KIK. *mu* (pref. de clase) + KIK. *kiàma* 'grandeza, respetabilidad' + KIK. *mwílu* 'jefe, noble', lit. 'grandeza de jefe o noble'.

Kikongo

(1) *mu* 'préf. de classe (sing.)' + KIK. *i* (préf. de classe) > *mw'i* ~ *mwi* (L. 593, 649).
(2) *kiàma* 'grandeur, respectabilité; péril' (Sw. 132); v. también *ky-àma* 'grandeur, danger, péril, (attitude) respectueuse ou inspirant le respect' (L. 363).
(3) *mwílu* 'chef, noble, aristocrate' (Sw. 395).

Nota 1: *Muilo* aparece en el *VC* (144) en el artículo "Santa Bárbara", donde se asocia además con la variante *Mukiama Muilo* < KIK. *mu* (pref. de cl.) + KIK. *kiàma* 'grandeza, respetabilidad' + KIK. *mwílu* 'jefe, noble', lit. 'persona que posee la grandeza o la respetabilidad del rey o jefe'.

Nota 2: Corregimos la ortografía *Mukiamamuilo* (1 palabra) a *Mukiama Muilo* (2 palabras) para mostrar que se trata de una expresión compuesta en sus orígenes. Se entenderá que en la actualidad la mayoría de los paleros probablemente interpreta la expresión como una unidad monomorfemática (1 palabra). En Bolívar & González (1998: 140), la trascripción del nombre de esta deidad aparece como la forma nominal bipartita: *Mukiama Mwilu*.

---

[17] Cada año, el 4 de diciembre, toda Cuba celebra una gran fiesta en honor a Changó. Muchas personas le ponen en la víspera velas durante toda la noche, le piden deseos y le hacen promesas. Otros se van a un "toque" para celebrarlo debidamente. Este mismo día, las personas se visten de rojo –color que representa a Changó–, brindándole así un colorido especial a las calles de muchos centros urbanos.

(18) **NKITA KIAMASA** (*RCPM* 128) ‖ < KIK. ***Nkita kyá mása*** ‖ 'Virgen de Regla (católico), Yemayá (yoruba / lucumí)', lit. 'espíritu del agua, entidad acuática'.

Nkita Kiamasa (Cabrera 1979: 128) es un espíritu que vive en el agua. *Nkita* en kikongo se refiere a "un *nkisi* de las aguas, fetiche acuático" (L. 721), por lo que su yuxtaposición con *Kiamasa* < KIK. *kyá* 'del' + KIK. *mása* 'agua' refuerza este significado literal de '*nkisi* ("espíritu fetiche") o deidad del agua'. Aquí podemos apreciar una correspondencia total entre la voz palera y su étimo kikongo.

< KIK. ***Nkita*** '*nkisi* de las aguas, entidad acuática, dios del agua' (L. 721) + KIK. ***kyá*** 'part. de relación genitiva' (L. 236) + KIK. ***mása*** 'agua' (L. 503), lit. 'diosa del mar o del agua'.

Kikongo

(1) ***Nkita*** 'nkisi des eaux, dieu des eaux, nymphe d'eau, dieu de la mer, l'âme du défunt qui a établi sa demeure dans l'eau, dans des ravins; vermines diverses dans l'eau ou à la surface de l'eau, qui représentent *Nkita*; *Nkita masa* avorton' (L.721).

(2) ***ki, (kyá)*** 'signe de gén., poss. ou attr., cl. *ki*' (L. 236); ***ki, ky-, kyá-*** 'pxf. 5e classe' (Sw. 131).

(3) ***mása*** 'eau, cours d'eau, courant, ruisseau' (L. 503, Sw. 303).
máza 'eau, humidité, jus, liquide' (L. 514, Sw. 310).

Nota 1: Expresión de etimologización transparente ya que la distancia fonética y semántica en relación con la fuente kikongo es mínima. En el habla palera, la partícula de relación genitiva KIK. *kyá* ha sido reanalizada, causando así su desememantización y consiguiente integración en el monomorfema sustantivo *kiamasa* 'del agua → agua'.

Masa 'agua' es voz común en la "lengua" de los mayomberos, y es sinónimo de *mamba* y *nlangu* 'agua, líquido', como explicamos en detalle en el artículo n.º 1 "Baluande".

Nota 2: En cuanto a su forma fonética, *Nkita Kiamasa* 'diosa del agua' es similar al PAL. *Nkita Kuna Masa* 'espíritu del agua' (v. esta expresión). La diferencia entre las dos expresiones se explica por la utilización de una partícula de relación genitiva en el primer término (*Nkita Kiamasa*) y un locativo kikongo en el segundo (*Nkita Kuna Masa*), o sea KIK. *kūuna* (pron. y adv. locativo) '(ese) allá' (Fabbro & Petterlini 1977: 206, L. 335), cuyo empleo frecuente en el habla palera se estudia en Schwegler (MS). Es fácil entender ahora por qué PAL. *Nkita Kiamasa* y *Nkita Kuna Masa* son sinónimos para "espíritu del agua". Al mismo tiempo corroboramos que *Nkita Kuna Mamba* (donde *Mamba* < KIK. *mámba* 'agua') igualmente significa "espíritu del agua" (v. el art. n.º 21 *Nkita Kuna Mamba*).

A la luz de las explicaciones anteriores podrá apreciarse mejor el verdadero significado de expresiones mayombe como:

masa lamba, traducida por Cabrera como 'puente' (*VC* 133), pero lit. 'agua + ir, andar = andar sobre el agua' (cp. KIK. *làmmba* 'ir, andar'; L. 379); o

Nkisi Masa Matari 'Piedra "Fundamento de un"' (*VC* 122), lit. '*nkisi* (espíritu fetiche) acuático de las piedras' (cp. KIK. *ma* 'pluralizador colectivo' (L. 471) + KIK. *tádi* 'piedra' (L. 943, Sw. 610).

Nota 3: Otras versiones paleras de la diosa del agua (*Nkita Kiamasa*) son *Baluande, Kisimbi Masa, Mama Kalunga, Mama Umba, Mbumba Mamba, Mboma, Nkita Kuna Masa, Nkita Kuna Mamba* y *Pungo Kasimba* (v. estas expresiones). Díaz Fabelo (1998: 135) trae *Yaya Lango* 'Madre de Agua, Yemayá' como otra variante de esta entidad. La etimología aquí resulta trasparente pues la expresión se deriva del KIK. *yáaya* 'título de respeto, madre, padre, abuelos maternos' (L. 1121, Sw. 746, donde *yâya*) + KIK. *nlángu* 'agua, líquido' (L. 743, Sw. 459). Por lo tanto su traducción literal sería: "madre de agua".

Nota 4: V. también las deidades *Nkita Kinseke, Nkita Minseke* y las demás expresiones glosadas cuyo segmento inicial es *Nkita* (p. ej., *Nkita Kuna Masa* 'Virgen de Regla').

(19) Nkita Kinseke ~ Nkita Minseke (*RCPM* 128) || < KIK. *Nkita ki-nsèke* || 'espíritus del monte o de la manigua', lit. 'espíritu de la sabana'.

El *nkita kinseke* no es una deidad específica sino un concepto general bajo el cual se agrupan espíritus paleros que no son del agua, es decir, que son la contraparte de los *nkita kiamasa* o *nkita kiamamba* 'espíritus del agua'. Esta división de las entidades mayombe se corresponde perfectamente con la forma en que los bantúes conciben el *hábitat* de sus espíritus. Éstos están o en el agua o en el monte (o en la selva). Información más detallada sobre el concepto *nkita* aparece en nuestra introducción (ver supra, §1.9, §1.13) así como en la nota 3 infra.

< KIK. *Nkita* 'espíritu' + KIK. *ki* (pref. genitivo) + KIK. *nsèke* 'manigua, monte', lit. 'espíritu del monte'.

Kikongo

(1) *Nkita* 'nkisi des eaux, dieu des eaux, nymphe d'eau, dieu de la mer, l'âme du défunt qui a établi sa demeure dans l'eau, dans des ravins; vermines diverses dans l'eau ou à la surface de l'eau, qui représentent *Nkita*; *Nkita masa* avorton' (L.721).

nkíta 'esprit-fétiche, génie des eaux ou âme d'un défunt (séjournant dans les eaux, les bois, les vallons) qu'évoque ou capte à ses fins un Nganga combattant le Ndoki' (Sw. 446).

(2) *ki, (kyá)* 'signe de gén., poss. ou attr., cl. *ki*' (L. 236); *ki, ky-, kyá-* 'pxf. 5e classe' (Sw. 131).
(3) *mi-* 'préf. de classe' (L. 564, Sw. 341).
(4) *nsèke* 'steppes herbeux [*sic*], étendues couvertes d'herbes entre des forêts et des ravins; plaine, campagne, terre ferme, côte (le contraire de l'eau)' (L. 761; Sw. 470).

Nota 1: La variación fonética entre *Kinseke* y *Minseke* es el resultado de una simple selección de prefijos. En el primer caso se recurrió a *ki*, prefijo clasificador 7. Esta partícula indica objetos materiales e instrumentos (KIK. *kîma* 'cosa, objeto, materia'), nombres abstractos, cualidades y dignidades (KIK. *kimfúmu* 'poder', KIK. *kinzámbi* 'divinidad'), idiomas y estilos (KIK. *kikongo* 'lengua y costumbres de los *bakongo*'), deformaciones (KIK. *kimbídi* 'monstruo'), diminutivos cuando se reduplica el lexema (KIK. *kimbwá-mbwá* 'perrito, cachorro').

En el segundo caso se escogió el prefijo *mi-*, clase 4, plural de *mu*, clase 3. Semánticamente bajo estas partículas se ordenan nombres de árboles (*mukànzi / mikànzi* 'cocotero/s'), productos procedentes del reino vegetal (*musínga / misínga* 'liana/s'), algunas partes del cuerpo (*mudià / midià* 'intestino/s') y, en menor medida, acciones personificadas que pueden permutar con las clases 1 y 2 (KIK. *munkwìkisi / minkwìkisi* 'creyente/s'). Actualmente los prefijos *mu-* / *mi-* de estas clases tienden a ser asimilados y de ahí la enorme cantidad de voces kikongo con prefijo *N-* que las sustituyen y que pertenecen a este grupo: KIK. *mvùlúzi* 'salvador', KIK. *nkìti* 'comerciante/s', KIK. *ntìma* 'corazón', confundiéndose con las clases 9 / 10 (N/N) que son las que propiamente portan la nasal inicial como es el caso de KIK. *nsèké* 'monte, manigua, sabana'. En los casos de *Kinseke* y *Minseke* aquí abordados hubo pues una selección falsa de prefijos por parte del informante de Cabrera ya que son formas no pertinentes con estos prefijos clasificadores en kikongo (*ki-* / *mi-*).

Nota 2: El *VC* recoge *minseke* en los artículos "espíritu de la manigua = *Nkisi minseke*" (*VC* 70) y "Manigua = *Ninfé. Minseke. Nguei. Kuni*" (*VC* 98). La forma *munanseke* (= *muna* + *nseke*) se utiliza por los paleros en expresiones como *kwenda munanseke* lit. 'ir al monte' (PAL. *muna* < KIK. *mūuna* [pron. demostrativo] 'aquí dentro de, allí dentro de, en', v. L. 608, Sw. 370, Fabbro & Petterlini 1977: 206).

Nota 3: Como ya señalamos en la primera parte de este estudio, en el mundo congo es imposible distinguir claramente entre las entidades congo *nkita* y los *simbi*. Hagenbucher-Sacripanti (1989: 44) informa que en el Kouilou (área costera de Loango donde están localizados los *(ba)vili*), la población actual prácticamente las desconoce. Según Laman, "Basimbi are, according to some people, in a class by themselves among the dead, because the are human beings who have died twice, first on the earth, and then in the land of the dead" (1962: 33). Algunas páginas más adelante, Laman añade que "[i]n the far north, basimbi are usually called bankita [= nkita] ... There are other basimbi who dwell in springs, rapids, pools, mountains and woods. Some of these have been adopted as nkisi" (1962: 43).

Bittremieux, a su vez, nos precisa la función de los nkita en *La société des Bakhimbas au Mayombe* de la siguiente manera: "un nkisi puissant, apparenté aux nkisi batsi, est le fameux Khita [= Nkita] ... Or ces khita sont de la famille du Nkisi tsi, au service de la sorcellerie, et en quelque sorte ses délégués" (1936: 153). Van Wing (1959) se opone a esta definición de Bittremieux, lo que Hagenbucher-Sacripanti interpreta como un claro indicio de estas "incertitudes relatives à l'essence du *nkisi*, et particulièrement l'interrogation de Van Wing quant à l'origine et au degré d'autonomie ou d'inféodation du principe spirituel qui anime ce complexe magique, attestent la diversité et la plasticité de ses caractéristiques" (1989: 45).

(20) NKITA KITÁN (*RCPM* 128) || < KIK. ***nkita nkita* + *-n* hispana**] || 'Santa Bárbara (católico), Changó (yoruba / lucumí)', lit. 'dios de dioses' o sea 'el jefe de los dioses'.

En las creencias de los santeros cubanos, Changó figura como un alto rey, es el "rey de reyes", o sea el *nkita nkita* (lit. 'fetiche de los fetiches') de los paleros. La reduplicación *nkita nkita* evidentemente enfatiza la importancia y fortaleza de esta deidad.

< KIK. *nkita* 'espíritu fetiche; espíritu acuático; espíritu del bosque'.

Kikongo

(1) *Nkita* 'nkisi des eaux, dieu des eaux, nymphe d'eau, dieu de la mer, l'âme du défunt qui a établi sa demeure dans l'eau, dans des ravins; vermines diverses dans l'eau ou à la surface de l'eau, qui représentent *Nkita*; *Nkita masa* avorton' (L.721).

nkíta 'esprit-fétiche, génie des eaux ou âme d'un défunt (séjournant dans les eaux, les bois, les vallons) qu'évoque ou capte à ses fins un Nganga combattant le Ndoki' (Sw. 446).

Nota 1: El segmento *Nkita* (o *Kita*) aparece con bastante frecuencia en el habla palera y define nominalmente a varias deidades mayombe (*Nkita Kuna Masa, Nkita Kuna Mamba, Nkita Kianseke*, etc.; v. estas voces, así como los acápites 1.9, 1.13).

La -*n* final de *Nkita Kitán* es analógica y tiene un origen exclusivamente hispano, integrando la expresión así al sistema nominal del español, donde sustantivos con –*á* final son atípicos. La confirmación parcial de esta tesis se encuentra en el artículo "Secreto o 'Fundamento' del brujo" del *VC* (146), donde éste se traduce con la forma no hispanizada *Nkita kita*. En otra entrada, Cabrera da *Nkitán nkitán* como variante alternativa (v. "Santo grande [fuerza o energía espiritual poderosa]", *VC* 145).

Nota 2: La reduplicación del lexema es un procedimiento común en muchas lenguas bantúes al cual se recurre para expresar semánticamente intensificación o aumentativo. Ejemplo: KIK. *málu* 'rápido' / *málu málu* 'rapidísimo'.

(21) **NKITA KUNA MAMBA** (*RCPM* 128) || < KIK. *Nkita kūuna mámba* || 'Virgen de Regla (católico), Yemayá (yoruba / lucumí)', lit. 'espíritu (*nkisi*) allá agua = espíritu en el agua = espíritu acuático'.

Nkita en kikongo es 'un *nkisi* de las aguas, fetiche o entidad acuática' (L. 721), por lo que su yuxtaposición con *kuna mamba* < KIK. *kūuna* (pron. y adv. locativo) '(ese) allá' + KIK. *mámba* 'agua' se traduce literalmente como '*nkisi* ("espíritu fetiche") allá dentro del agua'.

< KIK. *Nkita* 'nkisi de las aguas, dios(a) del agua + KIK. *kūuna* (pron. y adv. locativo) '(ese) allá' + KIK. **mámba** 'agua', por lo tanto su significado alude a una 'diosa del agua' de los paleros.

Kikongo

(1) *Nkita* 'nkisi des eaux, dieu des eaux, nymphe d'eau, dieu de la mer, l'âme du défunt qui a établi sa demeure dans l'eau, dans des ravins; vermines diverses dans l'eau ou à la surface de l'eau, qui représentent *Nkita*; *Nkita masa* avorton' (L.721).

nkíta 'esprit-fétiche, génie des eaux ou âme d'un défunt (séjournant dans les eaux, les bois, les vallons) qu'évoque ou capte à ses fins un Nganga combattant le Ndoki' (Sw. 446).

(2) *kūuna* 'pron. dém. loc., cl. *ku*, 3e position, celui-là, là-bas. C. adv., là, là-bas'; *kûna* 'là-bas, ou celui là-bas' (Sw. 213). Cp. también:

kú 'c. prép., adv. locatif, de, d'entre, d'avec, vers, à, où, là, de ce coté, par ici, d'ici; où, où, où que, là où, par où' (L. 321, v. también Sw. 203-204). Véase también Fabbro & Petterlini (1977: 206).

(3) *mámba* 'eau, liquide, jus, suc, sève; réservoir, inondation' (L. 489, Sw. 297). Sinónimo de KIK. *ǹlangu* (v. CUB. *lango* 'agua').

Nota 1: La etimologización de *Nkita Kuna Mamba* es similar a la de *Nkita Kuna Masa* (v. este artículo, donde se aborda detalladamente el origen de *kūuna* (pron. y adv. locativo) '(ese) allá' y de *mámba;* también es relevante el artículo n.º 18 "Nkita Kiamasa". Díaz Fabelo (1998: 135) trae *Yaya Lango* 'Madre de Agua, Yemayá' como otra variante de esta entidad. La etimología aquí resulta trasparente pues la expresión se deriva del KIK. *yáaya* 'título de respeto, madre, padre, abuelos maternos' (L. 1121, Sw. 746, donde *yâya*) + KIK. *nlángu* 'agua, líquido' (L. 743, Sw. 459). Por lo tanto la traducción literal de *Yaya Lango* sería: "madre de agua".

(22) NKITA KUNA MASA (*RCPM* 128) || < KIK. *Nkita kūuna mása* || 'Virgen de Regla (católico), Yemayá (yoruba / lucumí)', lit. 'espíritu (nkisi) allá agua = espíritu en el agua = espíritu del agua, espíritu acuático'.

En *RCPM* (128) aparece traducido *Nkita Kuna Masa* como 'un espíritu que vive en el agua'. *Nkita* en kikongo significa 'un *nkisi* de las aguas, dios(a) del agua' (L. 721), por lo que su yuxtaposición con *kuna masa* < KIK. *kūuna* (pron. y adv. locativo) '(ese) allá' + KIK. *mása* 'agua' refuerza el carácter acuático del fetiche. Por lo tanto, la expresión pudiera traducirse como '*nkisi* ("espíritu fetiche") en / dentro del agua'.

< KIK. *Nkita* 'nkisi de las aguas, dios(a) del agua' + KIK. *kūuna* (pron. y adv. locativo) '(ese) allá' + KIK. *mása* 'agua', lit. 'dios(a) allá agua' = 'dios(a) en el agua' = 'dios(a) del agua, deidad acuática'.

Kikongo

(1) *Nkita* 'nkisi des eaux, dieu des eaux, nymphe d'eau, dieu de la mer, l'âme du défunt qui a établi sa demeure dans l'eau, dans des ravins; vermines diverses dans l'eau ou à la surface de l'eau, qui représentent *Nkita*; *Nkita masa* avorton' (L.721).

nkíta 'esprit-fétiche, génie des eaux ou âme d'un défunt (séjournant dans les eaux, les bois, les vallons) qu'évoque ou capte à ses fins un Nganga combattant le Ndoki' (Sw. 446).

(2) *kūuna* 'pron. dém. loc., cl. *ku*, 3e position, celui-là, là-bas. C. adv., là, là-bas'; *kûna* 'là-bas, ou celui là-bas' (L. 335, Sw. 213; Fabbro & Petterlini 1977: 206). Cp. también:

KIK. *kú* 'c. prép., adv. locatif, de, d'entre, d'avec, vers, à, où, là, de ce coté, par ici, d'ici; où, où, où que, là où, par où' (L. 321, v. también Sw. 203-204).

(3) *mása* 'eau, cours d'eau, courant, ruisseau' (L. 503, Sw. 303).

máza 'eau, humidité, jus, liquide' (L. 514, Sw. 310).

Nota 1: La etimologización de *Nkita Kuna Masa* es similar a la de *Nkita Kiamasa* (v. este artículo, donde se expone una serie de consideraciones que son igualmente válidas para la expresión aquí estudiada).

Nota 2: El *VC* también trae *Nkita kuna masa* 'Espíritu de Agua', donde Cabrera apunta que "algunos matanceros le llaman también *Simbi Nkita*" (*VC* 70), sinónimo que inicialmente significó 'espíritu, genio del agua' + '*nkisi* de las aguas' (para mayores detalles sobre *kisimbi*, v. el artículo n.° 6 *Kisimbi Masa* 'dios(a) del agua').

Nota 3: El locativo KIK. *kūuna* (pron. y adv. locativo) '(ese) allá' tiene una amplia gama de matices semánticos y usos. En el habla palera,

KIK. *kūuna* se ha incorporado a varios sustantivos. Ejemplo de ellos son *kunanfinda* 'bosque, monte' (*VC* 103), cuyo significado propio (en la lengua-sustrato) remite a 'allá (dentro del) bosque, monte' (cp. KIK. *mfinda* 'bosque, monte' [L. 553], *kunambansa* 'ciudad' [*VC* 52], lit. 'allá (en) la ciudad', *kunansila* 'camino' [Fuentes Guerra 2002: 45], lit. 'allá (en) el camino'). Esta yuxtaposición (muy común) de *kuna* incorporada a sustantivos paleros pudiera hacernos concluir que quizás sería más representativo de este tipo de construcciones la segmentación morfológica *Kunamasa* (un morfema) si se tiene en cuenta el procedimiento de incorporación morfemática arriba descrito. Por lo tanto *Nkita Kuna Masa* habría podido trascribirse como *Nkita Kunamasa*. La misma observación es también válida para *Nkita Kuna Mamba* → *Nkita Kunamamba* (art. n.º 21).

Nota 4: Otras versiones paleras de la diosa del agua (*Nkita Kuna Masa*) son *Baluande, Kisimbi Masa, Mama Kalunga, Mama Umba, Mbumba Mamba, Mboma, Nkita Kiamasa, Nkita Kuna Mamba* y *Pungo Kasimba* (v. estas expresiones). Díaz Fabelo (1998: 135) trae *Yaya Lango* 'Madre de Agua, Yemayá' como otra variante de esta entidad. La etimología aquí resulta trasparente pues la expresión se deriva del KIK. *yáaya* 'título de respeto, madre, padre, abuelos maternos' (L. 1121, Sw. 746, donde *yâya*) + KIK. *nlángu* 'agua, líquido' (L. 743, Sw. 459). Por lo tanto la traducción literal de *Yaya Lango* sería: "madre de agua".

(23) NKITA MINSEKE (*RCPM* 128) || < KIK. *Nkita ki-nsèke* || 'espíritus del monte o de la manigua', lit. 'espíritu de la sabana'.

V. el art. n.º 19 "Nkita Kinseke". La diferencia fonética entre *Minseke* y *Kinseke* se explica por la incorporación de dos prefijos de clase diferentes, i.e., KIK. *mi* y KIK. *ki* (v. el art. n.º 19).

(24) NKUYO (*RCPM* 128) || < KIK. *ǹkúyu* || 'El Ánima Sola del Purgatorio' (católico), Eleguá Alaguana (yoruba / lucumí)', lit. 'espíritu errante'.

En la Regla Kimbisa, *Nkuyo* se identifica, sin embargo, con la deidad católica San Pablo. Pero en las Reglas de Congo Palo Monte Mayombe se asocia con Eleguá (El Ánima Sola).

La vinculación de *Nkuyu* con el camino del Eleguá llamado Alaguana (dios de las encrucijadas) se entiende si se parte del concepto de que ambas deidades –o sea la palera y la lucumí– se manifiestan como un espíritu errante y que, por su carácter diabólico, es muy temido por los creyentes. La etimología es transparente desde el punto de vista semántico: *Nkuyo* 'espíritu errante' = Eleguá Alaguana 'entidad que vaga por los caminos = Ánima Sola del Purgatorio 'alma que vaga en pena'.

< KIK. *ǹkúyu* 'alma de un difunto, espíritu errante, sombra (de un muerto), espectro, fantasma'.

Kikongo

(1) **ǹkúyu** 'l'âme d'un défunt, esprit, démon, lutin, farfadet, l'ombre (d'un mort), spectre' (L. 737); **ǹkúyu** o **mukúyu** (pl. **bakúyu**) en Sw. 456.

Nota 1: Cabrera (*VC* 144) recoge en el artículo "San Pedro" *nkuyu watariamba* como otra versión de *Sarabanda* (v. esta voz). Como explicamos en el artículo *Nkuyu watariamba* (Fuentes & Schwegler MS; v. también *watariamba* [art. n.º 21] en este estudio), esta expresión consta de los elementos KIK. *ǹkúyu* + KIK. *wa* (part. gen.) + KIK. *tádi* (también *tári*) + KIK. *a* (part. gen.) + KIK. *mbà* 'fuego', cuyo significado literal es "el espíritu (errante) de la piedra de fuego".

(25) NSAMBI (*RCPM* 127) || < KIK. *Nzámbi* || 'Creador, Ser Supremo'.

< KIK. *Nzámbi* 'Dios, Ser Supremo'.

Según Castellanos & Castellanos

ni en África ni en Cuba es el Dios supremo de los congos objeto de culto especial. Tampoco se le sacrifica: Nsambi "no come". Pero sí se le invoca con respeto, se le saluda y se solicita su protección. En realidad, el alejamiento de Nsambi dista mucho de ser absoluto. Las reglas congas de Cuba ven en su Dios como garantía final del orden y la vida en la naturaleza. Y están convencidas de que si éstos se vieran amenazados por las fuerzas maléficas, Nsambia intervendría para garantizar el equilibrio. El Dios congo permite la lucha entre el bien y el mal en el universo, pero no el predominio definitivo del segundo sobre el primero. Nsambi es, pues, el Salvador, la Divina Providencia, el "último recurso de emergencia' al que puede apelarse en caso inminente de desastre". (Castellanos & Castellanos 1992: 134)

Aquí también debemos añadir lo que dice Calleja Leal en su tesis sobre el Palo Monte Mayombe:

El que los nganguleros recurran con frecuencia a invocar el nombre de Nsambia, a pesar de su lejanía, quizás responda a una forma de tenerle preparado para intervenir en las fallas o carencias del sistema religioso […] Conviene señalar que para los nganguleros, la función de Nsambia como Destino es importantísima, ya que toda enfermedad, toda desgracia o todo cataclismo natural (por ejemplo, los ciclones, tan frecuentes en Cuba), que no pueden ser explicados o atribuidos a los 'mpungu', la hechicería o la brujería, son considerados como procedentes de Dios, ya que para el nganguiero todo lo que Nsambia envía es natural. (Calleja Leal 1989: 849-850, cit. en Castellanos & Castellanos 1992: 134)

Kikongo

(1) *Nzámbi* 'Dieux, l'Être suprême qui ne se laisse pas toucher, émouvoir par des *nkisi* ou des conjurations mais qui fait ce que bon lui semble, le grand esprit inébranlable (dont on ne trouve ni image ni idole); divin' (L. 821, Sw. 508).

Nota 1: Voz muy frecuente en el habla palera, donde entra en combinación con toda una serie de compuestos (cp. *sambiapiri* 'crucifijo' (*VC* 56), *sambidilanga* 'cerebro' (*VC* 48), *nkunilele sambiantuke* 'ciprés' (*VC* 50). V. también Schwegler (2002a: 146, *masimán Sambi* 'agua bendita').

En el artículo "Dios, El Creador", Cabrera (1984a: 63) recoge *Nsambi* y asimismo *Sambia* (v. Castellanos & Castellanos 1992: 130-131). Esta segunda forma puede considerarse como un producto de su alta frecuencia de uso en compuestos como PAL. *Nsambiampungo* < KIK. *Nzámbi* + KIK. *a* + KIK. *Mpúngu* lit. 'dios supremo', donde la -*a* final de *Nsambia* funcionaba como partícula de concordancia (genitivo). Este elemento se incorporó en el habla palera en la variante aglutinada *Sambia-mpungo, sufriendo así una desemantización. Al producirse la elisión del segundo segmento (*mpungo*) quedó incorporada la *a* en *Nsambia*. Información detallada sobre *Nzámbi* podrá hallar el lector en acápite 1.13.

Nota 2: Después de relacionar las diferentes variantes fonéticas de la voz *Nzambi* presentes en una gran cantidad de etnias bantúes –entre las que figuran *Zambe* (bulu), *Nyambe* (duala), *Nzame* (fang), *Ndzambe* (mbochi), *Zambi* (kete), *Nyambi* (punu), *Nziam* (boma), etc.–, Obenga define el término así:

> Ce mot recouvre la plus étendue des aires, depuis le Cameroun (Bantu du Nord-Ouest) jusqu'en Zambie, en passant par le Zaïre et l'Angola.

Nzambi ... signifie certainement: "Réalisateur par parole et/ou par action". C'est l'Être agissant, le Créateur de toutes choses. (1985: 152)

Herederos de esta tradición africana, los practicantes paleros al igual consideran a su principal deidad –i.e., Nsambi, Sambi o Sambe[18]– como una entidad creadora. Y también los mayomberos cubanos le otorgan un alto valor a la palabra *Nsambi* en su "lengua"; ellos subrayan siempre el contenido mágico de la *parole* de su habla ritual.

Obenga acota más adelante que "[c]e Dieu unique qui a créé toutes choses reste tout de même assez distant de la vie quotidienne des hommes. Aucun acte de culte, en conséquence, ne lui est vraiment rendu" (1985: 155). Lo mismo ocurre entre los paleros como argumentamos supra con Castellanos & Castellanos (1992: 134) o como nos dice Cabrera en este apunte:

> Otro rasgo común con el creador lucumí, Insambi, después de realizada su obra inconmensurable, "se retiró del mundo". Tampoco quiso que sus criaturas lo importunasen y "se fue lejísimo, a lo último del cielo, donde nadie pudiera encontrarlo". Donde no llegan los aviones [...] Distante, desprendido de su creación como Olodumare, sólo aparentemente ajeno a ella, Insambi no ha cesado de regirlo todo y continúan ordenando lo más insignificante [...] Es incomprensible, inaccesible e invisible, "pues nadie lo ha visto desde que se jubiló"; él sí lo ve todo, y como dice el refrán congo, "percibe una hormiga en la noche" y no nos quita ojo de encima". (1979: 125)

Cabrera y algunos de sus informantes subrayan con esta última idea una omnipresencia exagerada ("él sí todo lo ve") que ni nuestros testimoniantes ni los bakongo le conceden a Nsambi o Nzambi. El Tatandi Basura Cuatro Vientos Briyumba Congo nos aclaró: "Palero ndoki (judío) no saluda a Ensambi, saludar a Ensambi es cosa de cristianos. Ensambi es Dios, y nosotros somos diablo".

Nota 3: Castellanos & Castellanos observan que "[a] diferencia de Olodumare, que confió la conformación del cuerpo humano a Obatalá, la primera pareja –hombre y mujer– procede directamente de las

---

[18] Nótense las variaciones fonéticas que, con la excepción de la desonorización de [z] > [s], son similares a las observadas arriba para *Nzambi*, *Zambi* y *Nzame*.

manos de Sambi, quien además les enseñó a reproducirse, a alimentarse y a practicar la magia, tanto la buena como la mala. 'Sambia preparó la *menga* –la sangre– que corre por las venas y mueve los cuerpos, les da vida, y por *nkutu* –por oreja– les sopló la inteligencia para comprender'" [*Reglas de Congo,* Cabrera 1979: 124]" (cit. en Castellanos & Castellanos 1992: 131).

(26) Nsasi (*RCPM* 128) || < KIK. *nzázi* || 'Santa Bárbara (católico), y Changó (yoruba / lucumí), lit. 'rayo, trueno, relámpago'

    KIK. *Nzázi* significa "trueno, relámpago, rayo" en kikongo, y, al igual que en Cuba, esta misma voz todavía hoy denota un *nkisi* entre algunos bakongo (véase la nota 3 infra). Changó es el dios del trueno de los yoruba. Y en el catolicismo popular cubano Santa Bárbara se vincula con las tempestades y el mal tiempo. Cuando una persona se olvida de sus santos o abandona momentáneamente el cumplimiento de determinados deberes y acude a éstos llevada sólo por la necesidad, suele decirse "se acuerda de Santa Bárbara sólo cuando truena", es decir, que cuando hay un problema se recurre a la deidad. Aquí la vinculación está dada en un sentido figurado. También los viejos creyentes cubanos acostumbraban decir, al caer un rayo cerca, "Santa Bárbara Bendita, que el Señor nos ampare". Es decir, el creyente le pide ayuda a la diosa (*Nsasi, Santa Bárbara, Changó)* para que lo proteja de los truenos.

< KIK. *nzázi* 'rayo, trueno, relámpago'.

Kikongo

(1) *nzázi* 'la foudre, l'éclair; tonnerre, coup de tonnerre, de foudre qui tombe à la terre' (L. 823, Sw. 509).

Nota 1: En el *VC* de Cabrera aparece: "Trueno. El mpungo o dios del trueno, nsasi, estalla en el cielo y cae en la tierra: *Nsasi muna nsulu fula inoka muinda munansulu sakrila Nsasi kinfunda munantoto*" (1984a: 155).

    Más explícita aún en cuanto a la función de *Nsasi* es Cabrera en la entrada "Prenda":

    Prenda: Nganga Nkisi. No pueden dejar de tener nombre las ngangas como las personas para que sean completas y efectivas. [...]

Nsasi, equivalente congo de Changó, cuando monta (toma posesión del médium) prueba mucho a "su caballo", "come velas encendidas, se pasa la llama por la cara, se da tajos en la lengua". Cuando un perro o caballo (médium) está poseído no se le puede tocar. Una mujer puede tocar a otra mujer en trance si se le ha subido la ropa. Debe ponérseles pantalones porque con frecuencia estos médiums ponen la cabeza en el suelo, se suben las faldas y "enseñan lo que no deben". "Los perros de la Nganga Siete Estrellas o Siete sayas [*sic*] cuando el espíritu los monta viran los ojos en blanco. Desde que llega no se le ven las pupilas, camina y no tropieza. Estas prendas son Vriyumba, Congo Mumbona y Luando, que todo es Vriyumba **Nsasi** kunán siete. A esta prenda bajan los luceros. No se le da fiesta más que en el Monte, a cierta hora de la noche se la deja sola, pues bajan a ella los astros y privan a la gente de conocimiento. Se le da comida de 12 a 3 y se deja sola. El Mayordomo y el Padre se ponen a cierta distancia, a unos 24 pasos y hacen sus rezos y cuando cae la noche se ve bajar la estrella y la recogen con un paño blanco. No puede estar nadie presente, perderían el conocimiento. A nosotros los criollos nos cuesta trabajo atraer un astro". Cuando una mujer está "montada", posesionada por el espíritu, sólo el Mayordomo o el Padre Nganga puede hablar con ella (Cabrera (1984a: 126-127; las negritas son nuestras).

Compare también los artículos de Cabrera (1984a) a continuación, donde las negritas son nuestras:

Centella:	**Sasi** ngila, **Nsasi** ngila (pág. 48)
Ofrenda:	A los Mpungu o dioses se les ofrenda, "comen": Baluande (Yemayá, la Virgen de Regla) gallo y pato. **Nsasi** (Chango, Santa Bárbara) Gallo, carnero, harina de maíz, quimbombó y jicotea. [...] (pág. 111)
Piedra de rayo:	Matari **Nsasi**. Matari Mbela. Matari mona yilo. (pág. 122)
Trueno. El Mpungu o Dios del Trueno, Nsasi estalla en el cielo y cae en la tierra:	**Nsasi** muna nsulu fula inoka munansulu sakrila Nsasi kinfunda munantoto. (pág. 155)

Nota 2: La desonorización del KIK. *nzázi* [ˈnzazi] en PAL. *Nsasi* [ˈnsasi] es lógica dado que en español [z] sólo ocurre ante consonante sonora (cp. *mismo* [ˈmizmo], *desde* [ˈdezðe]). No obstante, algunos de nuestros

informantes de Cienfuegos mantienen a veces la [z] sonora después de prenasal (así PAL. ['nzasi] y *Nzambi* ~ *Nsambi* 'Dios' < KIK. *Nzámbi* [L. 821], conservando de esta manera la antigua articulación kikongo.

Nota 3: Como evidencia un exorcismo llevado a cabo en el país Vili (área norteña del kikongo [v. Mapa 4, *Bavili*]) descrito por Hagenbucher-Sacripanti en su obra *Santé et rédemption par les génies au Congo*, *Nsasi* "trueno, relámpago" también es un *nkisi* en el África centro-occidental, por lo que la Nganga Nsasi no es una innovación cubana; más bien puede considerarse una reproducción (y adaptación, a su vez) del fetiche congo en suelo cubano. Dice un *nganga* (practicante tradicional) citado por Hagenbucher-Sacripanti: "On a chassé Nsa:si mais faites un effort en ce qui concerne l'autre *nkisi* qui est là" [...] Oui, Maman, c'est le *nkisi* Nsa:si qui te fait souffrir. Des gens sont derrière, Nsa:si est devant [...] Si tu veux que l'on te soigne, dis-le nous" (1989: 190-191). Más adelante continúa: "Selon l'intention de l'opérateur [= el practicante](,) la victime sera atteinte de: *Madu:ngu manzasi; nzasi* signifie la foudre. Il pourrait s'agir ici d'une infection "foudroyante" provoquant lymphangite ou septicémie. Douleurs abdominales, paralysie d'une ou des deux jambes, maux de reins appartiennent aux troubles regroupés sous cette appellation" (1989: 195).

En *Les fondements spirituels du pouvoir au royaume de Loango*, Hagenbucher-Sacripanti dedica todo un apartado al *nkisi* Nsasi. Citamos aquí sus párrafos introductorios:

> L'action redoutée de ce *Nkisi ma:si* s'exerce aussi sous une forme quelque peu atténuée, sous le nom et la personnification de *Tchimbuka*, "épouse" de *Nsasi*. Les descriptions de deux formules d'invocation agressive et thérapeutique du *Nkisi* permettent une évaluation du nombre et de l'importance des variations qui différencient les comportements des *singāga* d'un même *Nkisi;* affin de souligner la netteté des divergences de pratique, il n'est pas inutile de comparer ici la méthode d'un *ngānga Nsasi* Yombe de Kakamoèka et celle d'une femme Vili de Diosso.
>
> Les interdits, les obligations qui caractérisent le passage en *tchikumbi* (nécessaires pour les cas graves) sont sensiblement identiques dans les deux cas et ont fait l'objet d'une synthèse groupant des éléments complémentaires recueillis chez les Bayombe et les Bavili. Cependant, la conception et la méthode Vili d'invocation de *Nsasi* s'avèrent, telles qu'elles apparaissent aujourd'hui, plus simples, édul-

coréss et plus variables suivant les pratiques, que le processus observé en pays Yombe. (Hagenbucher-Sacripanti 1973: 129)

(27) NTALA Y NSAMBA (*RCPM* 127) || < KIK. (?) || 'San Cosme y San Damián (católicos), los Ibeyi Oro (yoruba / lucumí)', son los Santos Jimaguas'.

< (?)

Nota 1: Desconocemos el origen de la expresión *Ntala y Nsamba* ya que no se relaciona convincentemente con ningún lexema kikongo que aluda al nombre de ambos gemelos. En kikongo, los mellizos (KIK. *mvàsa*, L. 509) se nombran con *nzuzi* ('el primero en nacer') (L. 833) y *nsímba* ('el segundo en nacer') (L. 766), voces que no tienen relación alguna con *Ntala y Nsamba*.

Nota 2: V. también el art. n.° 8 *Majumbo Moúngu Mpúngu* → *Mayumbo Moúngu Mpungu* 'San Cosme y San Damián (católicos), los Ibeyi Oro (yoruba / lucumí)'.

(28) PANDILANGA (*RCPM* 128) || < **pandi langa* < KIK. *mpándi* + KIK. *là* + KIK. *ngà* (?) || 'Jesús Nazareno, Jesucristo', con un valor etimológico aproximado de 'hermano padre divino que está en lo alto y profundo'.

El contenido semántico aquí propuesto alude a dos de los atributos del Ser Supremo representado como *Pandilanga* ('Cristo'): la omnisciencia y la omnipresencia. Es decir, "el que todo lo sabe" (KIK. *ngá* 'padre, adivino') y "el que está en todas partes" (KIK. *là* 'altura, profundidad, etc.'). Se entenderá que esta traducción de los tres segmentos es interpretativa y, por lo tanto, constituye una aproximación al verdadero significado de las lexías que integran el sintagma del sustrato. Nuestra etimología es tentativa.

< (?) KIK. *mpándi ~ mpángi* 'hermano, amigo, camarada' + KIK. *là* 'altura, profundidad; lo alto, muy alto, muy lejano' + KIK. *ngà* 'padre adivino', con un valor etimológico cercano a 'hermano (= KIK. *mpándi ~ mpángi*) padre divino (= *ngà*) que está en lo alto y profundo (= *là*)'.

Kikongo

(1) *mpándi ~ mpángi* 'frère ou soeur aîné; cousin, fils ou fille d'une tante paternelle plus âgé que soi; les soeurs s'appellent l'une l'autre *mpangi*, mais un

frère est désigné par elles sous le nom de *nkazi; mpangi* signifie frère en général; (NE) parent maternel, le frère plus jeune, cadet' (L. 575).

mpángi 'frère, soeur, cousin, parent de matrilignage ou patrilignage, surtout plus âgés que soi. NE. Kw.: parent matrilinéaire surtout. Par extension: ami, camarade, copain. / Un frère appelle sa soeur (et elles entre elles) *mpangi*, mais la fille désigne son frère surtout plus âgé como *nkási*, W. *nkázi*, car il est son chef de clan' (Sw. 352).

mpangi 'frère / soeur, cousins germains; par extension: ami, proche, copain' (Nsondé 1999: 106).

(2) *là* 'de *ku, u-* ou *ki-*, longueur, hauteur de la taille, altitude, distance; oblong, allongé; long, haut, trop haut, trop loin, éloigné' (L. 375, Sw. 228, donde también "profondeur").
(4) *ngâ* = *ngànga* (reduplicación) 'mage, prêtre de, devin' (L. 414; v. también L. 682-683). Compare también:

ngànga 'prêtre idolâtre, aide du prêtre, médecin, diseur de bonne aventure; homme instruit, un expert en, savant, habile (à faire des recherches), à découvrir, à inventer, à faire qqch' (L. 683; también Sw. 415-416).

Nota 1: La etimologización del primer segmento (*pandi-* 'amigo, hermano, etc.') queda fuera de dudas ya que se trata de una voz palera muy común (PAL. *pangui* 'amigo, hermano, etc.') y de una variación fonética (KIK. *mpángi* ~ *mpándi* 'amigo, hermano, etc.') bien atestiguada en kikongo y en el habla congo-cubana (v. nota 2 infra). El origen del segundo elemento *-langa*) es menos transparente. Consta probablemente de dos elementos con etimologías independientes, o sea KIK. *là* 'lo alto, lo profundo' (= el cielo, el universo donde reside la divinidad') + *ngà*, voz alternativa (en kikongo) de *ngànga* (L. 681-683, Sw. 414, v. *ngâ* 'prêtre, divin'), que en su forma reduplicada da *ngànga*.

Además de los elementos puramente lingüísticos hay una relación semántica conceptual del segmento *nga* vinculado al catolicismo ya que los bakongo al padre católico le llaman *ngá* o *ngánga nzàmbi* (Sw. 416), en contraposición con *ngánga nkísi* que es el "fetichista" o practicante del credo tradicional congo.

Nota 2: Son múltiples las variantes fonéticas de *pangui* tanto en nuestras fuentes (p. ej. Cabrera 1984a) como entre nuestros informantes. Así en el área de Cienfuegos se utilizan *empangui, empangue, pangui, pangue* y *panga*. En el artículo "Jesucristo, nombre que tiene en Congo", Cabrera (1984a: 88) trae *pandilanga* y también *pankilanga*, variante fonética ésta última de nuestro *panguilanga* (la variación entre -*nk*- y -*ng*- es común en hablas afrohispanas; cp. PALENQUERO *Pale<u>nk</u>e* ~ *Pale<u>ng</u>ue* 'Palenque'). No obstante creemos que *pankilanga* es una de las tantas trascripciones erróneas de la autora cubana. La variación entre [ŋg] y [nd] (cp. *pangui* vs. *pandi*) tiene su origen en una alternancia fonética regional del kikongo, lo que puede comprobarse en Laman, quien da tanto KIK. *mpándi* 'hermano, hermana, etc.' (L. 575) como KIK. *mpángi* 'ídem' (L. 575).

(29) **PUNGO DIBUDI** (*RCPM* 128) ‖ < (?) KIK. ***mpúngu*** + KIK. ***di*** + KIK. ***Mbūudi*** ‖ 'San Pedro (católico), Ogún (yoruba / lucumí)', lit. 'fetiche todopoderoso contra los males del estómago o del vientre'.

Véanse también las etimologías alternativas en las notas 2-3 infra.

La afinidad semántica que tienen el fetiche congo *Mbūudi* y la deidad santera (yoruba-lucumí) Ogún está dada en que este oricha se relaciona también con los males del vientre. En el Oráculo de Ifá (sistema adivinatoria de la Regla de Ocha) existen letras o signos en los que "habla" o se manifiesta Ogún, quien advierte al consultante que está a punto de contraer enfermedades del estómago (úlcera u otro padecimiento gastrointestinal), que pueden llevarlo a sufrir intervenciones quirúrgicas (Ogún y Dibudi tienen que ver mucho con los instrumentos cortantes como el cuchillo, el machete y el bisturí). Así aparece, por ejemplo, en Ifá la letra "Ogundá Melli" que marca, entre otras predicciones, estos posibles desórdenes. También el signo "Otrupo Ogundá" diagnostica problemas del vientre relacionados con Ogún ("los hijos de este dios se caracterizan por la glotonería", Babalawo M. de Cienfuegos). Por lo tanto, la identificación de *Pungo Dibudi* (mayombe) con el oricha Ogún (yoruba-lucumí) puede justificarse semánticamente.

< (?) KIK. *mpúngu* 'supremo, todopoderoso, el más grande, el más alto; fetiche poderoso' + KIK. *di* 'pref. de clase o partícula de relación genitiva (variante dialectal de **dia**)' + KIK. ***Mbūudi*** '*nkisi* para curar los malestares del estómago o del vientre', lit. 'el fetiche poderoso para curar las enfermedades del estómago'.

Kikongo

(1) *mpúngu* 'le plus haut, le plus grand, le plus distingué, suprême' (L. 589); 'suprême, tout-puissant; fétiche puissant' (Sw. 361).

(2) *di* 'pfx. ou pron. class 6, pl. Ma. Ce préfixe n'est pas toujours exprimé au singulier'; le Kw. a dans ces cas tendance à le rétablir: *bêno*, mamelle, y devient *dibêlé, kôko*, bras, quoique compris, se transforme en *dibôko*, pl., *mabôko* au lieu de *môko*. En kikongo correct, cette 6e classe *di-ma* s'utilise pour les mots d'importation étrangère' (Sw. 47).

(3) **Mbūudi** 'nom de *nkisi* (contre les maux de ventre)' (L. 538); 'fétiche ou médecine contre les maux de ventre' (Sw. 325).

Nota 1: La pérdida de la prenasal en <u>m</u>*pungu* > *pungu* y en <u>M</u>*būudi* > *Budi* no constituye un fenómeno extraño (v. el art. n.° 16 *Mpungus* 'espíritus superiores (nombre colectivo para todas las deidades paleras excepto Nsambi 'Dios'). Los demás cambios articulatorios observados pueden considerarse típicos de la "lengua" palera, por lo tanto la etimología propuesta resulta factible desde el punto de vista fonético-fonológico.

Nota 2: En consulta con Elliot Klein hemos considerado también una etimología alternativa, o sea KIK. ***díbu***[19] 'pequeña campana para perros de caza' + KIK. ***di*** 'pref. de clase o partícula de relación genitiva' + KIK. ***mbwá***[20] 'perro'. Desde el punto de vista fonético, KIK. *díbu di (mbwá)* > PAL. *dibudi* constituye un segmento totalmente lógico. Si tenemos en cuenta el plano semántico, vemos que tanto Ogún como San Lázaro (también conocido por el nombre de "Dibuddi" según Cabrera [1984a: 144]) tienen una estrecha conexión con los perros, por lo que *dibudi* podría referir a una monta tradicional o aludir al contexto ritual en el cual dichas campanitas de perros de caza solían emplearse (véase, por ejemplo, Bittremieux 1922-1927: 101: *dibu di mbua* 'una campanita de madera, amarrada debajo del vientre de los perros de caza / los *nganga* las emplean en algunos bailes de *nkisi*'[21]; reproducciones gráficas de estas *dibu* o *madibu* [forma plural] se encuentran en *Art and*

---

[19] Cp. KIK. *díbu*, pl. *ma-* 'sonnette de bois (avec des bouts de bois à l'intérieur) pour les chiens à la chasse, etc.' (L. 114).

[20] Cp. KIK. *mbwá* 'chien; ceux-là qui ne connaissent pas ou ne sont pas initiés au *nkisi Nkongo*; païen' (L. 544).

[21] El texto de la cita original es:

Didibu (ma-). nw. *houten bel.* fr. *sonnette de bois.* **Dibu di mbua**: hondelbel (onder den buik gebonden, om 't wild op te jagen.) **Dibu di nkisi**: nkisi-bel (rond van vorm en met een handvat), **di Mbenza, di Ntadi, de Mbangu**... : de afgodenpriesters van den **Mbenza-** en andere **nkisi's** dansen met een **didibu** in de hand.

Healing of the Bakongo Commented by Themselves de MacGaffey [1991: 44, 107-108, 111-112], donde las pequeñas campanas sirven como amuletos para varios *nkisi* como Londa, Nduda y Nkengele). Investigaciones posteriores tendrán que aclarar si una de estas etimologías alternativas –KIK. *mpúngu di Mbūudi* o KIK. *mpúngu díbu di [mbwá]*– es factible (pero véase también la nota 3 infra). Por el momento nos inclinamos hacia la primera solución, en parte porque la incorporación de la preposición *di* en *díbu di mbwá* → *dibudi* sería inesperada.

Nota 3: *Postscriptum*: sólo días antes de la entrega del manuscrito de este libro hemos elaborado una tercera hipótesis etimológica que nos parece convincente tanto desde la perspectiva fonética como semántica. Nos referimos a KIK. ***mpúngu di vùdi*** lit. 'espíritu fetiche de la glotonería, rapacidad y de la pasión (sexual) = espíritu fetiche glotón (o rapaz) y conquistador'.

En kikongo, *vùdi* es una variante de *vùdidi* o *vùdu*, traducida por Laman (pág. 1023) con "immodération, excès, intempérance, égoïsme, voracité, gourmandise; disposition à tirer à soi, à prendre; à se procurer; envier, employer beaucoup, ramasser en quantité (de l'argent, de la nourriture) ou acheter beaucoup; confiance en soi-même, insolence, impudence, arrogance; insistance, persévérance (dans le travail)". Swartenbroeckx traduce lo mismo (*vùddi*) con "gourmandise, avidité, goinfrerie, cupidité" (1973: 695). Como deja entrever Laman (1964: 1023, *vùdidila*), KIK. *vùd(d)i* está relacionado con KIK. *vùla* 'voracidad' (L. 1025) y otras palabras (por ej., *vúla* 'cocinar, preparar alimentos', L. 1025) que encierran la idea de "comida" o "comer (con abundancia)".

En la tradición de la Regla de Ocha, Ogún es conocido por su glotonería y por su tendencia a la avidez relacionada con el sexo, por lo que KIK. *mpúngu di vùdi* lit. 'espíritu fetiche glotón (o rapaz) y conquistador en el plano sexual' puede considerarse como una etimología muy atractiva desde la perspectiva semántica. Al mismo tiempo KIK. *mpúngu di vùdi* > PAL. *Pungo Dibudi* resulta una evolución consistente desde el punto de vista fonético.[22]

---

[22] Tanto los antes citados KIK. *Mpúngu di vùdi* como KIK. *Mpúngu di vùdidi* darían como resultado normal PAL. *Pungo Dibudi*. Investigaciones futuras tendrán que aclarar cuál de estas dos formas es, en última instancia, el étimo más convincente.

Un manual anónimo (citado en Dianteill 2000: 347 [M22], sin lugar de publicación o fecha) titulado "Oricha" insiste en el carácter glotón de Ogún cuando resalta que éste tiene

> una misión muy importante en la religión Yoruba, porque es el Ochogun de todos los Orichas (el encargado de darles de comer). Con el cuchillo él mata y esto no es otra cosa que la representación de Oggún en el Santo: es decir, la sangre que llena las soperas de los demás Orichas las cruza primero por Oggún (antes que el Santo que está comiendo). (pág. 53, texto recibido de Elliot Klein.)

Verger (1982: 84), a su vez, reproduce un mito yoruba en el cual Ogún, al salir del monte, llega afamado a un pueblo donde sólo deja de cortarles la cabeza a los habitantes una vez que un hijo suyo le trae su comida favorita. Otra referencia al "Ogún comilón" se encuentra en *El monte* de Cabrera donde leemos que Eshu Ogguanílébbe –un Eleggua "hombre" (artero y sanguinario) y compañero inseparable de Oggún– "[s]e aposta y trabaja para él en las esquinas, provoca los accidentes, mata, 'a veces le basta con matar un perro *para que Oggun beba sangre fresca cuando tiene hambre'*" (1971 [1954]: 95, las cursivas son nuestras). Los adeptos de la Regla de Ocha admiten que los hijos de Ogún, al igual que los de Changó, son todos glotones.

Podemos documentar también con facilidad el carácter de conquistador amoroso y mujeriego de Ogún. En *Orisha, Les dieux yorouba en Afrique et au Nouveau Monde,* Verger escribe que "la vida amorosa de Ogún fue muy agitada" (1982: 86, nuestra traducción), y el mismo autor luego señala que Ogún "eut des aventures galantes nombreuses lorsqu'il allait à la guerre. Il devint ainsi le père de divers orisha, tel que Oshossi y Oraniyan" (pág. 86). En un apartado dedicado a Ogún, Castellanos & Castellanos (*Cultura afrocubana,* 1992: 33-35) cuentan cómo éste "concibió un amor incestuoso por su madre [...] se enamoró de su madre y varias veces trató de forzarla sexualmente" (pág. 33).

(30) PUNGO KASIMBA (*RCPM* 128) || < KIK. ***mpúngu ká nzìmba*** || 'Virgen de Regla (católico), Yemayá (yoruba / lucumí)', lit. 'fetiche todopoderoso de la "casimba" (una *casimba* es una cavidad acuática cerca del mar o de un arroyo o río que sirve como depósito de agua).

Los paleros aluden a la presencia de esta deidad porque en Cuba las *casimbas* suelen estar cerca del mar. Esto se refuerza a través del concepto yoruba / lucumí puesto que Yemayá es la oricha marina (Brown 2003a: 371, Guanche 1983a: 372). En *RCPM* (128) aparece *Pungo Kasimba* como 'un espíritu que vive en el agua', por lo que la etimología "fetiche o espíritu todopoderoso de la *casimba*" es una aproximación semántica convincente.

< KIK. *mpúngu* 'supremo, todopoderoso, el más grande, el más alto; fetiche poderoso' + KIK. *ká* 'lugar, sitio' + KIK. *nzìmba* 'hueco, cavidad', lit. 'fetiche (espíritu) poderoso de la *casimba*'.

Kikongo

(1) *mpúngu* 'le plus haut, le plus grand, le plus distingué, suprême' (L. 589); 'suprême, tout-puissant; fétiche puissant' (Sw. 361).
(2) *ká* 'lieu, place' y también prefijo de clase' (L. 197).
(3) *nzìmba* 'fosse, trou, fossé, mine, carrière' (L. 827).

Nota 1: *Mpungu(s)* tiene las variantes fonéticas *empungo, empungu, pungo, pungu*. La versión prenasalizada *mpungu / mpongo* es la que aparece con mayor frecuencia en el *VC* (31 casos), pero en la actualidad *empungo* constituye la forma preferida entre nuestros informantes.

Nota 2: El *VC* trae *Pungún kulo* 'Jesucristo' (pág. 88), lo que debería haber sido trascrito *Pungu Nkulo*. Su significado es 'ancestro supremo' (cp. KIK. *ǹkulu* 'ancestros' (L. 11) (v. también Schwegler 2002a: 157, *bakula* → *bakulu*).

Nota 3: Otras expresiones fijas mayombe que contienen *pungu* son:

Pungu Mama Wanga 'Oyá, Candelaria' (v. este artículo) < KIK. *mpúngu* 'majestad, lo más alto' (L. 589) + KIK. *máama* 'madre, título de resp.' (L. 489, Sw. 297) + KIK. *vwànga* 'fuente de confusión, etc.', 'madre poderosa, causa de confusión, etc.'.

Punga Mafula lit. 'fetiche poderoso de la(s) pólvora(s)' (*VC* 66) (cp. KIK. *ma-mfùla* 'pólvora [mágica]', L. 555).

Nota: inicialmente, la terminación –*a* del PAL. *Punga* (en vez de *Pungo* < KIK. *mpúngu*) no tuvo su origen en una simple variación fonética ya que dicha –*a* constituía una partícula de relación genitiva (cp. L. 1). Así habrá que reconstruir KIK. *mpúngu à ma-mfùla* > **mpúng'à ma-mfùla* > *punga mafula*. La misma trayectoria fonética de *Punga* se observa en el artículo siguiente traído por Cabrera: "Morir por la voluntad de Dios: *Lufuá Insambia Pungạ*" (*VC* 103).

Pungu Mensu 'fetiche poderoso de los ojos' (cp. KIK. *méeso* 'ojos', L. 550), que entre los paleros son expresiones equivalentes a la deidad Eleguá lucumí (*VC 66*). En la tradición mayombe, el *Pungo Mensu* se representa como una cabeza pétrea o de barro con ojos de caracoles, muy semejante a la del Eleguá que los santeros cubanos colocan detrás de la puerta.

Nota 4: Otras versiones paleras de la diosa del agua (*Pungo Kasimba*) son *Baluande, Kisimbi Masa, Mama Kalunga, Mama Umba, Mbumba Mamba, Mboma, Nkita Kiamasa* y *Nkita Kuna Mamba* (v. estas expresiones). Díaz Fabelo (1998: 135) trae *Yaya Lango* 'Madre de Agua, Yemayá' como otra variante de esta entidad. La etimología aquí resulta trasparente: la expresión se deriva del KIK. *yáaya* 'título de respeto, madre, padre, abuelos maternos' (L. 1121, Sw. 746, donde *yâya*) + KIK. *nlángu* 'agua, líquido' (L. 743, Sw. 459). Por lo tanto la traducción literal de *Yaya Lango* sería: "madre de agua".

Nota 5: Para PAL. *kasimba*, v. Schwegler (2002a: 183).

(31) PUNGU MAMA WANGA (*RCPM* 128) || < KIK. ***mpúngu máama vwànga*** || 'Virgen de la Candelaria (católico), Oyá (yoruba / lucumí)', lit. 'deidad madre suprema fuente de la confusión, del disgusto, la contrariedad y el embarazo'.

Similar a la diosa yoruba / lucumí Oyá (Brown 2003a: 371), esta divinidad mayombe aparece siempre vinculada a las tormentas, al mal tiempo, las disputas, las guerras y sobre todo a la muerte. Es decir, ella está presente muchas veces en todo aquello que provoca confusión, disgusto, contrariedad y embarazo entre los seres humanos. Por eso dicha deidad (*Mariwanga* o *Pungu Mama Wanga*), cuando "baja" o toma posesión de una persona durante el trance, puede augurar determinados percances. Cuando "sale" en el chamalongo (oráculo palero; v. el acápite 1.5.), es una letra mala.

< KIK. ***mpúngu*** 'supremo, todopoderoso, el más grande, el más alto; fetiche poderoso' + KIK. ***máama*** 'madre' + KIK. ***vwànga*** 'ser la fuente de la confusión, del disgusto, la contrariedad y el embarazo', con una acepción aproximativa de 'deidad madre suprema fuente de la confusión, del disgusto, la contrariedad y el embarazo'.

Kikongo

(1) ***mpúngu*** 'le plus haut, le plus grand, le plus distingué, suprême' (L. 589); 'suprême, tout-puissant; fétiche puissant' (Sw. 361).

(2) *máama* 'mère, maman, titre respectueux de la mère ou de la femme âgée' (L. 489, Sw. 297).

(3) *vwànga* 'ê. source d'encombrement, d'ennuis, d'embarras, de confusion, d'embrouillement, de tracas, d'entremêlement. D'où *mavwànga* ennuis (peu usé sauf dans dérivés)' (Sw. 713, L. 1037).

Nota 1: *Pungu Mama Wanga* < KIK. *mpúngu máama vwànga* es una expresión etimológicamente transparente, siempre que se consideren las adaptaciones fonéticas que hacen los paleros al transferir voces kikongo a su jerga y que en este caso son mínimas. Por lo tanto no es necesario insistir en ellas.

Las tres lexías que integran la expresión aparecen también en otros nombres compuestos para designar dioses mayombe, incl. *Mariwanga* 'Virgen de la Candelaria (católico), Oyá (yoruba / lucumí)', *Mpungu Fútila* 'Babalú Ayé, San Lázaro', *Mama Kengue* 'Nuestra Señora de las Mercedes, Obatalá' (v. estas expresiones y las explicaciones que las acompañan).

Nota 2: *Wanga* (o su forma relacionada *Wengue*) se encuentra también en otros términos compuestos que identifican en "lengua" a la "Virgen de la Caridad del Cobre". V. el art. n.º 3 *Choya Wengue* → *Chola Wengue*.

(32) PUNGÚN FÚTILA → PUNGU NFÚTILA → PUNGU MFÚTILA (*RCPM* 128) || < KIK. *mpúngu fūtila* || 'San Lázaro (católico), Babalú Ayé (yoruba / lucumí)', lit. 'deidad poderosa que atiende las llagas'.

Se trata de una evidente derivación conceptual del oricha Babalú Ayé (yoruba / lucumí) así como de San Lázaro ya que ambos son dioses relacionados con las enfermedades de la piel, y particularmente con las llagas, la lepra y el cáncer (v. Brown 2003a: 370, Guanche 1983a: 369).

< KIK. *mpúngu* 'supremo, todopoderoso, el más grande, el más alto; fetiche poderoso' + KIK. *fūtila*, forma relativa de *fúta* 'lavar una llaga', lit. 'deidad poderosa que lava las llagas'.

Kikongo

(1) *mpúngu* 'le plus haut, le plus grand, le plus distingué, suprême' (L. 589); 'suprême, tout-puissant; fétiche puissant' (Sw. 361).

(2) *fūtila* 'rel. de *fúta*, ~ *mputa*, 'soigner une blessure' (L. 168, Sw. 87).

　　Cp. *fúta* 'bassiner une plaie, etc.' (L. 168, Sw. 86).

　　mfuti-mfuti 'ridé, froncé, plein de sillons' (L. 559).

Nota 1: La *–n* final de *Pungún* (trascripción de Cabrera) es una prenasal con que se inicia el segundo término del compuesto, i.e., *fútila*. Esta prenasal aquí añadida (cp. PAL. *Nfútila* → *Mfútila* < KIK. *fútila*) constituye una hipercorrección o analogía provocada por la alta frecuencia de uso de la consonante nasal en palabras paleras y kikongo con [f-] al inicio de segmento.

Nota 2: Cabrera trae: "San Lázaro: *Mpungun Fútila. Tata Funde. Matalá. Patipolo (Babalú Ayé). ... Corresponde a Babalú Ayé de la Regla lucumí*" (1984a: 144). Díaz Fabelo (1998: 106) da "Fútila, Bari Koba, Tata Kañeñe, Mpungu Putilá = San Lázaro, Babalú", donde *Mpungu Putilá* aparece como un evidente error de transcripción ya que la forma palera es *Mpungu Fútila*.

Nota 3: Para una apreciación de la importancia sociorreligiosa que tienen San Lázaro y otros santos en Cuba puede ser útil la información estadística en "La devoción a San Lázaro: asistencia por años al santuario de El Rincón" (Ramírez Calzadilla, *Religión y relaciones sociales* [2000: 193]). Dicha fuente indica, por ejemplo, que en 1998 más de ochenta mil personas visitaron el santuario. Véase también *El culto de San Lázaro en Cuba* de Zamora (2000).

(33) SINDAULA NDUNDU YAMBAKA BUTÁN SÉKE → ... BUTÁ NSEKE (*RCPM* 128) || < KIK. *sínda-ūla // ndùndu yà mbáka // mbúta nsèke* || 'San Silvestre o San Ramón Non Nato (católico), Osain (yoruba / lucumí), con etimologías parciales que se reseñarán infra (como explicamos a continuación, *Sindaula Ndundu Yambaka Bután Séke* no constituye una oración sintácticamente cohesiva sino que conforma el contexto lexical de tres sintagmas diferentes).

En la expresión *Sindaula Ndundu Yambaka Butá Nseke* reconocemos tres segmentos lexemáticos independientes, cada uno de clara oriundez kikongo. Éstos son:

(1) *Sindaula*   < KIK. *sínda-ula* 'extraer, sacar'
(2) *Ndundu Yambaka* < KIK. *ndùndu yà mbáka* 'albino enano, albino pigmeo'
(3) *Butá Nseke*   < KIK. *mbúta ǹsèke* 'el dueño o jefe del monte'

Como complejo sintáctico, el conjunto lineal de la totalidad de estas voces presenta una fraseología caótica. En nuestra opinión esto se debe a que Cabrera apuntó directamente cada una de las tres expresiones de su informante como si estuvieran morfosintácticamente interrelacionadas, cuando no lo están. Sin embargo, como puede apreciarse a continuación, cada una de las tres expresiones caracterizan por sí solas determinados aspectos mágico-religiosos vinculados a Osain.

Curiosamente Bolívar & González (1998: 140) traen estas denominaciones paleras conformando dos sintagmas independientes con valores de sinonimia: *Sindaula Ndundu* y *Yambaka Butanseke*. Aquí también los informantes de estas autoras dan una respuesta sintácticamente caótica para la reconstrucción etimológica de esta deidad palera.

Sindaula

< KIK. *sínda-ula* 'extraer, sacar'.

Es una característica de la deidad Osain (Brown 2003a: 370, Guanche 1983a: 372) la acción de extraer o sacar raíces y plantas tanto de la tierra como del monte. Con estas sustancias los paleros conforman sus *ngangas* y hacen sus trabajos mágicos. En Cuba, al Osain o yerbero mayombe también se le llama *Gurufinda*. Éste es el nombre de mayor extensión entre los paleros.[23] El origen bantú y específicamente kikongo de esta voz no puede soslayarse de ninguna manera. *Gurufinda* se deriva del kikongo *ngùlumfínda* 'jabalí, cerdo salvaje' (Sw. 422; *ngùlu amfínda* en L. 694), expresión compuesta por los lexemas KIK. *ngùlu* 'cerdo' (Sw. 422, L. 694) + KIK. *mfínda* 'bosque, selva' pero tamb. 'salvaje, silvestre, jíbaro' (Sw. 334, L. 553). En la transición del *ngùlumfínda* africano al *Gurufinda* cubano este último término ha experimentado un proceso de ajustes fonéticos típicos de las voces paleras, sobre los cuales ya llamamos la atención en la introducción de este libro (consúltese también Fuentes Guerra 2002: 31-38). En este caso específico se observan (1) la pérdida de la prenasal (*ngu-* > *gu-*) y (2) el cambio de *r* por *l* (*gulu* > *guru*).

Semánticamente la correspondencia entre *Osain* y *Gurufinda* no puede considerarse arbitraria. El Gurufinda palero es un fetiche que poseen los *tata nganga* especializados en la llamada "medicina verde". El dueño de este fundamento es un practicante que se interna en el bosque (o monte) para buscar plantas, raíces y bejucos que son

---

[23] Cabrera (1971 [1954]: 103) lo llama también *Gurufinda Andundu Yambaca Butanseke*.

utilizados con el fin de preparar *macutos* (amuletos), *bilongos* (hechizos) y *mpolos* (polvos mágicos), ingredientes imprescindibles para el culto palero. Con ellos el oficiante cura, daña o embruja. Esta misma función la realiza también el *nganga* africano, quien al igual que un jabalí (*ngùlufínda*) se adentra en la selva (*mfínda*) y extrae de la tierra raíces y bejucos. El adivino bantú tiene entre los componentes de su oráculo (instrumento de adivinación) astrálagos (huesillos) de jabalí. En muchos países del África centro-meridional el cerdo salvaje, el *ngùlumfínda*, está estrechamente relacionado con la praxis curativo-adivinatoria. Es un simple símil: al igual que el jabalí, el yerbero escarba en la tierra para sacar las raíces. Y por un proceso de magia simpatética, el adivino tiene que tener en su oráculo partes del jabalí para que su "espíritu" lo ayude a encontrar la medicina eficaz que resuelva los problemas del cliente.

Ndundu Yambaka

< KIK. *ndùndu* 'albino' + KIK. *yà* 'pref. de concordancia' + KIK. *mbáka* 'pequeño, de estatura baja; pigmeo', lit. 'albino enano' o 'albino pigmeo'.

Tanto los albinos como los pigmeos son considerados entre los bakongo como seres poderosos y sobrenaturales, vinculados a las prácticas adivinatorias y a la medicina tradicional. Ellos actúan en el bosque, en el monte, de donde extraen las sustancias mágicas para curar o hacer daño. Lo mismo hace la deidad Osain con la cual los paleros identifican a *Ndundu Yambaka*. Además esta deidad es pequeña y tiene deformidades físicas[24] (v. Brown 2003a: 370), lo que explica el empleo del adjetivo *mbáka* 'pequeño' en el segmento *Ndundu Yambaka*.

---

[24] Compárese:

> Este Santo poderoso en quien tenemos al Esculapio lucumí, no posée más que un solo pie, el derecho, un brazo, el izquierdo, y un ojo: una oreja desproporcionadamente grande, por la que no oye absolutamente nada. La otra, muy chica, al contrario, es tan sensible que percibe los ruidos más apagados y distantes. Oye el andar de una hormiga o el vuelo lejano de una mariposa. (*El monte*, Cabrera 1971 [1954]: 70-71)

> Las deformaciones de Osain se deben a que esta deidad nunca fue parida, lo que a su vez explica por qué está sincretizada con San Ramón Non Nato:

Butá Nseke

< KIK. *mbúta* 'el dueño o jefe' + KIK. *nsèke* 'monte', lit. 'el dueño o jefe del monte'.

Este significado de "el dueño o jefe del monte" concuerda perfectamente con la concepción del Osain de la tradición yoruba / lucumí, con el cual los mayomberos identifican su deidad yerbera. Para hacer cualquier práctica mágica en el monte, hay que contar con este dios.

Kikongo

(1) *sínda* 'tomber au fond, aller au fond; s'enfoncer dans l'eau, dans la vase, descendre au fond, s'immerger' (L. 901, Sw. 580).
(2) *-ūla* 'suff. verbal réversif, inversif, donnant un sens contraire à celui du verbe primitif; *kàngula* détacher, de *kànga* lier' (L. 1015, Sw. 672).
(3) *ndùndu* 'albinos, blondin, homme blanc, Européen' (L. 675, Sw. 411, donde también *Pygmée*).
(4) *yà* 'préf. de cl.; article d'accord' (L. 1109, Sw. 735).
(5) *mbáka* 'nain, petitesse, petite personne' (L. 517, Sw. 312).
(6) *mbúta* 'qqn de plus âgé, un aîné, senior, parent âgé; un notable, un meilleur, chef, commandant, directeur, intendant; adulte, vieux, le plus distingué' (L. 543, Sw. 328).
(7) *nsèke* 'steppes herbeux [sic], étendues couvertes d'herbes entre des forêts et des ravins; plaine, campagne, terre ferme, côte (le contraire de l'eau)' (L. 761; Sw. 470).

Nota 1: El artículo "Albino = *Ndunda, Dúndu*" en el *VC* (19) confirma el empleo *Ndundu* 'albino' entre los paleros. *Ndundu* se encuentra además en la expresión *Ndundu Mbaka* 'cosa mala chiquita que camina de noche' (*VC* 66).

Es importante señalar que este *Ndundu Mbaka* del *VC* (66) corrobora la verosimilitud de nuestra etimología y la segmentación de *Ndundu Yambaka*, ya que se trata de la misma expresión excepto que la segunda ha asimilado el prefijo de concordancia KIK. *yà* (i.e., KIK. *yà* + KIK. *mbaka*).

[...] porque Osain es un orissa que no tiene padre ni madre. Apareció, no nació. Salió de la tierra. Igual que la yerba, no es hijo de nadie. (*El monte*, Cabrera 1971 [1954]: 70)

(34) TATA FUNDE → TATA FUMBE (*RCPM* 128) || < *tata fumbi* < KIK. *táata mvúmbi* || 'San Lázaro (católico), Babalú Ayé (yoruba / lucumí)', lit. 'padre (o entidad mayor) de los muertos'.

Seguramente *Tata Funde* resulta una imprecisión de Cabrera[25] al trascribir el segundo segmento del compuesto lexemático ya que *Tata Fumbe* es en realidad la locución apropiada tanto desde el punto de vista semántico como fonético-histórico para denotar con un giro palero a Babalú Ayé, considerado un espíritu muertero por excelencia dentro de la Santería cubana (v. Brown 2003a: 370). Se dice que él es quien recibe a los muertos en el cementerio. San Lázaro también se vincula a la muerte desde el punto de vista del catolicismo ya que él fue sacado de los muertos por Jesucristo. *Tata Funde* no es una deidad que juzga *(funda)*, sino una entidad muertera *(fumbe)*. De ahí que consideramos errónea la trascripción del elemento *funde* (en vez de *fumbe*).

< KIK. *táata* 'padre, jefe' + KIK. *mvúmbi* 'cadáver, persona muerta', lit. 'padre de los muertos'.

Kikongo

(1) *táata* 'père, oncle, tante; chef, maître (d'un esclave); titre respectueux du père, chef' (L. 955).

(2) *mvúmbi* 'cadavre, pers. morte' (L. 638, Sw. 388) y pl. *bamvúmbi* 'cadavres, aussi revenants' (Sw. 388).

Nota 1: Cabrera trae: "San Lázaro: *Mpungun Fútila. Tata Funde. Matalá. Patipolo (Babalú Ayé). Dibuddi. Corresponde a Babalú Ayé de la Regla lucumí*" (1984a: 144).

Nota 2: Una de las voces más usadas en la jerga palera puede considerarse *enfumbi* (o sus variantes *emfumbi, infumbe, fumbi, nfumbi, mfumbi*), la que además de significar "muerto" en el sentido físico, es decir, "cadáver",[26] alude también a un ente incorpóreo, fantasma o alma errante. El *enfumbi* es el muerto o difunto que vuelve al mundo en forma de espíritu. Como indica Swartenbroeckx (v. notas etimoló-

---

[25] La misma imprecisión se repite en Barnet (1995: 135, donde *Tata Funde*), quien se habrá apoyado en los datos de Cabrera.

[26] Cp. Cabrera (1984a: 104), donde MUERTO = *Bumbi, fumbi, nfumbi* y *nfunde*.

gicas infra), entre los bakongo este mismo significado ya se podía expresar por el KIK. *mvúmbi*.

Los *enfumbi* pertenecen al conjunto de entidades espirituales "que actúan en las Ngangas y [que] maneja el Padre Nganga" (Cabrera [1984a: 104]). La voz *enfumbi* aparece también en esta misma entrada como "médium a través del cual el gangulero 'trabaja'".

Enfumbi (o sus variantes) es voz ritual común en cantos paleros. Fuentes Guerra (2002: 20-21) cita un ejemplo de un *macuteo* (invocación a la prenda) en la cual *mfumbi* tiene un papel prominente:

TATA NGANGA:	¿Jura a Dio Mambi?
CORO:	¡Dia Nzambi!¡
TATA NGANGA:	¿Jura a Dio Mambi?
	...
TATA NGANGA:	Nganga kuna Yombe
CORO:	¡Mayombe!
TATA NGANGA:	**Mfumbi** kuna nkongo
CORO:	¡Nkongo!
TATA NGANGA:	**Mfumbi** kuna nkongo
CORO:	¡Nkongo!
TATA NGANGA:	**Mfumbi** kuna nkongo
CORO:	¡Nkongo!

Enfumbi también se emplea en rezos aparentemente no cantados. El ejemplo siguiente se documenta en Cabrera (1984a: 121 "Piedra", las correcciones entre corchetes son nuestras):

> El que lo recita dice: Yo mismo cheque [= che*ch*e] que cuenda ntoto tu cuenda la finda tu cuenda cunanbasa (vas a La Habana). Indoki que yo bobba tu mimo son mi pare, tu mimo son mi mare tu mimo Talanka moko cunánse[n]se Kiyumba y se coge la prenda y se la lleva a la cabeza. Ya es suya. Y puede que ahí mismo lo tumbe el **Fumbi**.

Nota 3: En otra de sus obras Cabrera (1986 [1977]: 14) trascribe *nfumbe* en vez de *funde* 'San Lázaro' (Fuentes & Schwegler MS, art. n.º 10 *nfumbe*). La articulación prenasalizada debió ser en un inicio *mfumbe* / *emfumbe* y no *nfumbe*/ *enfumbe*. Tanto los datos que recogimos (en forma escrita) entre nuestros informantes como los que Cabrera y otros autores recopilaron en la primera mitad del siglo XX sugieren que las exigencias ortográficas del español, donde se da la combinación de letras "nf" (*enfrentar* [eɱfrenˈtar], *enfático* [eɱfatiko], etc.) pero nunca "mf", indujeron a los paleros (¿o a los investigadores del Palo Monte?) a representar la secuencia homorgánica [ɱf] con "nf" en vez de "mf" (esto explica la variación entre *enfumbe* y *emfumbe*). Sobre esta problemática, v. también Valdés Acosta (2002a: 49).

Nota 4: El ensordecimiento de la fricativa labiodental sonora [v] a [f] en *mvúmbi* > *mfumbi* (o en otras variantes con [f], como *enfumbi*) es normal en el habla palera (v. Fuentes Guerra 2002: 36). Compárese:

    KIK. *vwata*   'vestirse' > PAL. *fwata* 'vestirse'
    (Bolívar & González 1998: 158, Fuentes Guerra 2002: 62)

    KIK. *vwia*   'pene' > PAL. *(e)fiá, (i)fiá* 'pene'
    (Cabrera 1984a: 118, Fuentes Guerra 2002: 36, Díaz Fabelo 1998: 75)

    KIK. *vwa*   'nueve' > PAL. *fwa* 'nueve'
    (Cabrera 1984a: 110, Díaz Fabelo: 139, Bolívar & González 1998: 105)

Nota 5: Los practicantes entrevistados (v. Apéndice: "3.5. Encuesta sobre deidades paleras") no consideran correcta la trascripción *Tata Funde* y plantean categóricamente que la denominación que los mayomberos cubanos le dan a esta entidad es *Tata Fumbe*, lo que prueba que nuestra versión etimológica corregida es fiel al habla palera y que la trascripción de Cabrera, por lo tanto, resulta errónea.

Nota 6: V. también Schwegler (MS), *enfumbe* y *enfumbi*; y Fuentes & Schwegler (MS), art. n.° 10 *nfumbe*.

(35) WATARIAMBA (*RCPM* 128) || < KIK. { *nkuyu* + } *wa tári a mbà* || 'San Norberto (católico), Ochosi (yoruba / lucumí)', lit. '[espíritu errante] de la piedra de fuego'.

    En la Regla Kimbisa (Cabrera 1977: 14), *Nkuyo Watariamba* se identifica también con la deidad católica San Norberto. Pero en la Regla Briyumba (o Vriyumba) se le da un nombre español, i.e., "Pajarito" (trabajo de campo). Es importante esta cita de la Regla Kimbisa porque permite entrever que en *Watariamba* 'San Norberto' se ha omitido la voz *Nkuyo* (o *Nkuyu, Kuyu, Kuyo*) 'espíritu errante' (v. el artículo n.° 7, *Lufo Kuyu* 'forja (del) espíritu errante'). Para una reconstrucción semántica correcta debe partirse pues no de *Watariamba* sino de *Nkuyo Watariamba*. En este caso el referente semántico para el código palero no parte de la deidad católica (San Norberto), sino que remite al santo de la Regla de Ocha (Ochosi). En este último sistema de creencias (también conocido como "Santería") existen tres santos masculinos que son guerreros: (1) Eleguá (espíritu errante, dios del destino), (2) Ogún (dios de los metales) y (3) Ochosi (dios de la caza). Ochosi es un dios que constantemente se traslada de un campamento a otro llevando consigo un pedernal para producir fuego. En la Regla de Ocha (donde este detalle del pedernal es de poca importancia), el dios de la caza puede ser representado por cualquier piedra, siempre que ésta sea de color negro. Pero en la Regla Conga esta deidad, en todo momento, va a materializarse en un recipiente que guarda sus atributos, entre otras cosas, mediante una *piedra* que produce fuego, es decir, un ***matari mba*** (lit. 'piedra[s] del fuego') o pedernal. Es lo que ocurre con la entidad palera *Watariamba*, conocido por todos los adeptos como el cazador, el "espíritu errante de la piedra de fuego (pedernal)". Este tipo de materia lítica no puede faltar en su *nganga*. (Comunicación personal de Elliot Klein).

< { *nkuyu* 'espíritu' } + KIK. *wa* 'de' + KIK. *tári* 'piedra' + KIK. *a* 'de' + KIK. *mbà* 'fuego', lit. '{el espíritu o la entidad} de la piedra del fuego'.

Kikongo

(1) *wa* 'signe de gén., poss. ou attr. de la cl. *mu-* ou *m̀*, *ǹ*' (L. 1089, Sw. 719).

(2) *tári* ~ *tadi* 'pierre, toute pierre dure, caillou' (L. 943, Sw. 610).

(3) *a* 'signe de gen., d'attr. ou d'accord' (L. 1, Sw. 1).

(4) *mbà* 'feu, fièvre, excitation' (L. 516, Sw. 312).

Nota 1: *Tari* (cp. wa*tari*amba) 'piedra' es un término de uso frecuente en el habla de los practicantes de la Regla Conga. Compare "piedra = ma*tari*" (*VC* 120 < KIK. *ma* (pl.) + KIK. *tari* 'piedra', lit. '(las) piedras'; también *Matari Nsasí, Matari Mbela, Matari mona yilo* 'Piedra de rayo' (*VC* 122). La hierofanía lítica o manifestación de lo sagrado a través de una piedra portadora de atributos esenciales de una deidad específica es una constante en la Regla de Palo Monte.

Nota 2: Cabrera (1984a: 144, "San Pedro") recoge *nkuyu watariamba* como otra versión de *Sarabanda* (v. esta voz).

Nota 3: Nuestras fuentes paleras no aportan otros ejemplos de *mba* 'fuego'. Sin embargo en el *VC* (69) aparece la entrada ESPÍRITU = *dibamba,* el cual encierra al parecer *mba* en forma reduplicada, o sea: KIK. *di* (pref. de clase) + KIK. *mba* + KIK. *mba* > *di-ba-mba* > *dibamba* 'fuego, fuego intenso'. Se trataría pues de un espíritu específico vinculado con el fuego. Cp. también PAL. *musenga dibamba* 'caña ardiendo = fuego en un cañaveral' y PAL. *sondimbá* 'trueno' (datos de Elliot Klein). *Sondimbá* está compuesto de KIK. *só* 'figurativo para la idea de "caída" o lo que cae' (L. 907) + KIK. *di* (pref. de clase) + KIK. *mba* 'fuego', por lo que el significado literal de la expresión es "fuego que cae [del cielo]".

(36) YEYÉ (*RCPM* 128) ‖ < *Yeyé* = hipocorismo de la modalidad cubana del español ‖ 'Nuestra Señora de las Mercedes (católico), Obatalá (yoruba / lucumí)' → Ochún.

En la cultura popular cubana, *Yeyé* (o *Yeya*) es una forma hipocorística para "Haydée", "Aurelia" y a veces para el nombre "Mercedes" (centro de Cuba). En la Regla de Ocha o Santería, *Yeyé* representa uno de los caminos de Ochún (Chola Wengue, en Palo Monte), lo que no tiene ninguna relación semántica con Obatalá. Por lo tanto, podemos concluir que el referente etimológico palero-kikongo de este término que aparece en la obra de Cabrera resulta dudoso y supuestamente es una simple transferencia nominal.

Pero también ocurre que en la Regla de Ocha, "Yeyé" (lit. 'alegre, hermosa, agradable, etc.') es uno de los principales nombres de Ochún en lucumí, y "Yeyé" también figura en algunos de sus *caminos* (por ej., *Ochún* YEYÉ *Moró, Ochún* YEYÉ *Cari*[27]). Estas denominaciones aluden a la Caridad del Cobre y no a Obatalá o a las Mercedes (comunicación personal de Elliot Klein). A nuestro entender, esto sugiere que *Yeyé* (1) es una interpretación de un informante específico de Cabrera y (2) no se deriva de una fuente kikongo.

< ESP. (MODALIDAD CUBANA) *Yeyé* 'Mercedes'.

---

[27] Particularmente relevante es que, según el *tatandi bilongo* Jesús Varona Puente, el segmento final de *Ochún Yeyé* CARI es la forma abreviada de la "Caridad del Cobre", por lo que dicha expresión refiere específicamente a Ochún por el *camino* católico (comunicación personal de Elliot Klein).

Nota 1: Según el *VC*, *yeyé* también significa "amiga" *(VC* 21) y asimismo "madre" (*VC* 96). La voz *yeyé* se acerca notablemente al palero *yaya* 'madre, amiga' (*VC* 21, 96), lo que sí es una voz de clara oriundez kikongo (cp. *yáaya* 'hermana mayor, madre, título de respeto, etc.' (L. 1121, Sw. 746). Sin embargo, en esa lengua no existe un vocablo que pudiera sugerir una etimología convincente para *yeyé* 'madre, amiga'.

(37) YOLÁ → LOLA (*RCPM* 128) || ***Lola*** = hipocorismo de la modalidad cubana del español. || 'Nuestra Señora de las Mercedes' (católico), Obatalá (yoruba / lucumí) → Yemayá (yoruba / lucumí) 'Virgen de Regla' (catolicismo popular).

Yolá es evidentemente una trascripción errónea de Cabrera. Ningún palero cubano que hemos entrevistado reconoce esta expresión.

Como nos ha informado Elliot Klein, *Yola* o *Lola* es la forma abreviada de *Mama Lola*, la que se considera la primera *nganga* que tuvo Andrés Facundo de los Dolores Petit, fundador de la Regla Kimbisa. Lola, hipocorismo de Dolores, es –según cuentan informantes kimbisas– el nombre de la muerta que está en ese fundamento (información suministrada por Elliot Klein, quien adicionalmente nos comenta que esta Mama Lola es una Baluande [Virgen de Regla]). Sobre este tema, v. también este pasaje en el *El monte*:

> "O tiene la Gran Mama Lola. ("Yolá, cará!," rectifica con énfasis un centenario. "Yolá o Mama Sambia, ná de Lola ni Lolita... ¡Cará! Ese é la madre de Dió, lo primero que mienta y saluda el ngangulero". (Cabrera 1971 [1954]: 176-177)

Si consideramos lo antes expuesto, podemos concluir que (1) *Yolá* → *Lola,* al igual que *Yeyé* 'Nuestra Señora de las Mercedes / Obatalá' (art. n.º 36 supra), no constituye un término de origen kikongo sino hispánico, y (2) dicha deidad se identifica con Yemayá (yoruba / lucumí), entidad que se manifiesta en el catolicismo popular como la Virgen de Regla y no como los santos (Nuestra Señora de las Mercedes / Obatalá) que aparecen supra, según la versión errónea de Cabrera.

Nota 1: La voz *Yola* aparece también en Cabrera (*VC* 109), formando parte del compuesto *Mama Yola* 'nombre de una *Nganga* palera'.

(38) ZARABANDA → SARABANDA (*RCPM* 128) || < KIK. ***sála bánda*** || 'San Pedro o San Miguel Arcángel (católicos), Ogún (yoruba / lucumí)', lit. 'trabajar algo consagrado' (como lo es el hierro, cuyo dueño es Ogún).

Esta entidad y su receptáculo mágico constituyen la prenda fundamental del palero: "[u]n Sarabanda es la primera Prenda que recibe un 'rayado' en la Institución de Andrés Petit, a los que la Inspiración manda que se les dé y a los que el Padrino quiere ayudar" (Cabrera 1977: 68; v. también Schwegler 2002a: 159-160, nota 8; y también García González & Valdés Acosta 1978: 45, Fuentes Guerra 1996: 17, Lachatañeré 1953: 182).

Ogún es el dios de los herreros y la persona que trabaja el hierro (Brown 2003a: 370, Guanche 1983a: 371). Para el africano este metal tiene una importancia místico-religiosa vinculada a su supervivencia. Aparte de fabricar artículos necesarios para la vida cotidiana sirve además para producir objetos destinados a los cultos. Por lo tanto, el herrero "trabaja" algo sagrado o un tabú (cp. versión etimológica infra).

Como explica Fuentes Guerra (1996: 17), en el África bantú no había dioses ni una hagiografía de santos o dioses. Este punto importante proporciona evidencia externa adicional de que la etimología del KIK. *sála bánda* (> PAL. *salabanda*) era muy distinta de lo que ha llegado a representar en Cuba, donde los hablantes, en la actualidad, no parecen percibir la composición morfológica bipartita del término como fuera en un inicio, ni tampoco su valor semántico primitivo.

< KIK. *sála* 'trabajar' + KIK. *bánda* 'algo sagrado, un tabú', lit. 'trabajar lo sagrado o consagrado' (como lo es el hierro, materia atribuida a Ogún –cuyo equivalente católico es San Pedro o San Miguel–, el dios de este metal entre los santeros cubanos).

Kikongo

(1) *sála* 'faire, travailler, cultiver, fabriquer, etc.' (L. 869, Sw. 551); cp. *nsála* 'qui travaille' (L. 754).
(2) *bánda* 'qqch défendue (tabou); qqch sacrée, consacrée' (L. 15).

Nota 1: *Sala* o *(e)nsala* 'trabajo' y *sala(r)* o *(e)nsala(r)* 'trabajar (mágicamente)' son voces muy arraigadas en el habla tradicional de los mayomberos. Cabrera (*VC* 1984a: 154), por ejemplo, traduce *nsala* por 'trabajo, hechizo u operación mágica que hace el Ngangulero' y también por 'limpieza' (*VC* 1984a: 93).

Nota 2: En varios casos, cambios fonéticos y, a veces, trascripciones imprecisas han ocultado el uso primario y el significado exacto del PAL. *sala, nsala, ensala* 'trabajo'. Esto se ejemplifica mediante la trascripción que más abajo ofrecemos de un rezo afrocubano, tomado de *La Regla Kimbisa del Santo Cristo del Buen Viaje* (Cabrera 1986). En dicho rezo, *Sarabanda* –expresión que inicia cada verso– contiene nuestro *salá* > *sará* 'trabajar', el cual está combinado con *banda* < KIK. *bánda* 'algo sagrado, consagrado, un tabú' (L. 15), por lo que la frase significa literalmente '¡trabaja [= prepara] la prenda!'. Dicen los primeros versos del texto trascrito por Cabrera:

M. [informante de Cabrera] "que todo lo hacía con Sarabanda, rezaba:

Sarabanda [< sala banda]	*Si hay malembo en los camino*
pé mañunga,	*Sarabanda pé mañunga*
Sarabanda kimbisi kimbansa	*Sarabanda kimbisi kimbansa*
Sarabanda yo a ti rogando	*Sarabanda tu me güiri*
Sarabanda cosa bueno	*Sarabanda tu son cosa bueno*
Sarabanda tu vititi	*Sarabanda yo a ti rogando*
Sarabanda cosa lindo	*Sarabanda abre camino*
Sarabanda tu viviti [= *vititi* (?)]	*Sarabanda vence lo malo*
	etc.

y "nsalaba", purificaba, despojaba con los elementos que indicaba Sarabanda" (Cabrera 1977: 69).

Nota 3: En la *Regla Kimbisa,* Sarabanda no se identifica con San Miguel, sino con San Pedro.

Nota 4: El segmento PAL. *banda* (cp. *salabanda*) también está presente en la voz palera *mumbanda* 'brujería' (*VC* 1984a: 30) < KIK. *mu* (pref.) + KIK. *bánda* 'sagrado o consagrado'.

Según una comunicación personal de Jean Nsondé, entre algunos grupos kongos aún hoy persiste una estrecha relación entre la palabra KIK. *bânda* y determinados conceptos mágico-religiosos. Él nos remite lo siguiente al respecto:

Chez les Lâri, Sûndi et Kôngo de Boko, le mot *bânda* signifie aussi marteler, sous-entendu le sol, *ntôto*. *Bânda ntôto*, "marteler le sol" avec ses deux mains, en prononçant des paroles (de la part d'un père, d'une mère ou d'un proche –aîné– des lignages auxquels est apparenté un individu par le sang) a une connotation magique très forte, car il s'agit d'un geste de malédiction extrêmement grave quasi irréversible, qui ne peut s'effacer qu'à l'occasion d'une cérémonie familiale de pardon, avec l'assistance des esprits du lignage (Correo electrónico, nov. 5, 2003).

Nota 5: Matibag mantiene que "the powerful Cuban nganga called Zarabanda [...] derives its name from the Kongo *nsala-banda,* the cloth used by Bakongo in their minkisi" (1996: 162). Esta etimología no convence. KIK. *ǹsáala* 'étoffe des hanches pour les femmes; frange' (L. 754; Sw. 466, *nsâla*) podría relacionarse fonéticamente con *Zara-,* pero faltaría explicar el origen y significado primitivo del segmento *banda.*

Tercera parte

Apéndices

3.1. Expresiones estudiadas (en su forma compuesta)

Expresión palera[1]	Equivalente a	N.º de artículo
Baluande	'La Virgen de Regla'	(1)
Butá Nseke	'San Silvestre o San Ramón Non Nato'	(33)
Centella Ndoki	'Virgen de la Candelaria'	(2)
Chola Wengue	'Virgen de la Caridad del Cobre'	(3)
Choya Wengue → **Chola Wengue**	'Virgen de la Caridad del Cobre'	(3)
Iña Ñaába	'Nuestra Señora de las Mercedes'	(4)
Kabanga	'San Francisco (católico)'	(5)
Kisimbi Masa	'Virgen de Regla'	(6)
Lufo Kuyu	'San Pedro y San Norberto'	(7)
Lola	'Nuestra Señora de las Mercedes' → 'Virgen de Regla'	(37)
Majumbo Moúngu Mpungu	'San Cosme y San Damián'	(8)
Mama Kalunga	'Virgen de Regla'	(9)
Mama Kengue	'Virgen de las Mercedes'	(10)
Mama Umba	'Virgen de Regla'	(11)
Mayumbo Moúngu Mpungu	'San Cosme y San Damián'	(8)
Mboma	'Virgen de Regla'	(12)
Mbumba Mamba	'Virgen de Regla'	(13)
Mpungo Lombua Mfula	'San Francisco'	(14)
Mpungo Lomboán Fula	'San Francisco'	(14)
Mpungu Mama Wanga	'Virgen de la Candelaria'	(15)
Mpungu Mama Wánga	'Virgen de la Candelaria'	(15)

---

[1] Damos tanto la versión original (Cabrera) como la corregida. Así por ejemplo *Mpungo Lomboán Fula* (14) y *Mpungo Lombua Mfula* (14).

Expresión palera	Equivalente a	N.º de artículo
mpungus	'espíritus superiores (nombre colectivo para todas las deidades paleras excepto *Nsambi* 'Dios'	(16)
Mukiama Muilo	'Santa Bárbara'	(17)
Mukiamamuilo	'Santa Bárbara'	(17)
Ndundu Yambaka	'San Silvestre o San Ramón Non Nato'	(33)
Nkita Kiamasa	'Virgen de Regla'	(18)
nkita kinseke	'espíritus del monte o de la manigua'	(19)
Nkita Kitán	'Santa Bárbara'	(20)
Nkita Kuna Mamba	'Virgen de Regla'	(21)
Nkita Kuna Masa	'Virgen de Regla'	(22)
Nkita Kunamamba	'Virgen de Regla'	(21)
Nkita Kunamasa	'Virgen de Regla'	(22)
nkita minseke	'espíritus del monte o de la manigua'	(23)
Nkuyo	'El Ánima Sola del Purgatorio'	(24)
[Nkuyo] Watariamba	'San Norberto'	(35)
Nsambi	'Creador, Ser Supremo'	(25)
Nsasi	'Santa Bárbara'	(26)
Ntala y Nsamba	'San Cosme y San Damián'	(27)
Pandilanga	'Jesús de Nazareno, Jesucristo'	(28)
Pungo Dibudi	'San Pedro'	(29)
Pungo Kasimba	'Virgen de Regla'	(30)
Pungo Mama Wanga	'Virgen de la Candelaria'	(31)
Pungu Mfútila	'San Lázaro'	(32)
Pungún Fútila	'San Lázaro'	(32)
Sarabanda	'San Miguel Arcángel'	(38)
Sindaula	'San Silvestre o San Ramón Non Nato'	(33)
Sindaula Ndundu Yambala Butá Nseke	'San Silvestre o San Ramón Non Nato'	(33)
Tata Fumbe	'San Lázaro'	(34)
Watariamba	'San Norberto'	(35)
Yeyé	'Nuestra Señora de las Mercedes'	(36)
Yolá → Lola	'Nuestra Señora de las Mercedes'→ 'Virgen de Regla'	(37)
Zarabanda	v. *Sarabanda* 'San Miguel Arcángel'	(38)

3.2. Voces paleras estudiadas

Vocablo palero	Usado en la expresión palera ...	N.º de artículo
Baluande	Baluande	(1)
Butá	Sindaula Ndundu Yambaka Butá Nseke	(33)
Centella	Centella Ndoki	(2)
Choya → Chola	Choya Wengue → Chola Wengue	(3)
Dibudi	Pungo Dibudi	(29)
Fula	Mpungo Lombua Mfula	(14)
Fumbe	Tata Fumbe	(34)
Funde	Tata Funde	(34)
Fútila	Pungún Fútila	(32)
Iña	Iña Ñaába	(4)
Kabanga	Kabanga	(5)
Kalunga	Mama Kalunga	(9)
Kasimba	Pungo Kasimba	(30)
Kengue	Mama Kengue	(10)
Kiamasa	Nkita Kiamasa	(18)
Kinseke	Nkita Kinseke	(19)
Kisimbi	Kisimbi Masa	(6)
Kitán	Nkita Kitán	(20)
Kuna	Nkita Kuna Mamba	(21)
Kuna	Nkita Kuna Masa	(22)
Kunamamba	Nkita Kunamamba	(21)
Kunamasa	Nkita Kunamasa	(22)
Kuyu	Lufo Kuyu	(7)
Lola	Lola	(37)
Lombua	Mpungo Lombua Mfula	(14)
Lomboán	Mpungo Lombua Mfula	(14)
Lufo	Lufo Kuyu	(7)
Majumbo	Majumbo Moúngu Mpungu	(8)
Mama	Mama Kalunga	(9)
Mama	Mpungu Mama Wanga	(15)
Mama	Pungo Mama Wanga	(31)

Vocablo palero	Usado en la expresión palera ...	N.º de artículo
Mama	Mama Kengue	(10)
Mama	Mama Umba	(11)
Mamba	Mbumba Mamba	(13)
Mamba	Nkita Kuna Mamba	(21)
Masa	Kisimbi Masa	(6)
Masa	Nkita Kuna Masa	(22)
Mayumbo	Mayumbo Moúngu Mpungu	(8)
Mboma	Mboma	(12)
Mbumba	Mbumba Mamba	(13)
Mfula	Mpungo Lombua Mfula	(14)
Mfútila	Pungu Mfútila	(32)
Minseke	Nkita Minseke	(23)
Moúngu	Majumbo Moúngu Mpungu	(8)
Mpungo	Mpungo Lombua Mfula	(14)
Mpungu	Mayumbo Moúngu Mpungu	(8)
Mpungu	Mpungu Mama Wanga	(15)
Mpungu	Majumbo Moúngu Mpungu	(15)
Mpungus	Mpungus	(16)
Muilo	Mukiama Muilo	(17)
Mukiama	Mukiama Muilo	(17)
Mukiamamuilo	Mukiama Muilo	(17)
Ñaába	Iña Ñaába	(4)
Ndoki	Centella Ndoki	(2)
Ndundu	Ndundu Yambaka	(33)
Ndundu	Sindaula Ndundu Yambaka Butá Nseke	(33)
Nkita	Nkita Kiamasa	(18)
Nkita	Nkita Kinseke	(19)
Nkita	Nkita Kitán	(20)
Nkita	Nkita Kuna Mamba	(21)
Nkita	Nkita Kuna Masa	(22)
Nkita	Nkita Kunamamba	(21)
Nkita	Nkita Kunamasa	(22)
Nkita	Nkita Minseke	(23)
Nkuyo	Nkuyo	(24)
Nsamba	Ntala y Nsamba	(27)
Nsambi	Nsambi	(25)

APÉNDICE 3.2. – VOCES PALERAS ESTUDIADAS

Vocablo palero	Usado en la expresión palera ...	N.º de artículo
Nsasi	Nsasi	(26)
Nseke	Butá Nseke	(33)
Nseke	Sindaula Ndundu Yambaka Butá Nseke	(33)
Ntala	Ntala y Nsamba	(27)
Pandilanga	Pandilanga	(28)
Pungo	Pungo Dibudi	(29)
Pungo	Pungo Kasimba	(30)
Pungo	Pungo Mama Wanga	(31)
Pungu	Pungu Mfútila	(32)
Pungún	Pungún Fútila	(32)
Sarabanda	Sarabanda	(38)
Séke	Sindaula Ndundu Yambaka Bután Séke	(33)
Sindaula	Sindaula Ndundu Yambaka Butá Nseke	(33)
Tata	Tata Fumbe	(34)
Tata	Tata Funde	(34)
Umba	Mama Umba	(11)
Wanga	Mpungu Mama Wanga	(15)
Wanga	Pungo Mama Wanga	(31)
Wengue	Choya Wengue → Chola Wengue	(3)
Yambaka	Sindaula Ndundu Yambaka Butá Nseke	(33)
Yeyé	Yeyé	(36)
Zarabanda	Sarabanda	(38)

3.3. Nombres de santos católicos y sus correspondencias en la Regla Mayombe

Nombre católico	Nombre palero (Mayombe)
El Ánima Sola	Nkuyo (24)
Jesucristo	Pandilanga (28)
San Cosme y San Damián	Majunbo Moúngo Mpungu → Mayumbo Moúngu Mpungu (8), Ntala y Nsamba (27)
San Francisco	Kabanga (5), Mpungo Lomboán Fula → Mpungo Lombua Mfula (14)
San Lázaro	Pungún Fútila → Pungu Mfútila (32), Tata Fumbe (34)
San Miguel	Sarabanda (38)
San Norberto	Watariamba (35)
San Pedro	Lufo Kuyu (7), Pungo Dibudi (29)
San Silvestre	Sindaula Ndundu Yambaka Bután Seke
Santa Bárbara	Mukiamamuilo → Mukiama Muilo (17), Nkita Kitán (20), Nsasi (26)
Virgen de la Candelaria	Centella Ndoki (2), Pungu Mama Wanga (31)
Virgen de la Caridad del Cobre	Choya Wengue → Chola Wengue (3)
Virgen de las Mercedes	Mama Kengue (10), Iña Ñaába (4), Yeyé (36)
Virgen de Regla	Baluande (1), Mama Umba (11), Mboma (12), Mbumba Mamba (13), Nkita Kiamasa (18), Nkita Kuna Mamba (21), Nkita Kuna Masa (22), Pungo Kasimba (30)

(Nkuyo (24) — Número del artículo correspondiente)

3.4. Voces paleras de etimología dudosa o desconocida

Al igual que las demás palabras estudiadas en este libro, las voces a continuación y su origen no aparecen en ningún diccionario consultado (por ej., *Diccionario de la Real Academia Española* (2001) o *Diccionario del español de Cuba* [2000]).

Baluande (1)   'La Virgen de Regla'

         < (?) KIK. *bàlu* 'sobre, arriba de' + KIK. *ndã* 'alto, distante', lit. '(deidad que está) sobre lo alto'.

Iña Ñaába (4)   'Nuestra Señora de las Mercedes (católico), Obatalá (yoruba / lucumí)'

         < (?)

Kabanga (5)   'San Francisco (católico), Ifá, Orula (yoruba / lucumí)'.

         < (?)

Ntala y Nsamba (27)   'San Cosme y San Damián (católicos), los Ibeyi Oro (yoruba / lucumí)', son los Santos Jimaguas'.

         < (?)

Pandilanga (28)   'Jesús Nazareno, Jesucristo'

         < (?) KIK. *mpándi ~ mpángi* 'hermano, amigo, camarada' + KIK. *là* 'altura, profundidad; lo alto, muy alto, muy lejano' + KIK. *ngà* 'padre adivino', con un valor etimológico cercano a 'hermano (= *mpándi*) padre divino (= *ngà*) que está en lo alto y profundo (= *là*)'.

Pungo Dibudi (29)   'San Pedro (católico), Ogún (yoruba / lucumí)'

         < (?) KIK. *mpúngu* 'supremo, todopoderoso, el más grande, el más alto; fetiche poderoso' + KIK. *di* 'pref. de clase o partícula de relación genitiva (variante dialectal de *dia*)' + KIK. *Mbūudi* '*nkisi* para curar los malestares del estómago o del vientre', lit. 'el fetiche poderoso para curar las enfermedades del estómago'. [Véase también el *postscriptum* en la nota 3 al artículo n.º 29 "Pungo Dibudi].

3.5. Encuesta sobre deidades paleras

La encuesta que aparece a continuación se realizó el 15 de octubre del año 2003, en Cienfuegos. Participaron 11 practicantes de la Regla Mayombe. Su objetivo fue determinar cuáles son las denominaciones que actualmente reciben los "santos" o entes espirituales de su credo.

Como muestra la "Relación de deidades" en las páginas siguientes, de las 38 entidades, 22 fueron reconocidas por todos los encuestados. Los informantes desconocen 15 del total de santos estudiados en este libro. Un solo oficiante entrevistado pudo reconocer a *Mukiamamuilo* (Changó / Santa Bárbara).

Nombre de los informantes	Edad	Procedencia
Armenteros, Gerardo	32	Lajas
Cantero, Alexis M.	31	Palmira
Carrazana, Fidel Fritte	21	Cienfuegos
Ginarte Lamadrid, Juan	29	Cienfuegos
Hernández Sarría, Ariel	26	Cienfuegos
Iznaga Rodríguez, Basilio	54	Cienfuegos
Michelena, Alberto	27	Palmira
Najarro, Regino Leonard	42	Cienfuegos
Placeres Acea, Léster M.	20	Cienfuegos
Rivero Rodríguez, Carlos	39	Cienfuegos
Suárez Miranda, José R.	27	Palmira

RELACIÓN DE DEIDADES[2, 3]

Deidades PALERAS[4]	Deidades SANTERAS	Deidades CATÓLICAS	Deidad RECONOCIDA POR ...
1. Baluande[5] (Baluandé)	Yemayá	Virgen de Regla	11
2. Centella Ndoki[6]	Oyá	Virgen de la Candelaria (Santa Teresa de Jesús)	11
3. Choya Wengue → Chola Wengue[7]	Ochún	Virgen de la Caridad del Cobre	11
4. Iña Ñaába[8]	Obatalá	Nuestra Señora de las Mercedes	0
5. Kabanga	Orula	San Francisco	0
6. Kisimbi Masa	Yemayá	Virgen de Regla	0
7. Lufo Kuyu[9]	Ogún y Ochosi	San Pedro y San Norberto	0

[2] Compárese esta "Relación de deidades" con el cuadro sinóptico "El Kimpugulu [sic] o "Santoral" Congo en Castellanos & Castellanos (1992: 138).
[3] Total de informantes en la encuesta = 11.
[4] Los términos que aparecen entre paréntesis remiten a otra versión fonética y/o etimológica que aportan los informantes. El orden de presentación (alfabético) de las deidades es el que hemos adoptado en el acápite 2.3, "Corpus y análisis de datos".
[5] Los encuestados dan también las siguientes denominaciones en español para esta deidad: **Madre de Agua**, **Siete Sayas**, **Luna Nueva**.
[6] Según los testimoniantes hay otros nombres "cubanos" para esta entidad palera: **Noche Oscura**, **Remolino**.
[7] Los entrevistados plantean que la versión correcta del primer segmento debe ser **Chola** y no **Choya**. Consideran también otras versiones cubanas como **Mama Chola** y **Mariquilla**.
[8] Variante no reconocida para Obatalá. Aparte de **Yeyé**, **Yola** y **Mama Kengue**, utilizan la expresión castellana **Tiembla Tierra** para este dios.
[9] También los informantes aportan la expresión **Viento Malo**.

Deidades PALERAS	Deidades SANTERAS	Deidades CATÓLICAS	Deidad RECONOCIDA POR ...
8. Mayumbo[10] Moúngu Mpungu	Los Ibeyi	San Cosme y San Damián	0
9. Mama Kalunga[11]	Yemayá	Virgen de Regla	11
10. Mama Kengue[12]	Obatalá	Virgen de las Mercedes	11
11. Mama Umba	Yemayá	Virgen de Regla	0
12. Mboma[13]	Yemayá	Virgen de Regla	11
13. Mbumba Mamba	Yemayá	Virgen de Regla	11
14. Mpungo Lombua Mfula[14]	Orula	San Francisco	11
15. Mpungu Mama Wanga[15]	Ochún	Virgen de la Caridad del Cobre	0
16. Mpungus[16]	---------	Se refiere a todos los santos	0

---

[10] Los encuestados no reconocen actualmente una deidad "melliza" en el credo palero.
[11] Los informantes dan también las siguientes denominaciones en español para esta entidad: **Madre de Agua, Siete Sayas, Luna Nueva**.
[12] Otra versión para Obatalá es **Tiembla Tierra**.
[13] Los encuestados dan también las siguientes denominaciones en español para esta deidad: **Madre de Agua, Siete Sayas, Luna Nueva**.
[14] Para Orula consideran los testimoniantes también: **Kikoroto** y **Kimbámbula**, así como **Ensambe Mayor**. Mencionan además la expresión antigua **Padre Tiempo**.
[15] Los encuestados consideran también otras versiones cubanas como **Mama Chola** y **Mariquilla**.
[16] Este concepto general de deidades no fue considerado por nuestros informantes.

APÉNDICE 3.5. – ENCUESTA SOBRE DEIDADES PALERAS

Deidades PALERAS	Deidades SANTERAS	Deidades CATÓLICAS	Deidad RECONOCIDA POR ...
17. **Mukiama Muilo** (Mutiangüindo)[17]	Changó	Santa Bárbara	1
18. **Nkita Kiamasa**[18]	Yemayá	Virgen de Regla	11
19. **nkita kinseke**[19]	espíritus del monte	espíritus del monte	0
20. **Nkita Kitán**[20]	Changó	Santa Bárbara	11
21. **Nkita Kuna Mamba**[21]	Yemayá	Virgen de Regla	11
22. **Nkita Kuna Masa**	Yemayá	Virgen de Regla	11
23. **nkita minseke**[22]	espíritus del monte	espíritus del monte	0
24. **Nkuyo**[23]	Eleguá	El Ánima Sola del Purgatorio (San Roque)	11

---

[17] *Mutiangüindo* es la voz que uno de los paleros aporta como otra versión de esta entidad.
[18] Los encuestados dan también las siguientes denominaciones en español para esta deidad: **Madre de Agua, Siete Sayas, Luna Nueva**.
[19] Nuestros informantes ya no reconocen este concepto de espíritus del monte.
[20] Los testigos aportan también **Siete Rayos**, **Embomasere** y **Munalongo** como otras denominaciones para este santo.
[21] Los encuestados dan también las siguientes denominaciones en español para esta deidad: **Madre de Agua, Siete Sayas, Luna Nueva**.
[22] Nuestros informantes ya no reconocen este concepto de espíritus del monte.
[23] Siguiendo una tradición de la Santería (Regla de Ocha) local, la identificación de esta entidad la hacen los paleros de Cienfuegos con San Roque y no con San Antonio u otro santo católico.

Deidades PALERAS	Deidades SANTERAS	Deidades CATÓLICAS	Deidad RECONOCIDA POR ...
25. **Nsambi, Sambi**[24]	Olofi	Creador, Ser Supremo	11
26. **Nsasi** (Sambi)	Changó	Santa Bárbara	11
27. **Ntala y Nsamba**[25]	Los Ibeyi	San Cosme y San Damián	0
28. **Pandilanga** (Andilanga)	----------	Jesús Nazareno, Jesucristo	11
29. **Pungo Dibudi**[26]	Ogún	San Pedro	0
30. **Pungo Kasimba**[27]	Yemayá	Virgen de Regla	0
31. **Pungo Mama Wanga**[28]	Oyá	Virgen de la Candelaria (Santa Teresa de Jesús)	11
32. **Pungu Mfútila**[29]	Babalú Ayé	San Lázaro	0
33. **Sindaula Ndundu Yambaka Butá Nseke**[30] (Ndundu)	Osain	San Silvestre o San Ramón Non Nato	11

---

[24] En la actualidad, suele omitirse la nasal en posición inicial absoluta delante de "s" (*Ns-*). Los encuestados pronuncian **Sambi**.
[25] Los "santos jimaguas" no funcionan actualmente en el credo mayombe.
[26] Variante no reconocida.
[27] Variante no reconocida.
[28] Según los testimoniantes hay otros nombres "cubanos" para esta entidad palera: **Noche Oscura**, **Remolino**.
[29] Variante no reconocida.
[30] Los informantes dan el segmento **Ndundu** (< KIK. *ndùndu* 'albino' [L. 675]) como única versión para esta deidad palera, lo que prueba una vez más que la expresión que propone

Deidades PALERAS	Deidades SANTERAS	Deidades CATÓLICAS	Deidad RECONOCIDA POR ...
34. **Tata Funde**[31] (Tata Fumbe)	Babalú Ayé	San Lázaro	11
35. **Watariamba**[32]	Ochosi	San Norberto	0
36. **Yeyé**[33]	Obatalá → Ochún	Nuestra Señora de las Mercedes → Virgen de la Caridad	11
37. **Yolá → Lola**	Obatalá → Yemayá	Nuestra Señora de las Mercedes → Virgen de Regla	11
38. **Sarabanda**[34] (Zarabanda)	Ogún	San Miguel Arcángel (San Pedro)	11

Cabrera es indudablemente interpretativa. Véase también nuestro art. n.º 33 en "2.3. Corpus y análisis de datos". Los encuestados también aportan que **Gurufinda** es el nombre más común para esta entidad.

[31] Los practicantes entrevistados no consideran correcta la trascripción **Tata Funde** y plantean categóricamente que la denominación que los paleros cubanos le dan a esta entidad es **Tata Fumbe**, lo que prueba que nuestra versión etimológica corregida es fiel al habla palera y que la trascripción de Cabrera, por lo tanto, resulta errónea. Véase también nuestro art. n.º 34 en "2.3. Corpus y análisis de datos". Los mayomberos consideran que **Kobayende** es el nombre más común y actual de este santo mayombe.

[32] Variante no reconocida.

[33] Otra versión para Obatalá es **Tiembla Tierra**.

[34] Los informantes pronuncian esta voz con la fricativa alveolar sorda [s], por lo tanto, debe ser **Sarabanda**. La identificación nominal es con el San Pedro católico y no con San Miguel Arcángel. Para esta deidad existe también la expresión cubana **Viento Malo**.

3.6. Glosario

ahijado, -a sinónimo de *moana* o *moana nganga*, *hijo* o *hija de prenda*. Véanse estas expresiones.

amarrar atar mágicamente (véase *amarre*). Sinónimo de *enkangar* (v. esta voz).

amarre atadura mágica (también llamada *(e)nkangue*) que hace el *tata nganga* con hierbas, palos, tierra (de cementerio), huesos (humanos o de animales), etc.

bakankise entrega de un nuevo fundamento (segunda etapa de la iniciación).

bakofula mayordomo, ayudante del *tata nganga*. Su rango jerárquico es intermedio, o sea, se ubica entre el *tata nganga* y los *moana*.

bakongo nombre general del conjunto de etnias congo que hablan *kikongo* (v. Mapas 6-7). Los paleros generalmente emplean *kongo* en vez de *bakongo*.

bandankise "montar" o confeccionar una *nganga*, darle camino; fundamentar. Voz hoy en desuso. Expresión compuesta de KIK. *bánda* 'construir' (L. 15) + KIK. *ṅkisi* 'fetiche' (L. 721).

bozal esclavo africano (siglos XVI a XIX) recién llegado a las Américas; se caracteriza por su dominio incompleto del español. Su habla suele denominarse *habla bozal*.

bozalismo voz o expresión que supuestamente reproduce el habla de los esclavos bozales (véase *bozal*).

Briyumba Regla Briyumba, un subcredo de la Regla de Palo o Regla Conga. También deletreado *Vriyumba*.

brujo término despectivo para referirse a un practicante de los sistemas de creencias de sustrato africano. Aquí no se tiene en cuenta ni el credo ni la jerarquía ritual. La etnología cubana evita el uso indebido del término. "Médico-adivino", "palero", "mayombero", "*nganga*", "gangulero" y "curandero" son las voces más comunes para denotar al practicante de la Regla de Palo Monte.

caballo de prenda médium, poseso.

cabildo en la época colonial, agrupación de esclavos de una misma etnia que se reunían los días festivos para celebrar sus fiestas según costumbre de su tierra de origen. Actualmente son recintos cuyo espacio ritual es de gran amplitud (mayor que el *munanso* o casa-templo) donde concurren los creyentes que profesan una religión afrocubana específica (Palo Monte, Ocha, Arará, Abakuá). En cada cabildo rige una deidad con nombre católico. Por ejemplo la Sociedad Santa Bárbara de Palmira o el Casino Congo San Antonio de Lajas. "Sociedad" y "casino" son aquí términos sinónimos de "cabildo".

caldero receptáculo sacromágico del *padre de prenda* o *tata nganga*. Véase su sinónimo *nganga*.

camino avatar o destino que se le da a una prenda para su accionar mágico en el trabajo con el Palo. Este puede ser "cristiano" (para bien) o "judío" (para mal), o para ambos.

casa-templo sinónimo de *munanso*.

cazuela receptáculo sacromágico del *padre de prenda* o *tata nganga*. Véase *nganga*.

chamalongo oráculo importante en la Regla Conga y en el quehacer cotidiano del gangulero. Consiste en un juego de cuatro piezas chapillas (lascas) de coco o de siete u ocho caracoles que, divididos por la mitad, presentan un lado cóncavo y otro convexo al ser tirados. De acuerdo con la cantidad de piezas que caigan en una u otra forma, el adivino sacará una letra o signo portador de un significado específico. La lectura e interpretación del oráculo orienta al *tata* o a la *ngudi nganga* y al consultante sobre la actividad ritual que ha de llevar a cabo.

consulta visita formal de un "cliente" que consulta al *tata nganga* (o *ngudi nganga*) para que él (o ella) le ayude a resolver un problema a través de procedimientos mágico-religiosos.

dioses conjunto de entidades, "deidades", "divinidades" o "santos" que según la tradición palera pertenecen al mundo de los *mpungo* y *nkita* africanos.

divinidad *entidad* (v. esta voz), "deidad" o "santo" que según la tradición palera pertenece al mundo de los *mpungo* y *nkita* africanos.

embuá perro de prenda, médium, poseso. También articulado *mbuá*. A veces deletreado *(e)mbwá*.

empungo véase *mpungu*. También articulado *empungu*.

empungu véase *mpungu*.

enfumbe entidad material que habita la prenda del palero y su espíritu. Este ente en determinadas ocasiones (rituales) "monta" al practicante, lo convierte en su médium y actúa y habla a través de él. El "muerto" es en verdad la entidad que "trabaja" (hechiza, embruja, cura, daña, etc.). Variantes fonéticas

	de *enfumbe* son: *fumbi, infumbi, infumbe, nfumbi, mfumbi, emfumbi, emfumbe, nfunde.*
enfumbi	véase *enfumbe*
engueyo	"hijo e hija de prenda", sinónimo de *moana nganga* (ver esta expresión). Una variante fonética es *ngueyo.*
enkangar	sinónimo de *ligar* o *amarrar* (mágicamente). Véase *amarrar.*
enkangue	atadura (mágica). Véase *amarre.*
enkisi, enkise	receptáculo sacromágico del *padre de prenda* o *tata nganga.* Es una variante fonética de *nkisi* (v. esta voz).
enkita	véase *nkita.*
enkombo	caballo de prenda, médium, poseso. Voz derivada del KIK. *nkómbo* 'chivo, cabra'. También articulado *nkombo* o *kombo.*
enquisi, enquise	variante ortográfica de *enkisi, enkise.*
entidad	término que define dos de los planos en que se desarrolla el credo mayombe. La *entidad* puede ser vista aquí como el *mfumbi* 'muerto' o espíritu del muerto; en este caso "entidad muertera", ente o entidad espiritual. Y, en otros momentos, *entidad* refiere a la deidad, la divinidad, al dios, al *mpungo,* al *enkita;* por lo tanto, se trata de una "entidad divina" en el sentido afrocubano de la expresión.
espíritu	véase *entidad, enkita, mpungu.*
familia	junta de paleros que pertenecen a una misma "rama" del Palo Monte y que por lo general tienen un padrino ritual común.
fetichismo	culto a un receptáculo mágico o a un objeto cargado de fuerza espiritual.
fumbi	entidad material que habita la prenda del palero y su espíritu. Este ente en determinadas ocasiones (rituales) "monta" al practicante, lo convierte en su médium y actúa y habla a través de él. El "muerto" es en verdad la entidad que "trabaja" (hechiza, embruja, cura, daña, etc.). Variantes fonéticas de *fumbi* son: *infumbi, infumbe, nfumbi, mfumbi, emfumbi, enfumbe, emfumbe, nfunde.*
fundamentar	montar o confeccionar una *nganga,* darle camino; antiguamente, *bandankise* (v. esta voz). Véanse *fundamento* y *nkisi.*
fundamento	receptáculo sacromágico del *padre de prenda* o *tata nganga;* es el centro de fuerza que contiene el "muerto" (espíritu). Sinónimo de *nkisi, nganga, caldero, cazuela.* Véase *nkisi.*

gajos	ver *ramas y gajos*.
ganga	véase *nganga*.
gudi	véase *ngudi*.
gudi nganga	véase *ngudi nganga*.
habla bozal	el habla española "imperfecta", "deformada" o "simplificada" del esclavo africano recién llegado a las Américas (siglos XVI a XIX). Los paleros suelen imitar esta habla en su liturgia.
habla congo	sinónimo de *"lengua"* (v. esta voz).
hermana (de Palo)	cofrade, miembro femenino de una misma rama de Palo.
hermano (de Palo)	cofrade, miembro masculino de una misma rama de Palo. En su forma plural –"hermanos"– refiere a la totalidad de los miembros (masculinos y femeninos) de la rama.
hijo de prenda	sinónimo de *moana nganga* y *ahijado / ahijada*. También le llaman *ngueyo*.
iniciación	rayamiento en el credo del Palo Monte. Véase *rayar(se)*.
iniciarse	*rayar(se)* (V. esta voz).
kikongo	lengua de los *bakongo;* consta de múltiples dialectos y modalidades dialectales (v. Mapas 6 y 7).
Kimbisa	Regla Kimbisa, un subcredo de la Regla de Palo Monte o Regla Conga.
kinkisi	"fetichismo", o sea, el culto a un receptáculo mágico (*nkisi*) o a un objeto cargado de fuerza espiritual. Véase *nkisi*.
kisimbi	creencia en espíritus locales, denominados "entidades de la periferia'. Estos se conocen también bajo los nombres de *nkita* 'espíritus-fetiches, genios del agua o alma de un difunto' o *mpungu* 'supremo, ente o divinidad suprema'. Sinónimo de *simbi*.
kombo	véase *enkombo*.
kongo	véase *bakongo, kikongo*.
lengua congo	sinónimo de *"lengua"* (v. esta voz).
"lengua"	jerga o habla (ritual) del palero, también llamada "habla congo" o "lengua congo". Es un código lingüístico muy vinculado a la liturgia (cantos, rezos), a diálogos rituales entre paleros, y al *pacto con el monte*.

La "lengua" consta de tres elementos: (1) el español popular, (2) *bozalismos* y (3) glosalia "africana". La "lengua" no es uniforme ya que los conocimientos tanto activos como pasivos de *bozalismos*, "africanismos" y textos, rezos y cantos pueden variar considerablemente de un palero a otro.

lucumí   sinónimo de *yoruba*. Código lingüístico usado en la *Santería*.

madrina   término usado por los *ahijados* y *ahijadas* para dirigirse o referirse a la *ngudi nganga* que los inició en el Palo Monte.

Mayombe   Regla Mayombe: subcredo o rama de la *Regla de Palo Monte* (v. esta expresión).

También área geográfica del África centro-occidental (v. Mapa 3), de donde provinieron algunos de los esclavos congos.

mayombero   practicante de la Regla de Palo Monte. Sinónimo de palero, *gangulero* y *tata nganga*. Voz derivada de *Mayombe* (v. esta voz).

mayordomo   también llamado *bakofula*, el mayordomo es el ayudante del *tata nganga*. Su rango jerárquico es intermedio, o sea, se ubica entre el *tata nganga* y los *moana*.

mbuá   perro de prenda, médium, poseso. También articulado *embuá*. A veces deletreado *mbwá*.

moana   véase *moana nganga*.

moana nganga   lit. "hijo e hija de prenda" que junto con el *bakofula* y el *tata nganga* (o la *ngudi nganga*) conforman la familia ritual palera. Al *iniciarse* o *rayarse* el creyente se convierte en *moana nganga* o *moana*.

monta   proceso de montaje o confección de una *nganga*. Durante esta actividad, el receptáculo mágico recibe su "camino". Los paleros más ancianos utilizaron la expresión PAL. *bandankise* 'armar un fetiche'. En la actualidad, *bandankise* (< KIK. *bánda* 'construir' [L. 15] + KIK. *ǹkisi* 'fetiche' [L. 721]) está en desuso.

montar   acción de hacer una *monta* (v. esta voz).

mpungu   los *mpungu* son el conjunto de *entidades* sagradas (Mama Kalunga, Nsasi, Chola Wengue, etc.), con las cuales trabaja el palero. También se conocen bajo el nombre colectivo de *nkita* 'espíritus-fetiches, genios del agua o alma de un difunto'. Los *mpungu* pertenecen a un plano no terrenal. Raramente bajan. Aquí se agrupan todas las deidades del panteón congo.

Variantes fonéticas incluyen: *pungu, pungo, pungos empungu, empungos, mpungus, mpungos*.

"muerto"	El "muerto" o *fumbi* (v. esta voz) es la entidad que "trabaja" (hechiza, embruja, cura, daña, etc.). Es una entidad material que habita la prenda del palero y su espíritu. Este ente en determinadas ocasiones (rituales) "monta" al practicante, lo convierte en su médium y actúa y habla a través de él.
nganga	es el receptáculo sacromágico del *padre de prenda* o *tata nganga* que contiene el "muerto" (alma de un difunto que toma cuerpo en dicho objeto). Generalmente en los templos congos la *nganga* es una cazuela o un caldero de hierro o barro al que se le dan varios nombres, entre ellos *nganga, nkisi, fundamento, prenda, caldero, cazuela*. "La *nganga* es el todo del culto palero. Sin ella, el Palo [Monte] no existe" (informante). Variantes fonéticas son *ganga, enganga*.
ngueyo	"hijo e hija de prenda", sinónimo de *moana nganga* (ver esta expresión). Variante fonética de *engueyo*.
ngudi	Madre (de prenda). Véase *ngudi nganga*.
ngudi nganga	'Madre Dueña de la *nganga*, Sacerdotisa de la Regla Mayombe'. Es la dirigente del local del culto del Palo Monte, y la dueña de la(s) *prenda(s)* que está(n) en su residencia. Sinónimo de *madre de prenda*. Su correspondiente masculino es el *tata nganga*.
nkangue	atadura (mágica). Véase *amarre*. Variante fonética de *enkangue, kangue*.
nkisi	*prenda* o receptáculo sacromágico del *padre de prenda* o *tata nganga*. Puede ser un caldero de barro o hierro –a veces una cesta– y es el centro de fuerza que contiene el "muerto" (espíritu). Sinónimo de *nganga, fundamento, caldero, cazuela*. Una de sus variantes fonéticas es *enkisi*. Es el fetiche fundamental del palero.
nkita	los *nkita* son el conjunto de *entidades* sagradas (Mama Kalunga, Kisimbi Masa, Baluande, etc.) con las cuales trabaja el palero. También se conocen bajo el nombre colectivo de *mpungu* 'espíritus-fetiches, genios del agua o alma de un difunto'. Los *nkita* pertenecen a un plano no terrenal. Más específicamente ellos agrupan a la entidades acuáticas o dioses del agua. Se distinguen dos tipos de *nkita*: Los *nkita kiamasa* 'espíritus del agua' y *nkita kianseke* 'espíritus del monte o de la manigua'. Variantes fonéticas incluyen: *enkita, inkita*.
nkita kiamasa	espíritus del agua, entre los cuales figuran Mama Kalunga, Kisimbi Masa, Baluande, etc. Véase también *nkita*.
nkita kianseke	espíritus del monte o de la manigua; entre ellos tenemos a Nkuyo, Sarabanda, Watariamba, etc. Véase también *nkita*.

nkombo	Caballo de prenda, médium, poseso. Voz derivada del KIK. *nkómbo* 'chivo, cabra'. También articulado *enkombo* o *kombo*. Muchos paleros traducen este término como "cuerpo".
padrino	término usado por los *ahijados* y *ahijadas* para dirigirse o referirse al *tata nganga* que los inició en el Palo Monte.
Palo	forma breve de *Regla de Palo* o *Regla de Palo Monte* o *Regla Conga*. También se les llama *palo* a las diferentes plantas que utiliza el mayombero con fines mágico-curativos.
Palo Monte	forma breve de *Regla de Palo Monte*.
perro de prenda	médium, poseso.
prenda	*nganga* o receptáculo sacromágico del *padre de prenda* o *tata nganga*; es el centro de fuerza que contiene el "muerto" (espíritu). Sinónimo de *nganga, nkisi, fundamento, caldero, cazuela*. V. *nganga, nkisi*.
pungo, pungu	véase *mpungu*.
ramas y gajos	derivaciones de una "*nganga* madre" o prenda palera de cierto prestigio. Los practicantes portan en sus receptáculos mágicos algunos componentes del fundamento original. En un sentido figurado la "*nganga* madre" viene a ser el "árbol" del que los descendientes serían las "ramas".
rayamiento	iniciación en el credo del Palo Monte. Véase *rayar(se)*.
rayar(se)	iniciar(se) en el credo del Palo Monte, convertirse en *moana nganga*. Se dice "rayar" porque se hacen (ligeros) cortes con una navaja, espina o cuchillo en determinadas partes del cuerpo (pecho, espalda, brazos, etc.) del futuro practicante, para consagrarlo en el credo palero.
Regla Arará	sistema de creencias cubano de sustrato africano (con matriz adja-fon).
Regla Briyumba	subcredo de la Regla de Palo o Regla Conga. También *Vriyumba*.
Regla Conga	sinónimo de *Regla de Palo*.
Regla de Ocha	sistema de creencias cubano de sustrato africano (con predominio lingüístico-cultual yoruba). También llamada *Santería*.
Regla de Palo	forma breve de *Regla de Palo Monte*. Sinónimo de "Regla Conga".
Regla de Palo Monte	sistema de creencias (afro)cubano de sustrato lingüístico-cultual bantú, a veces también llamado *Regla Palo Monte*. Sus componentes esenciales son la prenda (*nganga, nkisi, fundamento, caldero, cazuela*), la creencia en entidades espirituales vinculadas a la prenda, la realiza-

ción de ceremonias de iniciación y rituales de cumplimiento, toques y bailes rituales y sacrificios de animales relacionados con sus concepciones animistas.

Regla Mayombe	subcredo o rama de la *Regla de Palo Monte*.
Regla Kimbisa	Regla Kimbisa del Santo Cristo del Buen Viaje, un subcredo de la Regla de Palo Monte.
Santería	sistema de creencias cubano de sustrato africano (con predominio lingüístico-cultual yoruba). También llamada *Regla de Ocha* o *Regla Ocha*.
santo (sust.)	en la concepción palera un "santo" es una entidad espiritual que puede ser manipulada mágicamente. Se representa de una manera simbólica en el fundamento (recipiente mágico) del practicante. Aquí "santo" es sinónimo de *dioses, divinidad, entidad* (ver estas voces).
simbi	creencia en espíritus locales, denominados "entidades de la periferia'. Estos se conocen también bajo los nombres de *nkita* 'espíritus-fetiches, genios del agua o alma de un difunto' o *mpungu* 'supremo, ente o divinidad suprema'. Sinónimo de *kisimbi*.
Sociedad Secreta Abakuá	sistema de creencias cubano de sustrato africano (de oriundez efik-ibibio). También conocido como "Ñañiguismo".
taita (nganga)	variante fonética de *tata* (véase *tata nganga*). Expresión poco usada en la actualidad.
tata	véase *tata nganga*.
tata nganga	es el dirigente del local del culto del Palo Monte, y dueño de la *nganga*. Sinónimo de *padre de prenda, mayombero, gangulero*. Su correspondiente femenino es la *ngudi nganga*.
tatandi	forma breve de *tatandi bilongo* lit. 'padre de la medicina (mágica)' (véase *tatandi bilongo*).
tatandi bilongo	lit. 'padre de la medicina (mágica)'. Es el *tata nganga* que sabe (y tiene el derecho de) "montar" una *ganga*. Todos los *tatandi bilongo* son *tata nganga*, pero no todos los *tata nganga* pueden ejercer el oficio del *tatandi bilongo*.
"trabajar"	acción del *tata nganga* o de la *ngudi nganga* de invocar y *"amarrar"*, ligar, *enkangar* mágicamente. En el contexto de *consultas*, por lo general "se trabaja" para resolver un problema específico de la vida privada (enfermedad, conflictos amorosos, problemas laborales o legales, etc.), para buscar resguardos o protección contra

	posibles daños físicos o espirituales (hechicería), o para causar un mal a una persona indeseable. El *tata nganga* "trabaja" con los espíritus, los palos, las hierbas, etc.
"trabajo"	un *amarre* u otra acción mágico-religiosa ejercida por el *tata nganga*, la *ngudi nganga* o el *tatandi bilongo*. Véase también *trabajar*.
tratado	conjunto de doctrinas, leyes o fundamentos secretos (no escritos) de los que se vale el palero. Ejemplo: los *enkangues* o amarres mágicos son tratados.
Vriyumba	véase *Briyumba*.
yimbirá enkise	sinónimo de "juego(s) de palo". Ceremonia palera con un carácter abierto y festivo, en la cual pueden participar personas no iniciadas en el culto.
yoruba	sinónimo de *lucumí*. Código lingüístico usado en la *Santería*.

Bibliografía

ALEXANDRE, Pierre (1967): *Langues et langages en Afrique noire*. París: Payot.
— (1981): "Les langues Bantu". En Manessy (ed.), 350-397.
ARROM, José Juan (1998): "La Virgen del Cobre: historia, leyenda y símbolo sincrético". En *Estudios afro-cubanos* (tomo 2), ed. Lázara Menéndez, págs. 269-310. La Habana: Facultad de Arte y Letras, Universidad de La Habana.
Atlas etnográfico y lingüístico de Cuba (AELC). Cd-Rom (1999). Coordinadora general: Digna Cardoso Duarte. La Habana: Centro de Antropología, Ministerio de Ciencias, etcétera.
Atlas linguistique du Zaïre (inventaire préliminaire) (1987). París: Agence de coopération culturelle et technique. Yaoundé, Camerún: Centre de recherche et de documentation sur les traditions orales et pour le developpement des langues africaines, Equipe nationale zaïroise.
BALLARD, Eoghan Craig (MS): "Weeds, wraiths, and wizards: The body of and in Afro-Cuban medicine and religion".
BARNET, Miguel (1995): *Cultos afrocubanos. La Regla de Ocha; La Regla de Palo Monte*. La Habana: Ediciones UNIÓN.
BASTIDE, Roger (1978): *The African religions of Brazil*. Baltimore: The Johns Hopkins University Press.
BITTREMIEUX, Léo (1922-1927): *Mayombsch idioticon* (3 tomos en 1). Gent: Drukkerij Erasmus.
— (1936): *La Société secrète des Bakhimba au Mayombe*. Mémoires de l'Institut Royal Colonial Belge, 5 (3). Bruselas: Georges van Campenhout.
BOLÍVAR, Natalia & Carmen GONZÁLEZ DÍAZ DE VILLEGAS (1998): *Ta Makuende Yaya y las reglas de Palo Monte (mayombe, brillumba, kimbisa, shamalongo)*. La Habana: Ediciones Unión.
— (1999): "Las Reglas de Palo. Orígenes y fundamentos". *Caminos* 13-14: 17-22.
BONACHEA GONZÁLEZ, Cándido A. (1975): *Descripción de remanentes lingüísticos bantúes en la comunidad de Encrucijada. Estudio sociolingüístico*. Trabajo de Diploma, Universidad Central de las Villas. Facultad de Ciencias Sociales y Humanísticas.
BOUQUET, Armand (1969): "Feticheurs et médecines traditionnelles du Congo (Brazzaville)". Mémoirs ORSTOM 36. París: O.R.S.T.O.M.
BRICE SOGBOSSI, Hippolyte (1998): *La tradición ewé-fon en Cuba: contribución al estudio de la tradición ewé-fon (arará) en los pueblos de Jovellanos, Perico y Agramonte*. La Habana: Fundación Fernando Ortiz.
BROWN, David (2003a): *Santería enthroned: Art, ritual and innovation in Afro-Cuban religion*. Chicago: University of Chicago Press.

— (2003b): *The light inside: Abakuá society arts and Cuban cultural history.* Washington: Smithsonian Books.
BRUGAL, Yana Elsa & Beatriz RIZK (eds.) (2003): *Rito y representación. Los sistemas mágico-religiosos en la cultura cubana contemporánea.* Frankfurt: Vervuert Verlag/Madrid: Iberoamericana.
BUGANZA MULINDA, Habi (1985): "Le nkisi dans la tradition wôyo du Bas-Zaïre". En A. de Surgy, *Fétiches, objets enchantés, mots réalisés*, págs. 201-220. Collection Système de pensée en Afrique noire, n.º 8. París: Publications de l'École Pratique des Hautes Études (section des sciences religieuses).
CABRERA, Lydia (1971 [1954]): *El monte. Igbo finda, ewe orisha, vititinfinda (notas sobre las religiones, la magia, las supersticiones y el folklore de los negros criollos y del pueblo de Cuba).* Miami: Colección del Chicherekú.
— (1979): *Reglas de congo: palo monte mayombe.* Miami: Ediciones CR.
— (1984a): *Vocabulario congo: el bantú que se habla en Cuba.* Miami: Ediciones CR.
— (1984b): *La medicina popular de Cuba: médicos de antaño, curanderos, santeros y paleros de hogaño.* Miami: Ultra Graphics.
— (1986 [1977]): *La Regla Kimbisa del Santo Cristo del Buen Viaje* (2ª ed.). Miami: Ediciones Universal.
— (2003): *La forêt et les dieux. Religions afro-cubaines et médecine sacrée à Cuba.* Traduction de l'espagnol par Béatrice de Chavignac. Préface d'Erwan Dianteill. París: Jean Michel Place.
CABRERA VÁZQUEZ, Aniledy (1997-1998): *Consideraciones sobre la secta Kimbisa Santo Cristo del Buen Viaje.* Trabajo de Diploma, Universidad Central de las Villas. Facultad de Ciencias Sociales y Humanísticas.
CALLEJA LEAL, Guillermo (1989): *Estudio de un sistema religioso afrocubano: el Palo-Monte Mayombe.* Tesis doctoral, Universidad Complutense de Madrid.
CASTELLANOS, Jorge & Isabel CASTELLANOS (1987): "The geographic, ethnological, and linguistic roots of Cuban Blacks". *Cuban Studies* 17: 95-110.
— (1988): *Cultura afrocubana, 1: el negro en Cuba, 1492-1844.* Miami: Ediciones Universal.
— (1990): *Cultura afrocubana, 2: el negro en Cuba, 1845-1959.* Miami: Ediciones Universal.
— (1992): *Cultura afrocubana, 3: las religiones y las lenguas.* Miami: Ediciones Universal.
— (1994): *Cultura afrocubana, 4: letras, música, arte.* Miami: Ediciones Universal.
CHIREAU, Yvonne P. (2003): *Black magic. Religion and the African American conjuring tradition.* Berkeley: University of California Press.
CLERCQ, L. de (1921): *Grammaire du Kiyombe.* Bruselas: Goemaere.
COMBARROS, Miguel (2000): *Dios en África. Valores de la tradición bantú.* 3ª ed. Madrid: Editorial Mundo Negro.
Conocimientos de Palo Monte: Tratado Lunar (s/f): Sin autor. Sin lugar de publicación o casa editorial (en venta en <www.folkcuba.com>).

Conocimientos y prácticas de Palo Monte (s/f): Sin autor. Sin lugar de publicación o casa editorial (en venta en <www.folkcuba.com>).
COROMINAS, Joan & José A. PASCUAL (1980): *Breve diccionario etimológico de la lengua castellana*. Madrid: Editorial Gredos.
— (1980-1991): *Diccionario crítico etimológico castellano e hispánico* (6 tomos). Madrid: Gredos.
DAELEMAN, S. J. Jan (1972): "Kongo elements in Saramacca Tongo". *Journal of African Languages* 11: 1-44.
DAPPER, Olfert (1989 [1686]): "Au pays des Nègres", extracto reeditado de "Description de l'Afrique" de O. Dapper (traducción francesa, versión 1686). *Objets interdits*, págs. 85-345. París: Éditions Dapper.
DAVILA, Miguel (BABÁ SABÚ AKONÍ-CHIEF OBA OLUWO IFASHOLA) (2002): *Palo Kimbiza: Brillumba Palo Kimbiza; Tumba Francesa; Kikongo; Piti Bantu Criollo; Sancí; and Palo Haitiano*. [sin lugar de publicación o casa editorial] (en venta en <www.folkcuba.com>).
DENNETT, Richard Edward (1887): *Seven years among the Fjort; being an English trader's experiences in the Congo district*. Londres: S. Low, Marston, Searle & Rivington.
DIANTEILL, Erwan (1995): *Le savant et le santero. Naissance de l'étude scientifique des religions afro-cubaines (1906-1954)*. París: Éditions L'Harmattan.
— (2000): *Des dieux et des signes. Initiation, écriture et divination dans les religions afro-cubaines*. París: Éditions de l'École des Hautes Études en Sciences Sociales.
— (2002): "Kongo à Cuba. Transformations d'une religion africaine". *Archives de Sciences Sociales des Religions* 117: 59-80.
DIANTEILL, Erwan & Martha SWEARINGEN (2003): "From hierography to ethnography and back: Lydia Cabrera's texts and the written tradition in Afro-Cuban religions". *Journal of American Folklore* 116: 273-292.
DÍAZ FABELO, Teodoro (1998): *Diccionario de la lengua conga residual en Cuba*. Santiago de Cuba/Alcalá de Henares, Casa del Caribe/Universidad de Alcalá (Colección Africanía)/UNESCO - ORCALC.
Diccionario de la Real Academia Española (2001). Versión electrónica. <www.rae.es>
Diccionario del español de Cuba (2000). Madrid: Gredos.
DIECKMANN, Anja (2002): *Afrikanismen in der modernen Umgangssprache Kubas*. Frankfurt am Main: Peter Lang.
DUPRÉ, Marie Claude (1974): "Les femmes Mukisi des Teké Tsaayi rituel de possession et culte anti-sorcier (République Populaire du Congo)". *Journal de la Société des Africanistes* 44 (1): 53-69.
— (1975): "Le système des forces nkisi chez les Kongo d'après le troisième volume de K. Laman". *Africa* 45 (1): 12-28.
— (1978): "Comment être femme. Un aspect du rituel Mukisi chez les Téké de la République Populaire du Congo". *Archives de Sciences Sociales des Religions* 46 (1): 57-84.
FABBRO, Rafael del & Flaviano PETTERLINI (1977): *Gramática kikongo*. Padova: Laboratorio di Restauro, di Legatoria e di Stamperia di Santa Giustina.

FALGAYRETTES-LEVEAU, Christiane & Robert FARRIS THOMPSON (2002): "Les Amériques Kongo (Brésil, Cuba, Haïti)". Musée Dapper 2002: 185-193.

FERNÁNDEZ OLMOS, Margarite & Lizabeth PARAVISINI-GEBERT (2003): *Creole religions of the Caribbean. An introduction from Vodou and Santería to Obeah and Espiritismo.* Nueva York: New York University Press.

FU-KIAU, Kimbwandènde Kia Bunseki (2001): *African cosmology of the Bântu-Kôngo. Tying the spiritual knot: principles of life & living.* Brooklyn, N.Y.: Athelia Henrietta Press, publ. bajo el nombre de Orunmila.

FUENTES GUERRA, Jesús (1996): *Raíces bantu en la Regla de Palo Monte.* Cienfuegos: Ediciones Mecenas.

— (2000): *La nganga africana. Un tratado de magia blanca y medicina tradicional.* Cienfuegos: Ediciones Mecenas.

— (2002): *Nzila ya mpika (la ruta del esclavo). Una aproximación lingüística.* Cienfuegos: Ediciones Mecenas.

— (2003): *Al sur del Zambezi (un tratado de religión africana).* Cienfuegos: Ediciones Mecenas.

— (MS): Lydia Cabrera y la bantuidad lingüística.

FUENTES GUERRA, Jesús & Grisel GÓMEZ GÓMEZ (1994): *Cultos afrocubanos: un estudio etnolingüístico.* La Habana: Editorial de Ciencias Sociales.

FUENTES GUERRA, Jesús & Armin SCHWEGLER (MS): "Prácticas rituales afrocubanas: deidades Kimbisa (Palo Monte) y sus fuentes kikongo".

GARCÍA GONZÁLEZ, José & Gema VALDÉS ACOSTA (1978): "Restos de lenguas bantúes en la región central de Cuba". *Islas* 59: 3-50.

GARCÍA MARTÍNEZ, Orlando (1976): "Estudio de la economía cienfueguera desde la fundación de la colonia Fernandina de Jagua hasta mediados del siglo XIX". *Islas* 55-56: 117-170.

GONZÁLEZ BUENO, Gladys (1993): "An initiation ceremony in Regla de Palo". En *Afro-Cuba: An anthology of Cuban writing on race, politics, and culture,* ed. Pedro Pérez Sarduy & Jean Stubbs, págs. 117-120. Nueva York: Center for Cuban Studies/Ocean Press/Latin America Bureau. [Versión española en *Del Caribe* 5 (12): 1988].

GONZÁLEZ FUENTES, Héctor, María J. MARTÍNEZ & Maibelín CARRASCO (2000): *El lombanfula: expresión religiosa de procedencia conga.* Santa Clara: Ediciones Capiro.

GONZÁLEZ GARCÍA, Rigoberto (2000): "Tata kuyere nkisi: el rey de los espíritus". *Del Caribe* 33: 111-116.

GONZÁLEZ HUGUET, Lydia & Jean René BAUDRY (1967): "Voces 'bantú' en el vocabulario 'palero'". *Etnología y Folklore* 3: 31-64.

GRANDA, Germán de (1973a): "De la matrice africaine de la langue congo de Cuba: recherches préliminaires". *Publications du Centre de Hautes Études afro-ibéro-américaines de l'Université de Dakar* 19: 5-33. Dakar: Université de Dakar.

— (1973b): "Portuguesismos léxicos en la Lengua Congo de Cuba". *Boletim de Filologia* (Lisabón) 22: 235-250.

— (1988): "Materiales léxicos para la determinación de la matriz africana de la «lengua congo» de Cuba". En G. de Granda (1988), *Lingüística e historia: temas afro-hispánicos,* págs. 143-162. Valladolid: Universidad de Valladolid.

GUANCHE, Jesús (1983a): "El culto congo de origen bantú". *Procesos etnoculturales de Cuba,* págs. 400-416. La Habana: Editorial Letras Cubanas.

— (1983b): "Antecedentes africanos. La inmigración francesa y francohaitiana". *Procesos etnoculturales de Cuba,* págs. 208-306. La Habana: Editorial Letras Cubanas.

GUERRA DÍAZ, Carmen & Y. NÚÑEZ PARRA (1987): "Nota para el estudio de la esclavitud en la antigua región de Villa Clara". *Islas* 44: 193-246.

GUTHRIE, Malcolm (1971): *Comparative Bantu* (4 tomos). Farnborough Hants: Gregg International Publishers.

HAGENBUCHER-SACRIPANTI, Frank (1973): *Les fondements spirituels du pouvoir au royaume de Loango.* París: ORSTOM.

— (1989): *Santé et rédemption par les génies au Congo.* París: Ed. PUBLISUD.

HANNAN, M. (1987): *Standard Shona dictionary.* Harare: The College Press and The Literature Bureau.

HEGBA, M. P. (1982): *Sorcellerie et prière de délivrance.* París: Présence Africaine.

HEYWOOD, Linda M. (Ed.) (2002): *Central Africans and cultural transformations in the American diaspora.* Cambridge: Cambridge University Press.

HILTON, Anne (1985): *The kingdom of Congo.* Oxford: Clarendon Press.

HOLM, John (2004): *Languages in contact. The partial restructuring of vernaculars.* Cambridge: Cambridge University Press.

IGLESIAS GARCÍA, Fe (2001): "La concentración azucarera y la comarca de Cienfuegos". En Martínez Heredia & García Martínez (eds.), págs. 85-107.

JAMES FIGAROLA, Joel (2001): "Para un nuevo acercamiento a la nganga". *Del Caribe* 35: 23-31.

JAMES FIGAROLA, Joel, José MILLET & Alexis ALARCÓN (1998): *El vodú en Cuba.* Santiago de Cuba: Editorial Oriente.

JAY, Nancy (1992): *Throughout your generations forever. Sacrifice, religion, and paternity.* Chicago: The University of Chicago Press.

JEAN, Fr. (1938): *Leçons de kikongo. Grammaire et exercices.* Tumba: Imprimerie de l'École Normale.

KIMPIANGA, Mahaniah (1977): "La psychothérapie dans le système médical traditionnel et le prophétisme chez les Kongo du Zaire". *Psychopathologie Africaine* 13: 149-195.

KLEIN, Herbert (1967): *Slavery in the Americas. A comparative study of Virginia and Cuba.* Chicago: University of Chicago Press.

LACHATAÑERÉ, Rómulo (1953 [1952]): "Rasgos bantú en la santería". *Les Afro-Américains,* sin editor, págs. 181-184. Mémoires de l'Institut Français d'Afrique Noire, 27. Dakar: Ifan.

— (1992a [ca. 1940]): *El sistema religioso de los afrocubanos.* La Habana: Editorial de Ciencias Sociales. La Habana: Editorial de Ciencias Sociales.

— (1992b [ca. 1940]): "El origen de los cultos y su modo de funcionar". En Lachatañeré 1992a: 217-236. Texto reproducido en Dianteill 1995: 147-162.
LAGE, Domingo B. (Entuala Kongo) (s/f): *History has repeated*. Tomo 1: *Briyumba con Mayombe*. Trad. Fabiola L. Rivera. [sin casa editorial] (en venta en www.folkcuba.com).
LAMAN, Karl Edvard (1912): *Grammar of the Kongo language* (Kikongo). Nueva York: The Christian Alliance Publication Company.
— (1922): *The musical accent or intonation in the Kongo language*. Estocolmo: Svenska missionsförbundet.
— (1962): *The Kongo*. Tomo 3. Estocolmo: Victor Pettersons Bokindustri Aktiebolg.
— (1964 [1936]): *Dictionnaire kikongo – français*: Ridgewood, NJ: The Gregg Press.
LARDUET LUACES, Abelardo (2001): "Reynerio Pérez en el panorama de las creencias de origen bantú en Santiago de Cuba". *Del Caribe* 34: 114-115.
— (2002): *La nganga: centro de culto palero*. Santiago de Cuba: Ediciones Santiago.
LIPSKI, John M. (1992): "Spontaneous nasalization in the development of Afro-Hispanic language". *Journal of Pidgin and Creole Languages* 7: 261-305.
— (1994): *Latin American Spanish*. Londres/Nueva York: Longman.
— (1998): "El habla bozal". En *América negra: panorámica actual de los estudios lingüísticos sobre variedades criollas y afrohispanas*, ed. Matthias Perl & Armin Schwegler, págs. 293-327. Frankfurt: Vervuert Verlag.
— (1999): "El sufijo -*ico* y las palabras *agüé/awé* y *aguora/ahuora*: rutas de evolución y entorno dialectológico". En *El Caribe hispánico: perspectivas lingüísticas actuales. Homenaje a Manuel Álvarez Nazario*, ed. Luis Ortiz, págs. 17-42. Frankfurt: Vervuert Verlag/Madrid: Iberoamericana.
— (2000): "*Bozal* Spanish: Restructuring or creolization?" En *Degrees of restructuring in creole languages*, ed. Ingrid Neumann-Holzschuh & Edgar Schneider, págs. 437-468. Amsterdam: John Benjamins.
— (2001): "From *bozal* to *boricua*: Implications of Afro-Puerto Rican language in literature". *Hispania* 84: 850-859.
— (2002): "Contacto de criollos y la génesis del español (afro)caribeño". En *La Romania americana. Procesos lingüísticos en situaciones de contacto*, ed. Norma Díaz, Ralph Ludwig & Stefan Pfänder, págs. 53-95. Frankfurt: Vervuert Verlag/Madrid: Iberoamericana.
LISIMBA, Mukumbuta (1997): *Les noms de villages dans la tradition gabonaise*. Libreville, Gabón: Éditions Sépia, CICIBA.
LUMWAMU, François (1973): *Essai de morphosyntaxe systématique des parlers Kongo*. París: Klincksieck.
MACGAFFEY, Wyatt (1986): *Religion and society in Central Africa*. Chicago: University of Chicago Press.
— (1991): *Art and healing of the Bakongo commented by themselves: Minkisi from the Laman Collection*. Kikongo texts translated and edited by Wyatt MacGaffey. Estocolmo: Folkens Museum – Etnografiska.
— (1993): *Astonishment and power. Kongo Minkisi: The art of Renée Stout*. Washington (D.C.): National Museum of African Art.

MANESSY, Gabriel (ed.) (1981): *Les langues dans le monde ancien et moderne. Première partie: Les langues de l'Afrique subsaharienne.* París: Éditions du CNRS.

Manual anónimo (s/f): *Oricha. Metodología de la religión yoruba.* 2 tomos, 186 + 187 páginas. Citado en Dianteill 2000: 347 [M22], sin lugar o fecha de publicación.

MARTÍNEZ HEREDIA, Fernando, Rebecca J. SCOTT & Orlando F. GARCÍA MARTÍNEZ (eds.) (2001): *Espacios, silencios y los sentidos de la libertad. Cuba entre 1878 y 1912.* La Habana: Ediciones UNIÓN.

MATIBAG, Eugenio (1996): *Afro-Cuban religious experience. Cultural reflections in narrative.* Gainesville: University Press of Florida.

MCWHORTER, John H. (2000): *The missing Spanish creoles. Recovering the birth of plantation contact languages.* Berkeley: The University of California Press.

MEGENNEY, William (en prensa): "Supervivencias del bantú en la *lengua de mayombe* en Cuba". Aparecerá en *Pensamiento lingüístico sobre el Caribe insular hispánico,* ed. Sergio Valdés. Santo Domingo: Editora Buho.

MENÉNDEZ, Lázara (1998a): "Libreta de Santería de María Antoñia Finés". En *Estudios afro-cubanos* (tomo 3), ed. Lázara Menéndez, págs. 17-135. La Habana: Facultad de Arte y Letras, Universidad de La Habana.

— (1998b): "Libreta de Santería de Jesús Torregosa". En *Estudios afro-cubanos* (tomo 3), ed. Lázara Menéndez, págs. 136-268. La Habana: Facultad de Arte y Letras, Universidad de La Habana.

MILLET, José (1996): "Vocabulario mínimo del palero". *Glosario mágico religioso cubano,* Parte II, págs. 91-117. Barquisimeto (Venezuela): Ediciones Gaby/Casa del Caribe.

MINTZ, Sidney & Richard PRICE (1992): *The birth of African American culture.* Boston: Beacon Press.

MONTES DE OCA, Bárbara (1985): *La esclavitud y su incidencia en el desarrollo histórico de la región de Cienfuegos.* Cienfuegos: Biblioteca Provincial. Departamento de Fondos Raros.

MORALES HERNÁNDEZ, Florentino (1987): *Breve panorámica de la esclavitud en la jurisdicción de Cienfuegos.* Cienfuegos: Biblioteca Provincial. Departamento de Fondos Raros.

MORENO FRAGINALS, Manuel (2001): *El ingenio. Complejo económico social cubano del azúcar.* Barcelona: Crítica.

MORGAN, Philip D. (1997): "The cultural implications of the Atlantic slave trade: African regional origins, American destinations and New World developments". *Slavery and Abolition* 18: 122-145.

MUSÉE DAPPER (2002): *Le geste kôngo,* bajo la dirección de Christiane Falgayrettes-Leveau. París: Éditions Dapper. [catálogo de exposición]

NEVET RESMA, Miguel, y ROSA, Anaima S. de la (2002): *Kote ou bouke má pote. Cultura haitiana en Esmeralda.* Camagüey: Editorial Ácana.

NSONDÉ, Jean de Dieu (1995): *Langues, culture et histoire Koongo aux XVIIe et XVIIIe siècles.* París: Editions L'Harmattan.

— (1999): *Parlons kikongo.* París: L'Harmattan.

— (2002): "Une communauté réelle et mythifiée". En Musée Dapper 2002: 131-154.

OBENGA, Théophile (1969): "Le kikongo: fondement de l'unité culturelle". *Africa* (Rome) 2-3: 131-153.
— (1985): *Les bantu (langues, peuples, civilisations)*. París: Présence Africaine.
Objets interdits (1989). Ed. por la Fundación Dapper. París: Éditions Dapper.
ORTIZ, Fernando (1916): *Hampa afro-cubana. Los negros esclavos*. La Habana: Imprenta "La Universal" de Ruiz y C.a, S. en C.
ORTIZ LÓPEZ, Luis A. (1998a): *Huellas etno-sociolingüísticas bozales y afrocubanas*. Frankfurt: Vervuert Verlag/Madrid: Iberoamericana.
— (1998b): "El sistema pronominal afrocubano: pervivencia de vestigios lingüísticos del bozal afrocaribeño". *Anuario de Lingüística Hispánica* 14: 413- 430.
— (1998-1999): "El español afrocubano en su contexto afrohispánico: implicaciones para la teoría criolla". *Anuario L/L* 29-30: 17-23.
— (1999a): "La variante hispánica haitianizada en Cuba: otro rostro del contacto lingüístico en el Caribe". En *Estudios de lingüística hispánica. Homenaje a María Vaquero*, ed. A. Morales, J. Cardona, E. Forastieri & H. López Morales, págs. 428-456. San Juan: Editorial Universidad de Puerto Rico.
— (1999b): "El español haitiano en Cuba y su relación con el habla bozal". En *Lenguas criollas de base española y portuguesa*, ed. Klaus Zimmermann, págs. 145-176. Frankfurt: Vervuert Verlag/Madrid: Iberoamericana.
— (1999c): "La 'semicriollización' del español (afro)caribeño: testimonios lingüísticos de ancianos afrocubanos", *PALARA* (Publication of the Afro/Latin/American Research Association), 1999 (3): 110-124.
— (2001): "El sistema verbal del español haitiano en Cuba: implicaciones para las lenguas en contacto en el Caribe". *Southwest Journal of Linguistics* 20 (2): 175-166.
OWUSU, Heike (1998): *Symbole Afrikas*. Darmstadt: Schirner Verlag.
PALMIÉ, Stephan (1991): *Das Exil der Götter: Geschichte und Vorstellungswelt einer afrokubanischen Religion*. Nueva York: Peter Lang.
— (2002): *Wizards and scientists: Explorations in Afro-Cuban modernity and tradition*. Durham, NC: Duke University Press.
PEEL, J. Y. D. (John David Yeadon) (2003): *Religious encounter and the making of the Yoruba*. Bloomington: Indiana University Press.
PELL, Narciso (Tata Nkisy Malongo Sarabanda) (s/f): *Tratado de mambos*. Sin lugar de publicación o casa editorial (en venta en <www.folkcuba.com>).
— (2002): *Tratado de patimpembas (firmas) (tomo 1)*. Sin lugar de publicación o casa editorial (en venta en <www.folkcuba.com>).
— (2003a): *Tratado de boroco sarabandero*. Sin lugar de publicación o casa editorial (en venta en www.folkcuba.com).
— (2003b): *Tratado del nfumbe*. Sin lugar de publicación o casa editorial (en venta en <www.folkcuba.com>).
RAMÍREZ CALZADILLA, Jorge (2000): *Religión y relaciones sociales. Un estudio sobre la significación de la religión en la sociedad cubana*. La Habana: Editorial Academia.

Rojas, María Teresa (1956): "Algunos datos sobre los negros esclavos y horros en La Habana del siglo XVI". En *Miscelánea de estudios dedicados a Fernando Ortiz* (tomo 2), sin ed., págs. 1276-1287. La Habana: Impresores Úcar García.

Sánchez y Sánchez, Emilio *(1916)*: *Tradiciones trinitarias. Recuerdos del tiempo viejo*. Cienfuegos: Imp., Papelería y Rayados de L-F- Martín.

Schwegler, Armin (1989): "Notas etimológicas palenqueras: *Casariambe, túngananá, agüé, monicongo, maricongo* y otras voces africanas y pseudo-africanas". *Thesaurus* 44: 1-28.

— (1996): *"Chi ma ⁿkongo": lengua y rito ancestrales en El Palenque de San Basilio (Colombia)*. 2 tomos. Frankfurt: Vervuert Verlag/Madrid: Iberoamericana.

— (1998): "Palenquero". En *América negra: panorámica actual de los estudios lingüísticos sobre variedades criollas y afrohispanas*, ed. Matthias Perl & Armin Schwegler, págs. 220-291. Frankfurt: Vervuert Verlag/Madrid: Iberoamericana.

— (1999): "Monogenesis revisited: The Spanish perspective". En *Creole genesis, discourse and attitudes: Studies celebrating Charlene Sato*, ed. John Rickford & Suzanne Romaine, págs. 235-262. Amsterdam: John Benjamins.

— (2000): "On the (sensational) survival of Kikongo in 20th-century Cuba". *Journal of Pidgin and Creole Languages* 15: 159-164.

— (2002a [1998]): "El vocabulario (ritual) bantú de Cuba". En *La Romania americana*, ed. Norma Díaz, Ralph Ludwig & Stephan Pfänder. *Procesos lingüísticos en situaciones de contacto*, 97-194. Frankfurt: Vervuert Verlag/Madrid: Iberoamericana. [La primera parte de este estudio es una versión revisada de "El vocabulario (ritual) bantú de Cuba. Parte I: Acerca de la matriz africana de la 'lengua congo' en *El Monte* y *Vocabulario Congo* de Lydia Cabrera". *América Negra* 15 (1998): 137-185].

— (2002b): Reseña de J. McWhorter (2000), *The missing Spanish creoles: Recovering the birth of plantation contact languages*. Berkeley: University of California Press.

— (2003): "Einige Antworten der Kreolistik an die Hispanistik". En *Portugiesisch in der Diaspora. Vorträge zum 4. Deutschen Lusitanistentag an der Universität Mainz (2001)*, ed. Dieter Messner & Matthias Perl, págs. 22-42. Germersheim: CELA (Centro de Estudios Latinoamericanos).

— (MS): *La lengua "congo" del Palo Monte (Cuba). Análisis etimológico del* Vocabulario Mínimo Palero *del Tata Vicente Portuondo Martín*. [título tentativo].

Schwegler, Armin & Kate Green (en prensa): "Palenquero (Creole Spanish)". Aparecerá en *Comparative creole syntax*, ed. John Holm & Peter Patrick. Londres: Battlebridge Publications.

Soret, Marcel (1959): *Les kongo nord-occidentaux*. París: Presses Universitaires de France.

Swartenbroeckx, Pierre S. J. (1973): *Dictionnaire kikongo et kituba – français (vocabulaire comparé des langages kongo traditionnels et véhiculaires)*. Bandundu: Ceeba Publications.

Tardieu, Jean-Pierre (1984): *Le destin des noirs aux Indes de Castille*. París: Editions L'Harmattan.

— (2003): *"Morir o dominar". En torno al reglamento de esclavos de Cuba (1841-1866)*. Frankfurt: Vervuert Verlag/Madrid: Iberoamericana.
TAVARES, José Lourenço (1934): *Gramática da língua do Congo (kikongo; dialecto kisolongo)*. Luanda: Imprensa Nacional da Colónia de Angola.
THOMPSON, Robert Farris (1983): *Flash of the spirit*. Nueva York: Random House.
— (1990): "Kongo influences on African-American artistic culture". En *Africanisms in American culture,* ed. Joseph E. Holloway, págs. 148-184. Bloomington: Indiana University Press.
— (2002): "Le gestuelle kôngo dans les Amériques noires". En *Musée Dapper* 2002: 161-183.
THOMPSON, Robert Farris & Joseph CORNET (1981): *The four moments of the sun: Kongo art in two worlds*. Washington D.C.: National Gallery of Art.
THORNTON, John (1992): *Africa and Africans in the making of the Atlantic world. 1400-1680*. Cambridge: Cambridge University Press.
— (1995): "Perspectives on African Christianity". En *Race, discourse, and the origin of the Americas. A new world view,* ed. Vera Lawrence Hyatt & Rex Nettleford, págs. 169-198. Washington: Smithsonian Institution Press.
Tratado fundamental de Palo Monte (s/f): Sin autor. Sin lugar de publicación o casa editorial (en venta en <www.folkcuba.com>).
UNESCO (2000): Mapa: "The slave route", Design and cartography: Nancy François. Print: Arizona Graphic. UNESCO, 2000.
VALDÉS ACOSTA, Gema (1974): "Descripción de remanentes de lenguas bantúes en Santa Isabel de las Lajas". *Islas* 48: 66-85.
— (2000): "La herencia bantú en el centro de Cuba: los hechos lingüísticos". *Islas* 42 (124): 23-21.
— (2002a): *Los remanentes de las lenguas bantúes en Cuba*. La Habana: Fundación Fernando Ortiz.
— (2002b): "Restos lingüísticos del kikongo en Cuba". En *Actas VII Conferencia Internacional de Cultura Africana y Afroamericana,* ed. Yadine Yara González & Zaylen Clavería Centurión, págs. 63-69. La Habana: Editorial Publicitaria Imágenes.
VAN WING, Joseph (1930): "Bakongo incantations and prayers". *Journal of the Royal Anthropological Institute of Great Britain and Ireland* 60: 401-423.
— (1959): *Études bakongo: sociologie – religion – magie*.
— (1922 y 1938): Bruselas: Desclee de Brouwer.
VERGER, Pierre Fatumbi (1982): *Orisha. Les dieux yorouba en Afrique et au Nouveau Monde*. París: Éditions A.M. Métaillé.
WARNER-LEWIS, Maureen (2003): *Central African in the Caribbean. Transcending time, transforming cultures*. Kingston: The University of West Indies Press.
ZAMORA, Laciel (2000): *El culto de San Lázaro en Cuba*. Prólogo de Jesús Guanche. La Habana: Fundación Fernando Ortiz.
ZAMORA VICENTE, Alonso (1974): *Dialectología española* (2a ed.). Madrid: Editorial Gredos.

ZEUSKE, Michael (2001): "'Los negros hicimos la independencia': aspectos de la movilización afrocubana en un hinterland cubano. Cienfuegos entre colonia y República". En Martínez Heredia, Scott & García Martínez (eds.), págs. 193-234.

Índice

abakuá, 76 n. (d), 217 → véase tamb. *Sociedad Secreta Abakuá*
Abreus, 33, 36, n. 18, 44
abreviaturas, 21
adaptación fonética, 96-97 → véanse tamb. *prenasales, variación fonética, pérdida, vocales protéticas*
adivinación, 31 n. 14, 43, 66, 66 n. 58, 73, 109, 160, 190
Afonso (rey kongo), 103, 105
africanismo(s) → véase *glosalia "africana"*
afroportugués, 53 n. 47, 70 n. (g)
agua en kikongo, 137
agua: espíritus acuáticos
   Kisimbi Masa, 142-143
   Nkita Kiamasa, 165-166
   Nkita Kuna Mamba, 169-170
   Nkita Kuna Masa, 170-172
agwé, 61, 62, **64 n. (h)**
ahijado(s) → véase *moana nganga*
Alaguana, 172-173
alándoki, 57, 137
Alarcón, A., 71 n. (t), 92, 92 n. 85
albino, 125, 153 n. 14, **188**, **190**, 191, 214 n. 30
Alexandre, P., 134
alternancia fonética
   [–a] vs. [–o] final
   [d] > [r], 195
   [ŋg] vs. [nd], 180-181
amarrar (mágicamente) → véanse *atar, kengue*
amigo → véanse *panga, panguiami, hermano / hermana*
analogía, 49 n. 34, 71 n. (r), 169, 188
ancestro(s), 30, 39, 84, 96, 163, 185, 32, 39 n. 22, 156
   culto a, **32**, 29 n. 22, **84**, 156
anda = nda, 136
andar → véase *kwenda*
Ángeles Sánchez, María de los (Marelis), 66, **78-80**, 122 (foto), 123
Ánima Sola, 18, 104, **172-173**, 204, 208, 213
animismo, **29**, **40**, **43**, **44-45**
apelativo de un palero, 87-88
Arará, 27, 133, 141, 222 (definición)
arriba → véase *riba*
Arrom, J., 139 n. 37
asistentes (del tata nganga) → véase *bakofula*
atar (mágicamente), 93-94, 99, **147-150**, 216 (definición)
Atlas etnográfico y lingüístico de Cuba (AELC), 133
Atlas linguistique du Zaïre, 37
ausencia de labialidad en kikongo, 150
autores (foto), 127
avatar → véase *camino*

bacheche, 55, **58-59 n. (g)** → véase tamb. *cheche*
Bahía (Brasil), 15
baile(s) ritual(es), 29, 119, 182
Bajo Congo, 25 (mapa), 36, 36 n. 21, 53 n. 47, 85, 133 n. 5
bakankise, 42, 216 (definición)
bakofula, **49**, **73**, 78, 80, 93, 216 (definición)
   etimología, 49 n. 37
   foto, 120
bakongo, 216 (definición)
   "padre católico" en kikongo
   animismo, 44
   área, 37, 46 n. 30, 47, 134 (mapa)

cristianización, 78 n. 67, 91, 103, 105, 163, 173, 180
  en Cuba, 132, 133 n. 5
  esclavos, 31, 42
  espíritus, 18, 144, 155, 156, 176 → véanse tamb. *dioses* y sobre todo *nkita*
  espíritus del agua
    Kisimbi Masa, 142-143
    Nkita Kiamasa, 165-166
    Nkita Kuna Mamba, 169-170
    Nkita Kuna Masa, 170-172
  etnias, 155
  evangelización de (esclavos) africanos, 91, 101, 105
  fetiches, 33, 40, 47 n. 31, 85, 99, 151, 155, 156
  hablantes de kikongo, 25, 36, 132, 134
  mapa, 32, 134
  ndoki entre los bakongo, 138
  nkisi, 33, 40, 47 n. 31, 85, 99, 151, 155, 156
  religión, 43, 105, 134, 136, 138, 146, 151, 155, 156, 175, 176, 190, 200
  sacerdotes o nganga bakongo, 77
  sistema de creencias, 84, 103, 136, 138, 146, 151, 155, 156, 175, 176, 190, 200
Ballard, E., 28 n. 5
balu, 136
Baluande, 73, 131, **136-138**, 177, 197, 203, 205, 208, 209, 211
bandankise, **216**, 219, 220
bandoki, 108, 139, 155, 156 → véase tamb. *ndoki*
  Centella Ndoki, 70 n. (k), 73, 88, 104, **138-139**, **144**, 203, 205, 208, 211
  fotos de prendas ndoki, 122, 123, 124
  indoki, 193
bantú(es), 23, 27, 31 n. 16, **37**, 38, 45, 50 n. 39, 50, n. 40, 65 n. (l), 65 n. (o), **81**, 84, 85, 92, 93 n. 87, 95, **103-104**, 132 n. 4, 151, 169

creencia(s), 78 n. 67, **81**, **82**, **84**, **85**, **86**, **109**, **166**, 174, 190, **198**
  esclavo(s), 38, 86
  mapa del área, 37, 134
Barnet, M., 132 n. 4, 138, 144, 149-150, 192 n. 25
Basongo, 16
Bastide, R., 15
bastón, 115
Baudry, J., 84, 133 n. 5
bavili → véase *vili*
Bayombe → véase *Mayombe*
Benny Moré, 77
bisimbi → véase *kisimbi*
bititi, 53, **54-56**, **56 n. (a)**, 62
  bititi menso, 56 n. (a)
  bititi ngo, 54-56
Bittremieux, L. 42, 156, 158, 168, 182
Bola Mundo, 116
Bolívar, N., 28 n. 5, 36 n. 17, 43 n. 29, 45, 46, 51 n. 41, 82 n. 74, 92, 102, 141, 144, 145, 153, 161, 164, 189, 194
Bonachea González, C., 33 n. 16, 92
bosque, 189, 109, 172, **189-190**
Bouquet, A., 42
bozal, **53-55**, 57, 58, 60, **61-62**, 132 n. 4, 216 (definición)
bozales (esclavos), 105
bozalismos → véase *bozal*
Brazo Fuerte, 117
Brice Sogbossi, H., 27 n. 3
Briyumba, 28, 31, **33**, 42, **46**, 88, 89, 149, 149 n. 12, 175, 177, 194, 216 (definición)
  etimología, 31
  prenda (foto), 124
Brown, D., 16, 27 n. 2, 27 n. 4, 30 n. 10, 64 n. (i), 72, 83, 97 n. 94, 98, 109, 136, 151, 153, 156, 160, 161, 164, 185, 186, 187, 189, 190, 192, 198
Brugal, Y., 27 n. 1
brujo, 45, 70 n. (k), **79-80**, **83**, 88 n. 79, 96, 108, 121, 131, **138-139**, 140, 150, 169, 216 (definición) →

véanse tamb. *tata nganga, ngudi nganga, palo brujo*
Buganza Mulinda, H., 158
Bumba, 53 n. 47, 98, 138, **150-151**, **152-159**, 203, 206, 208, 212
Mbumba Mamba, 138, **152-159**, 201, 204, 205, 206, 208, 213
Burke, Elier, 13, 59 n. (g), 104, 120 (foto), 121, 122
Butá Nseke, 109, **188-191**, 204, 205, 206, 207, 208, 214
Bután → véase *Butá*

Cabinda, 16, 31, 35, 38 n. 21, 91, 155
Cabrera Vázquez, A., 33 n. 16
Cabrera, L. 15,17, 27 n. 5,33 n. 16, 38 n. 20, 39, 41, 44, 45, 46, 48 n. 34, 49 n. 37, 50 n. 39, 51 n. 41, 57 n. 47, 54, 54 n. 50, 56 n. (a), 57 n. (b), 58 n (d), 61 n. (c), 64 n. (h), 64 n. (k), 65 n. (o), 69 n. (f), 70 n. (n), 75 n. (a), 75 n. (b), 75 n. (c), 76 n. (d), 78, 79, 80, 81, 81 n. 70, 84, 85, 88 n. 79, 89 n. 82, 92, 95, 95 n. 91, 9798 n. 95, 99, 100, 101, 102, 103 n. 100, 104, 106, 106 n. 104, 107, 108, 109 n. 105, 136, 137, 139, 140, 142, 143, 144, 145, 146, 148, 150, 151, 152, 153, 159, 161, 165, 166, 168, 169, 171, 174, 175, 176, 177, 180-181, 182, 184, 185, 188, 189, 189 n. 23, 190-191 n. 24, 192, 192 nn. 25-25, 193, 194, 195, 196, 197, 198, 199, 203 n. 1, 214-215 n. 30, 215 n. 31
caracterización de datos de Cabrera, 106, 131
grafía adoptada por Cabrera, 135
trascripción errónea de Cabrera, 140, 148, 161, 180-181, 188-189, 192, 194, 196, 197, 214-215 n. 30, 215 n. 31
cadáver → véase *fumbi*
caldero → véase *enkise / enkisi*

Callejo Leal, G., 28, 173, 174
cambio semántico → véase *semántica*
cambios fonéticos, 61, 65 n. (o), 75 n. (b), 92, **95-96**, 97, 103, 109, 131, 137, 141, 143, 148, 151, 154, 158, 161, 163, 165, 167, 172, 174, 175 n. 18, 180, 181, 185, 187, 189, 195, 198, 211 n. 4, → véanse tamb. *variación fonética, alternancia fonética, preservación fonética*
Camerún, 37, 174
camino (avatar), 44, 45, **88-89**, 124, 136, 144, 172, 173, 196, 199, 217 (definición)
caña, 196
Candelaria (Virgen de la), 70 n (k), 104, 131, 140, **161-162**, **186-187**, 203, 208, 211, 214
cantos, 29, 53, 54-55, 60, 66, 72, 73, 94, 119, 149
ejemplos de, 54-55, 193
cará 61, 62, **63 n. (e)**, 197
Caridad del Cobre, 104, **139-141**, 161, 187, 196, 196 n. 27, 203, 208, 211, 212, 215
casa-templo, 30 → véase tamb. *munanso*
casimba → véase *Kasimba*
Castellanos, I. & Castellanos J., 27 n. 1, 27 n. 5, 31, 51 n. 43, 53 n. 46, 77, 84, 85 n. 78, 93 n. 87, 132 n. 4, 141, 173, 174, 175-176, 84, 211 n. 2
Castro, Fidel, 78, 78 n. 66
catolicismo, 18, 30, 83 n. 76, 97, 99, 132, 176, 80, 192, 197
cazuela → véase *enkise / enkisi*
Centella Ndoki, 70 n. (k), 73, 88, 104, **138-139**, 144, 203, 205, 208, 211
chamalongo, **42-43**, 52, 69 n. (f), 73, 186, 217 (definición)
Changó, 15 (Shango), 97, 97 n. 94, 98, 102 n. 100, 104, 107, 132, 163-164, 164 n. 17, 168-169, 176-177, 184, 210, 213, 214 → véanse tamb. *Mukiamamuilo, Santa Bárbara*

cheche, 55, **58-59 n. (g)**, 193
chino, 39, 40, 89
Chireau, Y, P., 77
Chola Wengue, 73, 94, 104, **139-141**, 148, 161, 196, 203, 205, 207, 208, 211, 212 n. 35, 220
Choya Wengue → véase *Chola Wengue*
Cienfuegos, 17, 18, 19, 33, 37, 38, 52 n. 44, 53, 55 n. 51, 58 n. (f), 59 n. 9, 64 n. 4, 72 n. 62, 73, 78, 80, 85, 88, **89-90**, 92, 92 n. 86, 94, 103, 148, 161, 178, 180, 181, **210**
  barrios, 90 n. 83
  historia esclavista, 36, 37-38 n. 19
clase social del tata nganga, 90
clases tonales, 131
Clercq, L. de, 71 n. (s)
Cobre → véase *Caridad del Cobre*
color (etnia) del tata nganga, 89-90, 89 n. 82
concordancia → véase *prefijos*
configuración del apelativo ritual palero (Figura), 87
Congo, 15, 16, 25, 31, 31 n. 14, 32, 34, 36, 49 n. 35, 66 n. 56, 85, 91, 92, 102, 155 → véanse tamb. *Kongo, bakongo*
  Afonso, rey kongo, 103, 105
  cabildo congo de Lajas, 77
  Cacongo 163
  cristianización, 78 n. 67, 91, **103**, **105**, 163, 173, 180
  Dios = ¿ser supremo?, 173-176
  esclavos, 46 n. 30
  etnias, 155
  fetiches del (Bajo) Congo, 85, 100 → véase tamb. *nkisi*
  historia sociocultural, 134
  kalunga en territorio congo, 146
  lengua(s) secreta(s), 53, n. 47
  mapas, 25, 32, 34, 36, 134
  nkisi **47**, **47 n. 31**, 82 n. 71, 85, **150**, 153-156, 168, 178
  nkisi *Mbumba* en Congo, 153

origen del Palo Monte, 16, 25, 30, **34** (Mapa 4), **35**, 38, 38 n. 21, 43, **81-84**, 93 n. 87, 103
  ¿paleros cubanos en el Congo?, 92
  portugués, 53 n. 47 → véase tamb. *afroportugués*
  prácticas rituales, 15, 163
  repartición étnica, 31-32, 34 → véanse tamb. *Bajo Congo, Kongo*
  reyes, 15
  sacerdotes en el antiguo Congo, 105
  sociedades congo, 37
  tipos de nganga, 102
Conocimientos de Palo Monte: Tratado Lunar, 43 n. 28
consulta, 15, **30**, 31 n. 14, **42-43**, 51, 51 n. 43, 52, 64 n. 58, **72**, 73, **74**, **77**, 79, **90**, 155, 156, 181, 217 (definición)
  duración de, 72 n. 62
  espacio de consulta, 30
consultante(s), 51 n. 43, 66, 68 n. 58, 72 n 62, 74, 77, 181, 217 (chamalongo)
  desconocimiento del rito, 73
controversias (puyas), 18, 53, 73
Cornet, J. 134
Corominas, J., 65 n. (n), 70 n. (g)
créole haitiano, 92, 92 n. 86
cristianización, 78 n. 67, 91, **103**, **105**, 163, 173, 180
cuatro puntos cardinales, 94, **148**, 149
Cuatro Vientos, 43 n. 28, 45, 94, 124 (foto), **148-149**
culebra, 136, 143 → véanse tamb. *majá, pitón, serpiente*
culto → véase *rito*
culto a los ancestros, **32**, 29 n. 22, **84**, 156
cumplimiento, 29, 72, 77 n. 64, 119, 132, 176

Daeleman, S., 131 n. 1
Dapper, O., 28 n. 7, 47 n. 31, 50 n. 40, 158, 163
Davila, M., 30 n. 10, 59 n. (g)
Dennett, R., 66 n. 56

desonorización, 175 n. 18, 177
diálogo ritual, 61
Dianteill, E., 11, 27 n. 1, 27 n. 5, 38 n. 20,
  39 n. 22, 40 n. 23, 47-48, 51, 51 n.
  40, 51 n. 42, 52, 52 n. 44, 54 n. 49,
  77, 78 n. 65, 78 n. 67, 80-81, 80 n.
  69, 91 n. 84, 92, 99 n. 96, 184
Díaz Fabelo, T., 27 n. 5, 49 n. 37, 50 n. 39,
  56 n. (a), 66 n. 57, 75 n. (b), 76 n.
  (d), 136, 137, 143, 147, 152, 166,
  170, 172, 186, 188, 194
dibamba, 196 → véase tamb. *mba*
Dibudi, 181-183
*Diccionario de la Real Academia
  Española*, 58 n. (g), 209
Diccionario del Español de Cuba, 59 n.
  (g), 69 n. (f), 209
Dieckmann, A., 28 n. 5
diferencias entre informantes, 91-95 →
  véase tamb. *fluidez de los hablantes*
dinga → véase *ndinga*
"Dios" en el Palo Monte, 173-176, 179-
  181 → véase tamb. *Jesucristo*
Dioses, **39-45**, 46, 66 n. 57, 73, 77, **84-87**,
  97-106, **144**, **168-169**, **173-176**, 187,
  217 (definición) → véanse tamb.
  enkisi, nkita
  asociación con el panteón de dioses
    yoruba-lucumí, 19, 83, 83 n. 76
  coincidencia entre nkisi paleros y
    bakongo, 99-100
  comportamiento, 77
  en el África bantú de antaño, 198
  incorporación de ragos / significados,
    97-106
  invocación a los dioses, 74
  mellizos (deidades), **142-144**, 179, 212
    n. 10
distorsión fonética (intencional), **60**, 61,
  65 n. (m), 137, 161
Dolores, 79-80, 197
dominio de la "lengua" → véase *fluidez
  de los hablantes*
Dupré, M., 43, 153

edad de los paleros, 50, 50 n. 40
Eleguá, 18, 104, **143**, 162, **172-173**, 186,
  195, 213
embarazo, 98, 140, 153, **161-162**, **186-187**
embuá → véase *mbuá*
empangui / empangue → véanse *panga,
  panguiami*
empungo → véase *pungo*
enfermedad(es), 44, 52, 77, 99, 126, 154,
  174, 181, 187, 209
  cura para, 126
  de estómago, 181, 209
  de piel, 187
  locura, 99, 100, **144-146**
  pronósticos, 44
  protección contra, 154, 144-146
enfumbi, enfumbe → véase *fumbi*
enganga → véase *enkise / enkisi*
  etimología, 28 n. 7, 62 n. (g), 70 n. (o)
engueyos, 50, **50 n. 39** → véase tamb.
  moana nganga
enkangue, 218 → véanse tamb. *kangue,
  kengue*
enkise, enkisi, **28-29**, 30 n. 11, 31 n. 14,
  39-45, 47 n. 31, 49 n. 35, 42, 49 n.
  35, 67-68, 69 n. (e), **81-82**, 84-86,
  99-100, **101-102**, 151, 156, 216
  (definición) → véase tamb. *kisimbi*
  amuletos para nkisi, 183
  bailes de nkisi, 182, 182 n. 21
  bakankise, 42, 216 (definición)
  bandankise, **216**, 219, 220
  Bola Mundo, 116
  Brazo Fuerte, 117
  camino (avatar, destino), 44, 45, **88-89**,
    124, 136, 144, 172, 173, 196, 199,
    217 (definición)
  coincidencia entre nkisi paleros y
    bakongo, 99-100
  contra locura, 144-146
  cristiano, 78 n. 67
  diferencia entre *nkisi* bakongo y *(e)nkisi*
    paleros, 40
  dualidad de dos nkisi, 144

en el África (de antaño), **47**, **47 n. 31**, 82 n. 71, 85, **150**, 153-156
estatuas, 40
etimología, 28-29, 29 n. 9
fotos de, 41, 113-117, 120-127
ídolos nkisi en África, 163
judío, 78 n. 67
ki inkise, 67, **69 n. (e)**
kinkise, kinkisi, 81-82, 102
Madre Nkisi Malongo Teremene, 122
monta (tratado de confección), **44**, 45, 51, **88**, **89**, 89 n. 81, 96 n. 93, 101 n. 99, 177, 182, 220 (definición)
Moquisie, 47 n. 31, 50 n. 40
Nganga Ngombo, 101-102
Nkisi Mamba, 152-159
Nkisi Masa Matari, 166
Nkisi Masa, 136, 138, 143, 166
Nkisi Mboma, **151-152**, 201, 206, 208, 212, 213 n. 20
Nkisi Mbumba, 149, 154, 156
Nkisi Nkita → véanse *Nkita Kiamasa, Nkita Kunamasa, Nkita Kunamamba*
Nkita Minseke, 100, **166-168**, **172**, 204, 206, 213
Nkita Nsasi, 178-179 → véase tamb. *Nsasi*
nombre de la prenda, 88
prenda cruzada, 124
similitudes entre el África y Cuba, 99-100
términos para *enkise / enkisi*, **39**, 99 n. 96
variantes, 39
yimbirá enkise, **42**, 50 n. 40
enkita → véase *nkita*
enkunia → véase *kuni kano*
enkuyo → véase *nkuyo*
enquise, enquisi → véase *enkise*
ensala, 94 n. 89, **149**, **149 n. 10**, **198** → véanse tamb. *salá(r), Sarabanda, "trabajar"*
ensalá, ensalar 68, 70 n. (h) sala ("trabajo mágico"), **198**, 199 → véase tamb. *trabajar*

Ensambi → véase *Sambi*
entata, 69 n. (d) → véanse tamb. *taita, tata*
entidades → véanse *dioses, enkisi, nkita, fumbi*
entoto, 68, **70 n. (n)**, 159, 176, 177, 193
munantoto, 176, 177, 193
ntoto, 159
esclavitud, 36, 37-38 n. 19, **101**
esclavos, 30, 31, 38, 37-38 n. 19, 42, 46, 47, 53, 86, 93 n. 87, 97, 103, 105, 106 n. 103, 132
yorubas (en Cuba), 16
espíritus → véase *nkita*
espíritus del agua
Kisimbi Masa, 142-143
Nkita Kiamasa, 165-166
Nkita Kuna Mamba, 169-170
Nkita Kuna Masa, 170-172
espíritus del agua o del monte, 166-168
etimologías (trasparencia), 97
evaluación de datos, 89-95
evangelización de (esclavos) africanos, 91, **101**, **105**
extraer (raíces o plantas), 188-191

[f] < [v], 194 → véase tamb. *fricativas*
Fabbro, R., 50 n. 39, 71 n. (p), 138, 140, 141 n. 9, 142, 151 n. 13, 165, 168, 170, 171
Facundo, Andrés, 197
Falgayrettes-Leveau, C., 28 n. 5
falsedad, 69, **139-140**
Farris Thompson, R. 28 n. 5
fasenda, 53 n. 47, 68, **71 n. (t)**
Fernández Olmos, M., 28 n. 5, 37
Fidel Castro, 78, 78 n. 66
figura zoomorfa, 40-41
fluidez de los hablantes, 19, 19 n. 4, **60**, **72**, 119, **133**
fonética → véanse *cambios fonéticos / variación fonética, variación fonética, alternancia fonética*
desonorización, 175 n. 18, 177
preservación fonética, 92, 103, 131

forja, 143, 195
forma de tratamiento, 50 n. 39
formación del Palo Monte → véase *orígen(es) del Palo Monte*
formato de las etimologías, 107-110
fricativas, 96, 97, 151, 194, 215
fuego, 106, 173, **194-196**
fuentes escritas usadas por paleros → véase *libretas*
Fuentes Guerra, J., 25, 27 n. 5, 30, 36, 37, 38, 38 n. 19, 39, 40, 40 n. 23, 45, 48 n. 32, 56 n. (a), 57 n. (c), 59 n. (g), 63 n. (a), 63 n. (c), 65 n. (o), 67 n. 59, 69 n. (a), 70 n. (l), 70 n. (n), 71 n. (p), 71 n. (t), 76 n. (d), 78 n. 67, 82, 84, 92, 97, 109, 132, 133, 152, 154, 172, 187, 193, 194, 198
fueri, 62, **65 n. (m)**
fuerte, poderoso, potente → véanse *bacheche, cheche, jorocuma, yaya*
Fu-Kiau, K., 13, 42
fumbi, **54-55**, 57, 68, 70 n. (l), 74, 84, **86**, 95, 97, **192-194**, 217 (definición)
canto ritual, 54-55, 74, 193
en el fetiche, 192-194
etimología, 57 n. (c), 70 n. (l), 192, 194
invocación al fumbi ("muerto") o a la prenda, 54-55, 74, 193
San Lázaro, 188, 192, 193 → véase tamb. *San Lázaro*
Tata Fumbe, **192-194**, 204, 205, 207, 208, 215, 215 n. 31
variantes, 70 n. (l), 192, 192 n. 26
fundamento → véase *enkise / enkisi*

Gabón, 47, 154
ganga → véase *enkise / enkisi*
etimología, 28 n. 7
= 'sacerdote' (en el antiguo Kongo), 105
gangulero → véase *tata nganga*
ganguleros → 48-49, véanse tamb. *tata nganga, ngudi nganga, bakofula, moana nganga*

García González, J., 56 n. (a), 76 n. (d), 92, 154, 198
García Martínez, O., 37-38 n. 19
genitivo, 40, 41, 74, 76 n. (d), 106, 137, 138, 159, 165, 167, 174, 181, 182, 185, 209
glosalia "africana", 60, **60 n. 53**, **61**, 73
definición de "africano", 60 n. 54
glotonería, 181, 183-184
Gómez Gómez, G., 77 n. 64
González Bueno, G., 51 n. 43, 52 n. 45
González Díaz de Villegas, C. 28 n. 5, 36 n. 17, 43 n. 29, 45, 46, 51 n. 41, 82 n. 74, 92, 102, 141, 144, 145, 153, 161, 164, 189, 194
González Fuentes, H., 31 n. 11, 92, 100 n. 98, 101 n. 99, 160
González García, R., 50 n. 39, 54 n. 48, 70 n. (g), 92
González Huguet, L., 84, 133 n. 5
Granda, G. de, 27 n. 5, 53 n. 47, 83, 83 n. 77, 132 n. 3, 154
Green, K., 71 n. (p)
Guadi Mamba, 107, 159
Guanche, J., 27 n. 5, 31 n. 14, 36, 40 n. 24, 64 n. (h), 83, 92 n. 85, 98, 109, 132 n. 4, 136, 153, 164, 185, 187, 189, 198
Gulufinda → véase *Gurufinda*
Gurufinda, 56-57 n. (b), **109**, **189 n. 23**, 214-215 n. 30
Guthrie, M., 134

habla bozal, 53 n. 46, 57, 58, 216, **219** (definición)
habla congo, 83, 132, 180, 219 (definición) → véanse tamb. *habla palera* y *"lengua"*
habla palera → véanse tamb. *habla congo* y *"lengua"*
cantos y rezos, 66
distorsión fonética (intencional), **60**, 61, 65 n. (m), 137, 161
elementos haitianos (créole), 92, 92 n. 86

lenguaje artificial, **60**, 61
léxico palero en el español cubano, 60
origen, 38, 45, 71 n. (p), 84, 92, 93 n.
87, **132-134**
otros nombres para "habla palera", 83
tesis monogenética, 84
variación fonética, 137
voces atípicas, 93
hablar en kikongo, 63
Hagenbucher-Sacripanti, F., 34, 35, 42, 50 n. 38, 82, 82 n. 73, 91, 142, 151, 152, 155, 155 n. 15, 156-158, 168, 178-179
Haití, 16, 92
influencia haitiana, 92
Hannan, M., 65 n. (o)
Héctor Hidalgo Mederos, 13, 55 n. 51, 57 n. (b), 58 n. (f), 59 n. (g), 113, 114, 116 (foto), 119 (fotos)
Hegba, M., 152
Heike, O., 11
hermano / hermana (de Palo), 50 n. 39, 62 n. **(k)**, 67, **69 n. (b)**, 80, 96, 118, **179-181**, 197, 109, 219 (definición)
→ véanse tamb. *panga, panguiami*
hermanos paleros (foto), 118
Heywood, L., 15, 28 n. 5
Hidalgo Mederos, Herminio 117-118 (fotos)
Hidalgo, Hiosvany 19 (foto)
hierro
caldero de, 39, 40
Ogún (Lufo), 143, 198
sagrado, 44, 63 n. (f), 99, 120, 197, 198
Hilton, A., 91
hijo de prenda → véase *moana nganga*
hipocorismo, 40, 48 n. 33, 98 n. 95, **196, 197**
Holm, J., 53 n. 46
hombres y mujeres en el Palo Monte, 77-80 → véase tamb. *ngudi nganga*
hueso(s), 29, 40, 44, 75, 88, 89, 46

Ibeyi, **144-146**, 179, 209, 212, 214

ídolos, 163
Iglesias García, F., 37 n. 19
ignorancia de las interioridades del rito palero, 73
ikú, 124
Iña Ñaába, 131, **141**, 203, 205, 206, 208, 209, 211
indoki, 193 → véase tamb. *ndoki*
influencia yoruba, 17, 19, 132
informantes
Ángeles Sánchez, María de los (Marelis), 66, **78-80**, 122 (foto), 123
Burke, Elier, 13, 59 n. (g), 104, 120 (foto), 121, 122
caracterización en general, 48-81
de Cabrera, 97, **106**, 131, 148, 173
de Elliott Klein, **11**, 56, 57 n. (b), 69 n. (a), 88, 89, 93, 94, 140, 148, 161, 182, 184, 195, 196, 197
de Fuentes & Schwegler, **13**, **58**, 60, 88, **90**, 91-92, 133, 149, 173, **210**
diferencias entre informantes, 91-95, véase tamb. *fluidez de los hablantes*
fluidez, 19, 19 n. 4, **60**, **72**, 119, **133**
fotos, 119, 120, 122, 123
Héctor Hidalgo Mederos, 13, 55 n. 51, 57 n. (b), 58 n. (f), 59 n. (g), 113, 114, **116** (foto), 119 (fotos)
Hidalgo Mederos, Herminio 117-118 (fotos)
Hidalgo, Hiosvany 19 (foto)
Jesús Varona Puente, 57 n. (b), 69 n. (a), 93, 94 n. 88, 161, 196 n. 27
kimbisas, 197
Marelis 66, **78-80**, 122 (foto), 123 → véase tamb. *Ángeles Sánchez, María de los*
relación con, 90-91
Torres, Julio, 125
ingresos (de paleros), 90
iniciación (rayamiento), 29, 42, **51-54**, **73**, **73 n. 63**, 90, 154, 219 (definición), 223
Insamba, 146 → véase tamb. *Nsamba*

Insambi → véase *Sambi*
instrumentos de, 43, 56 n. (a), 66, 69 n. (f), 73, 109, 161 n. 16, 190
International Phonetic Alphabet, 135
interrogatorio, 49 n. 34, 49 n. 37, 50 n. 38, 160-161
IPA, 135
ir → véanse *kwenda, va*

jabalí, 109-110, 189-190
James Figarola, J., 40, 69 n. (f), 92 n. 85
Jay, N., 80
Jean, F., 71 n. (s)
jefe
   butá nseke, 188, **191**
   mayombe, 46
   mbúta, 49 n. 35
   mfumo, 96
   muilo, 71 n. (u), 100, **163-164**
   tata, 48 n. 33, 51, 63 n. (b), 69 n. (d), **192-194**
   tatandi, 51 n. 41
Jesucristo, 164, **179-181**, 185, 192, 204, 208, 209, 214
Jimaguas, 144-146, 179, 209, 214 n. 25
jorocuma, 68, **70 n. (m)**
judeocristiano, 30, 47, 78 n. 67
juegos de Palo (Monte), 42, 73

Kabanga, 131, **141**, 203, 205, 208, 209, 211
kalunga
   dios del mar, 73
   en territorio congo, 146
   = 'mar', 58, 95, 138
   Mama Kalunga, 73, 77, 83, 94, 98 n. 95, 100, 104, 136, 137, 142, **146-147**, 148, 152, 159, 166, 171, 186, 203, 205, 212, 220, 221
kangue, 135, 221 → véanse tamb. *enkangue, kengue*
kano → véase *kuni kano*
Kasimba, 136, 138, **184-186**
Kengue (Mama Kengue), 18, 66 n. 57, 73, **93-95**, 98 n. 95, 99, **147-150**, 187,

203, 205, 206, 208, 212 véanse tamb. *enkangue, kengue, atar*
   etimología, 147
ki inkise, 69 n. (e)
Kiamasa, 100, 138, **165-166**, 204, 206, 208, 213
kikongo, 16, 17, 18, **36, 37**, 38, **134**, 219
   adaptación fonética, 96-97
   ausencia de labialidad, 150
   clases tonales, 131
   del Sur, 41, 50 n. 39, **84**, 137, 151
   distancia fonética entre étimos kikongo y voces paleras, 97, 103
   en África, 17, 37, 50 n. 39
   en el centro de Cuba, 38
   fuente del habla palera, 16, 17, 19, 45, 84, 93, **95-97**, 101, 102, 132 n. 3, 133
   hablantes de, 36
   locativos *kuna, muna* y *vana*, 71
   mapa del área kikongo (en África), 37, 134
   mapa, 37, 134
   meridional (en África), p. 41
   myene (etnia kikongo), 124
   negación, 58 n. (f)
   oriundez del material kikongo, 84
   ortografía, 135
   palatalización de
      de PAL. *cha*, 43
      de KIK. *ki-*, 141
      de KIK. *kiula-*, 43
      de KIK. *nkento > ntchiento*, 43
   prefijo *ki-*, 167-168
   prefijo *N-*, 167-168
   prefijos *mu- / mi-*, 167-168
   prenasales, 65, 96
   reestructurado, 18, 93, **133**
   variación fonética en *mpándi ~ mpángi*, 180-181
   voces extra-kikongo, 131, 133
Kimbisa, 28, 33, 33 n. 15, 45, 46, 57 n. (b), 59 n. (g), 88, 89, 148, 159, 172, 194, **197, 199**, 219 (definición)
   etimología, 33

Kimpianga, M., 42
kinkise, kinkisi, 81-82, 102
Kinseke, 73, 74, **166-168**, 170, 204, 205, 206, 213 → véase tamb. *Sindaula Ndundu Bután Séke [= Butá Nseke]*
kisi, kise → véase *enkise*
kisimbi, 43, **82-83, 142-143**, 219
  Kisimbi Masa, 131, 136, **142-143**, 152, 154, 166, 203, 205, 206, 211
kiswahili, 16 n. 1, 133, 133 n. 5
kivili → véase *vili*
Klein, H., 106 n. 103
ko, 55, **58 n. (f)**
Kongo, 35, 39 n. 22, 51 n. 2, 54 n. 49, 66 n. 56, 103 → véanse tamb. *Congo, Bajo Congo*
  Afonso, rey kongo, 103, 105
  mapa, 25, 32, 34, 37
  rivalidad entre *ngangas* y padres católicos, 105 n. 102
kuna, 71 n. (p) 169-172
  etimología, 165-166
  kuna nkongo, 193
  kuna Yombe, 193
  kunamamba, 138, 142, 152, 165-166, **169-170**, 170-172, 204, 206, 208, 213
  kunamasa, 142, 152, 165-166, 169-170, **170-172**, 204, 205, 208, 213
  kunán siete, 177
  kunanbeta, 75 n. (a)
  kunanchila, 68, **71 nn. (p, q, s)**
  kunandansa, 68, **71 nn. (p, q, s)**
  kunanfinda, 48 n. 34
kunamamba, 138, 142, 152, 165-166, **169-170**, 170-172, 204, 206, 208, 213
Kunamamba, 138, **169-170**, 204, 205, 206, 208, 213
kuna masa, 142, 152, 165-166, 169-170, **170-172**, 204, 205, 208, 213
Kunamasa, 154, **170-172**, 204, 206, 213
  → véase tamb. *kuna masa*
kunanchila, 68, **71 nn. (p, q, s)**
kunandansa, 68, **71 nn. (p, q, s)**
kuni kano, 74, **75-76 n. (d)**, 168

kuni(e) → véase *kuni kano*
kutu, 97, 176
kuyo, 17, 104, 120, 132, **143-144**, 162, 172-173, **194-195**, 203, 204, 205, 206, 208, 211, 213, 221
kuyu → véase *kuyo*
kwenda, 62, **63 n. (c)**, 168

La Habana, 15, 17, 18, 33, 36 n. 18, 57 n. (b), 69 n. (a), 89, 93, 148, 153, 193
Lachatañeré, R., 17 n. 3, 27 n. 5, 37, 40 n. 23, 51 n. 40, 198
Lage, D., 30 n. 10
Laman, K. [L.], 135 y *passim*
Larduet Luaces, A., 28 n. 5, 36 n. 17
lari, 133, 199
"lengua", 219 (definición) → véase tamb. *habla congo* y *habla palera*
  cercanía fonética en relación con el kikongo, 92
  componentes básicos, 53, 81-83
  comunicación con los espíritus, 66
  ¿condición imprescindible para ejercer como palero?, 66
  contextualización diacrónica, 33 n. 16
  [d] > [r], 195
  disimulación intencional, 60-62
  distorsión fonética (intencional), **60**, 61, 65 n. (m), 137, 161
  dominio, **60**, 61, 72
  eficacia mágico-religiosa, 66
  elementos haitianos (créole), 92, 92 n. 86
  en las obras de Cabrera, 97
  fluidez de los hablantes, 19, 19 n. 4, **60**, 72, 119, **133**
  fonética → véanse *cambios fonéticos / variación fonética, variación fonética, alternancia fonética*
  hablante de, 119
  influencia lucumí / yoruba, 19, 132
  lenguaje artificial, **60**, 61 → véanse tamb. *fluidez de los hablantes, ¿lenguaje natural o sacrolecto?*

¿lenguaje natural o sacrolecto?, 19, **72**
→ véase tamb. *lenguaje artificial*
lenguaje preestablecido, memorizado, 72
libretas, 91-92
ligada a la liturgia, 66
muestra del léxico palero, 95-96
muletillas, 60, 61
[ŋg] vs. [nd], 180-181
normas de trascripción, **20**, 54, **135**
origen, 25, 38, 45, 71 n. (p), 84, 92, 93 n. 87, **132-134**
otros nombres para "lengua", 83
pérdida de "lengua", 60 → véase tamb. *fluidez de los hablantes*
prenasal(es), → véase *prenasal(es)*
reestructuración, 18, 93, **133**
retención (factores de), 103, 105-106
secreto, **66, 66 n. 56, 90**, 148-149 → véase tamb. *tratado*
uso en el culto, 53, 60 n. 53, 66, 72, 80, 92
uso en el culto por mujeres, 80
uso fuera del culto, 72
[v] > [f], 194
variación fonética → véase *variación fonética*
vocales protéticas, 65 n. (o), 96, 136, 137
lenguaje artificial, 60, 61
léxico palero (muestra), 95-96
libretas, 91-92
lingala, 16 n. 1, 133, 133 n. 5
Lipski, M., 53 n. 46, 58 n. (e), 64 n. (h), 64 n. (k), 65 n. (l)
Lisimba, M., 154
llama (= llamo), 54, 55
locativo(s), 71 n. (p), 71 n. (s), 138, 165, 169, 170, **171-172**
locura, 99, 100, **144-146**
Lola, 197
lombanfula, 30 n. 11, 100, n. 98, 101 n. 99, **160**
etimología, 30-31 n. 11, 160

Lombua Mfula, 85, **160-161**, 185, 203, 203 n. 1, 206, 208, 212
Luanda, 38 n. 21, 146
Lucero (Mundo), 62, 67, 68, 70 n (i), **89**, 104, 162
fotos de la prenda, 113, 114, 120
lucumí → véase *yoruba*
lufo, 143, 101, 132, **143-144**, 194, 203, 208, 211 → véase tamb. *kuyo*
Lufo Kuyo, 17, 101, **143-144**, 194, 203, 205, 208, 211
Lufu, 143-144 → véase tamb. *Lufo Kuyo*
Lumwamu, F., 58 n. (f)
lúufu (kik.), 18, 132, **143-144**

MacGaffey, W., 28 n. 5, 82, 99 n. 96, 183
madre → véanse *mama, ngudi (nganga), yaya*
Madre (de) Agua, 137-138, 143, 146, 147, 151, 152, 154, 159, 166, 168, 211 n. 5, 212, n. 11, 212 n. 13, 213 n. 18, 213, n. 21 → véanse tamb. *Siete Estrellas, Siete Sayas, Virgen de Regla*
Madre Nkisi Malongo Teremene, 122
madrina → véase *ngudi nganga*
Mafula, 49 n. 34, 185
maíz → véase *masango*
majá, 96, 139, **151-152** → véanse tamb. *culebra, pitón, serpiente*
Majumbo → véase *Mayumbo*
maleku nsala 68, 70 n. (h)
Malongo, 122 → véase tamb. *chamalongo*
mama
Bumba → véase *Mama Bumba*
Chola, 211, b. 7, 212 n. 15 → véase tamb. *Chola Wengue*
en kikongo, 148
Lola, 197
Mama Kalunga → véase *Mama Kalunga*
Mama Kengue → véase *Mama Kengue*
Sambi(a), 59, 197
Tengue, 79

Umba → véase *Bumba*
Wanga → véase *Mama Wanga*
Yola, 197
mamá → véase *mama*
Mama Kalunga, 73, 77, 83, 94, 98 n. 95, 100, 104, 136, 137, 142, **146-147**, 148, 152, 159, 166, 171, 186, 203, 205, 212, 220, 221
Mama Kengue, 18, 66 n. 57, 73, **93-95**, 98 n. 95, 99, **147-150**, 187, 203, 205, 206, 208, 212
Mama Wanga, 45, 98, **161-162**, 185, **186-187**, 203, 204, 205, 206, 207, 208, 212
Mamba
    Mbumba Mamba, 138, **152-159**, 201, 204, 205, 206, 208, 213
    Nguadi Mamba, 107
    Nkisi Mamba, 152-159
    Nkita Kunamamba, 138, **169-170**, 204, 205, 206, 208, 213
Mamfula → véase *Mafula*
Manfula → véase *Mafula*
Manual anónimo, 52, 184
mapa
    de Cuba, 36
    de la irradiación del Palo Monte en Cuba, 36
    de la localización aproximada del kikongo, 37
    de la repartición étnica del Congo Meridional, 34
    del área kikongo 37, 134
    del kikongo y kimbundu, 136
    del Mayombe, 32
    del sustrato de creencias afrocubanas, 29
    Bajo Congo, 25
Martínez, M., 31 n. 11, 92, 100 n. 98, 101 n. 99, 160
Masa
    Kisimbi Masa, 45
    Kunamasa, 154, **170-172**, 204, 206, 213
    Nguda Masa, 107

Ngudi Masa, 107
Nkisi Masa, 136, 138, 143, 166
Nkita Kiamasa, 100, 138, **165-166**, 204, 206, 208, 213
masango, 44, **94**, **94 n. 90**, 149, 149 n. 12
Matanzas, 33, 36 n. 18, 38, 54 n. 48
matari (mba), 45, 166, 177, 195 → véase tamb. *piedra*
Matibag, E., 36, 84, 200
Mayombe 16, 18, 19, **25**, **30-34**, 39, 41, **45-48**, **52**, 97, **101**, **131**, 145, 187, 189, 220 (definición) → véase tamb. *Palo Monte*
    adivinación, 31 n. 14, 43, 66, 66 n. 58, 73, 109, 160, 190
    caracterización de la Regla Mayombe, 45-48
    componentes básicos, 81-84
    Dios en el Palo Monte, 173-176 → véase tamb. *Jesucristo*
    dioses, 39, 41, 73, 86-87, 97, **100**, 169, Apéndices 3.3., 3.5
    división de las entidades mayombe, 166
    etimología, 46 n. 30
    extensión geográfica, 31, **33**, **34**
    fetichismo, 44
    fuente de datos, 81
    iniciación (rayamiento) en la Regla, 29, 42, **51-54**, **73**, 90, 154, 219 (definición), 223
    instrumentos, 43, 56 n. (a), 66, 69 n. (f), 73, 109, 161 n. 16, 190
    mapa, 34 (v. "Bayombe")
    mujeres en el Palo Monte, 77-80 → véase tamb. *ngudi nganga*
    nkisi principal (Nsasi Siete Rayos), 121
    Nsambi / Nsambia (Dios) en el Palo Monte, 173-176
    origen, **34-35**, 45-48, **101**, **131**, 153
    practicantes del rito, 77-79, 89
    Pungo Mensu en la tradición Mayombe, 186
    religión masculina, 77-79
    rito(s) → véase *rito(s)*

mayombero, 49 (etimología)
mayomberos 48-49 → véanse tamb. *tata nganga, ngudi nganga, bakofula, moana nganga*
mayordomo → véase *bakofula*
Mayumbo Moúngu Mpungu, **144-146**, 203, 206, 208, 212
Mayumbo Moúngu, **144-145**, 203, 206, 208
mba ('fuego'), 106, 173, **194-196**
  dibamba (= di-mba-mba), 196
  sondimbá, 196
Mboma, **151-152**, 201, 206, 208, 212, 213 n. 20
mbuá / mbwá / embuá, 45, 67, 96, 182, 182 n. 20, 183 217 (definición) → véase tamb. *perro de prenda*
Mbumba → véase *Bumba*
mbwá → véase *mbuá*
McWhorter, J., 103 n. 101
mellizos (deidades), **142-144**, 179, 212 n. 10
mellizos en kikongo, 179
Menéndez, L., 91
menga, 96, 176
Mensu, 186
Mercedes, 93, 99, 131 n. 2, **141**, **147-150**, 187, **196-197**, 203, 204, 208, 209, 211, 212, 215
mfumbi mfumbe → véase *fumbi*
Mfútila, 44, 73, 104, **126**, **127**, **187-188**, 192, 204, 205, 206, 207, 208, 214
Millet, J., 71 n. (t), 92, 92 n. 85
minkisi, 49 n. 35, 82 n. 71, 200 → véase tamb. *enkise*
Minseke, 100, **166-168**, **172**, 204, 206, 213
Mintz, S., 15
mira(r), mirada → véase *bititi*
moana nganga, **49**, 52, 72, 72 n. 60, 73, 78, 93, 125, 220 (definición)
  etimología, 49-50 n. 38
monokutuba, 133
monta(r), 44, 45, 51, **88**, **89**, 89 n. 81, 96 n. 93, 101 n. 99, 177, 182, 220 (definición)

Montes de Oca, B., 37 n. 19
Moquisie → véase *enkisi*
Moreno Fraginals, M., 37 n. 19, 105
Morgan, P., 16
Moúngu, 144-146, **203**, **206**, **208**, **212**
mpungo → véase *pungo*
mpungu → véase *pungo*
muanaco, 50 n. 38
muanandi, 50 n. 38
muanita, 50 n. 38
"muerto" → véase *fumbi*
Muilo → 68, **71 n. (u)**, 73, 98, **163-164**, 204, 206, 208, 210, 213 → véase tamb. *Santa Bárbara*
mujeres en el Palo Monte, 77-80 → véase tamb. *ngudi nganga*
Mukiama Muilu, 68, **71 n. (u)**, 73, 98, **163-164**, 204, 206, 208, 210, 215
  → véase tamb. *Santa Bárbara*
Mukiamamuilo → véase *Mukiama Muilu*
mulatos, 89, 139
muletillas, 60, 61
mumbanda, 199
muna, **48 n. 32**, **71 n. (s)**, 168
  muna bembo, 161
  muna lembo, 161, 161 n. 16
  munalendo, 161
  Munalongo, 213 n. 21
  munangueyo, monangueyo, 50 n. 39
  munanseke, 168
  munanso → véase *munanso*
  munansulu, 176, 177
  munantoto, 176, 177
  munanweyes, 50 n. 39
muna bembo, 161
muna lembo, 161, 161 n. 16
munalendo, 161
Munalongo, 213 n. 21
munangueyo, monangueyo, 50 n. 39
munanseke, 168
munanso, **48**, 66, 69, 72, 73, 80, 80, 84, 91, 118, 162 → véase tamb. *casa-templo*
munansulu, 176, 177

munantoto, 176, 177, 193 → véase tamb.
  entoto
munanweyes, 50 n. 39
muñequitas, 127
Musée Dapper, 28 n. 5, 41, 134
musenga dibamba, 196
música
  cantos → véase *cantos*
  popular, 77
Musundi / Sundi, 16, 199
Mvulusi, 42, 157-159
myene (etnia kikongo), 124

ncuarto, 65 n. (l)
ndinga, 49 n. 35, 62, **63 n. (a)**
ndoki, 47 n. 31, 48, 57 n. (b), 68, 78, 89, 96, **97**, **138-139**, 144, 174, 206 → véase tamb. *brujo*
  bandoki, 108, 139, 155, 156
  Centella Ndoki, 70 n. (k), 73, 88, 104, **138-139**, **144**, 203, 205, 208, 211
  fotos de prendas ndoki, 122, 123, 124
  indoki, 193
Ndundu, 109, 125 (foto), **188-191**, 204, 205, 206, 207, 208, 214, 214 n. 30
  Andundu, 109 n. 105
  Yambaka, 109, **188-191**, 204, 205, 206, 207, 208, 214
negación, 55, **58 n. (f)**
  en kikongo, 58 n. (f)
negros, 15, 39, 80, **89**
Nevet Resma, M., 92 n. 85
nfumbe → véase *fumbi*
nfumbe véase *fumbi*
Nfútila → véase *Mfútila*
nganga → véase *enkise / enkisi*
Nganga Ngombo, 101-102
ngo 53, **54-56**, **56 n. (a)**, 62
Nguadi Mamba, 107, 159
ngudi nganga, 30, 39, **49-50**, 72 n. 62, 73, **77-80**, 87, **90**, 221 (definición)
  Ángeles Sánchez, María de los (Marelis), 66, **78-80**, 122 (foto), 123

edad, 50
eficacia, 78-79
etimología, 49 n. 35
foto, 122
renumeración, 90
ngwé, 61 n. (d)
nkita, 44, 49, 67, 69, 73, 74, 79, **82**, **85**, **86**, 88, 96, 98, **100**, **101 n. 99**, 102, 102 n. 100, 138, 142, 162, **165-166**, **166-168**, **169-170**, **170-172**, 204, **219** (definición) → véase tamb. *kisimbi*
  denominaciones, 98
  diferencia entre nkita y simbi, 82 n. 73
  espíritus del agua → véanse *Nkita Kuna Masa, Nkita Kiamasa, Nkita Kuna Mamba, Kisimbi Masa*
  etimología, 82
  Nkita Kiamasa, 100, 138, **165-166**, 204, 206, 208, 213
  Nkita Kinseke, **73**, **74**, **166-168**, 204, 205, 206, 213 → véase tamb. *Sindaula Ndundu Bután Séke [= Butá Nseke]*
  Nkita Kunamamba, 138, **169-170**, 204, 205, 206, 208, 213
  Nkita Kunamasa, 154, **170-172**, 204, 206, 213
  Nkita Minseke, 100, **166-168**, 172, 204, 206, 213
  Nkita Nkitán, **168-169**, 204, 205, 206, 208, 213
  otros nombres para "nkita", 82, 88, 102 n. 100
Nkitán, 168-169, 204, 205, 206, 208, 213
Nkulo, 163, 185
nkuni → véase *kuni kano*
nkutu, 97, 176
nkuyo, **17**, 104, 120, 132, **143-144**, 162, **172-173**, **194-196**, 203, 204, 205, 206, 208, 211, 213, 221
  Watariamba, 100, 144, 173, **194-196**, 204, 208
nkuyu → véase *nkuyo*

noble, 71 n. (u), 98, 100, **163-164** → véase tamb. *jefe*
nombre (ritual) de un palero, 86-88
nombre de la prenda, 88
nombres de santos, 208-215
nsala ("trabajo mágico") → véase *ensala*
Nsamba, **179**, 204, 206, 207, 208, 209, 214
   Insamba ntala, 146
Nsambi → véase *Sambi*
Nsambiampungo, 101 n. 99, 174
Nsasi, 73, **97**, 104, **132**, **176-179**, 193, 204, 207, 208, 214, 220
   etimología 97, **176**
   foto, 121, 124
Nseke, 109, **188-191**, 203, 204, 205, 206, 207
   Kinseke, **73**, **74**, **166-168**, 204, 205, 206, 213
   Minseke, 100, **166-168**, **172**, 204, 206, 213
   munseke, 168
Nsondé, J., 13, 58 n. (f), 91, 101, 102, 105 n. 102, 134, 141, 146, 155, 158, 180, 199
Ntala y Nsamba, **179**, 204, 206, 207, 208, 209, 214
ntoto, 159 → véase tamb. *entoto*
Nzambi → véase *Sambi*

Obatalá, 18, **93**, **97 n. 94**, 99, **102 n. 100**, 141, **147-150**, 175, 187, **194-197**, 209, 211, 211 n. 8, 212, 212 n. 12, 215, 215 n. 33
Obenga, T., 134, 174, 175
objetivos del estudio, 45-48
Ochosi, 18, **143-144**, **194-195**, 211, 215
ofrendas, 29, 66, 85, 153
Ogún, 18, 64 n. (f), 96, 104, **143-144**, **181-184**, **195-200**, 207, 211, 214, 215
oráculo → véase *chamalongo*
oreja, 96, 176
origen de la "lengua" palera, 25, 38, 45, 71 n. (p), 84, 92, 93 n. 87, **132-134**
orígen(es) del Palo Monte
   en África, 16, 25, 30, **34** (Mapa 4), **35**, 43, **81-84**, 93 n. 87, 103
   en Cuba, **36-38**, 92
Ortiz, F., 27 n. 5
Ortiz López, L. A., 53 n. 46, 92 n. 85
Orula, 103 n. 100, 104, **141**, **160**, 209, 211, 212, 212 n. 14
Osain, **109-110**, **187-191**, 214
Oyá, 70 n. (k), 98, 104, **138-139**, 144, **161-162**, 185, **186-187**, 211, 214

pacto
   con el "muerto", 43 n. 28
   con el monte, 72
   ritual, 93
padre palero → véase *tata nganga*
padrino → véase *tata nganga*
paja de maíz → véase *masango*
Pajarito (= Nkuyo Watariamba), 194-195
palatalización
   de KIK. *ki-*, 141
   de KIK. *kiula-*, 43
   de KIK. *nkento > ntchiento*, 43
   de PAL. *cha*, 43
palenquero, 64 n. (h), 65 n. (m), 71 n. (p), 103 n. 101, 181
paleros 48-49 → véanse tamb. *tata nganga, ngudi nganga, bakofula, moana nganga*
palma real → véase *kuni kano*
Palmié, S., 15-19, 28 n. 5, 38, 82, 99 n. 96, 134
Palmira, 17, 210, 217
palo brujo, 74, **75 n. (c)**
palo diablo, **75 n. (c)**
Palo Monte → véase tamb. *Mayombe*
   adivinación, 31 n. 14, 43, 66, 66 n. 58, 73, 109, 160, 190
   animismo, **29**, **40**, 43, **44-45**
   Briyumba → véase *Briyumba*
   carácter masculino de la Regla, 77-80
   caracter no homogéneo, 93
   componentes básicos, 81-84
   descripción, 30-33

Dios en el Palo Monte, 173-176 →
véase tamb. *Jesucristo*
dioses, 39, 41, 73, 86-87, **97-106**, 169
→ véanse tamb. los Apéndices 3.3.
y 3.5
división de las entidades mayombe, 166
extensión, 33, 36
foco irradiador, 36
fuente de datos, 81
iniciación (rayamiento) en la Regla, 29,
42, **51-54, 73**, 90, 219 (definición),
223
instrumentos de, 43, 56 n. (a), 66, 69 n.
(f), 73, 109, 161 n. 16, 190
Jesucristo, 179-181 → véase tamb.
Jesucristo
Kimbisa, **28**, 33, 33 n. 15, 45, 46, 57 n.
(b), 59 n. (g), 88, 89, 148, 159, 172,
194, **197, 199**, 219 (definición)
lenguaje artificial, **60**, 61
Mayombe, 25, 30-34, 45-48, 52, 101,
131 → véase tamb. *Mayombe*
motivación por ingresar a la Regla, 51-52
mujeres en el Palo Monte, 77-80 →
véase tamb. *ngudi nganga*
nkisi principal (Nsasi Siete Rayos), 121
Nsambi / Nsambia (Dios) en el Palo
Monte, 173-176
orígenes (en África), 16, 25, 30, **34**
(Mapa 4), **35**, 43, **81-84**, 93 n. 87,
103
orígenes (en Cuba), **36-38**, 92, **133**
proselitismo, ausencia de, 52, 52, n. 44
Pungo Mensu en el Palo Monte, 186
ramas, 45-46 → véanse tamb.
Briyumba, Kimbisa, Lombanfula,
Mayombe
Regla Briyumba → véase *Briyumba*
Regla Kimbisa → véase *Kimbisa*
Regla Lombanfula → véase *lombanfula*
religión de familia, 93
religión masculina, 77-79
retención (factores de retención), 103,
105-106

rito(s) → véase *rito(s)*
sociedades congo, 37
subcredos, 25, **30-31, 33**, 42
transmisión directa, 132
transmisión oral, 91
palo tengui / tengue, 74, **75 n. (b)**
palo yaya, 67, **69 n. (f)**, 74
pandi, 180-181 → véanse tamb. *panga,*
pangui, panguiami
Pandilanga, 131, **179-181**, 204, 207, 208,
209, 214
panga, 67, 68, **69 n. (b), 180**
variantes fonéticas, 180
pangue → véanse *panga, panguiami*
pangui, 64 n. (k), 69 n. (b), 180-181
→ véanse tamb. *panga,*
panguiami
panguiami, 64 n. (k), 180 → véase tamb.
panga
Paravisini-Gebert, L. 28 n. 5, 37
partícula de genitivo, 40, 41, 74, 76 n. (d),
106, 137, 138, 159, 165, 167, 174,
181, 182, 185, 209
Pascual, J., 65 n. (n), 70 n. (g)
Peel, J.Y.D., 16
Pell, N., 42, 43 n. 28
pérdida de
[b] o [β] inicial en *Mama Bo(u)mba* >
Mama Umba, 150, 151 n. 13
matices diferenciadores en distintos
tipos de *nganga*, 102
prenasal, 109, 182, 189
sonoridad en [v] de PAL. *fumbi* < KIK.
mvúmbi, 97
perro (de prenda), 41, 45, 83, 96, 177, 182,
184, 217, 222 (definición)
Petterlini, F., 50 n. 39, 71 n. (p), 138, 140,
141 n. 9, 142, 151 n. 13, 165, 168,
170, 171
piedra, 44, 88, 89 n. 79, 146, 166, 175,
177, 193, **194-196**
Pinar del Río, 36
pitón, 96, 99, **151-152, 155** véanse tamb.
culebra, majá, serpiente

pólvora (mágica), 30 n. 11, 49 n. 34, 49 n. 37, **94**, 149, **160-161**
portugués, 53 n. 47, 70 n. (g), 71 n. (t)
teoría afroportuguesa 53 n. 47
practicantes → véase *informantes*
prefijos
de clase (o concordancia), 31, 33, 49, 49 n. 37, 81, 95, 140, 142, 151, 167, **168-169**, 172, 185, 190-191
ki-, 167-168
mu- / mi en kikongo, 167
N-, 167-168
prenasal(es), 65, **135** → véase tamb. *prenasalización*
añadidadas en Cuba, 51, 63 n. (d), 65 n. (l), 65 n. (o)
en *mfumbe / emfumbe,* 193
en *mfútila,* 188
en *mpungu,* 163, 185
en *ngudi,* 49
pérdida, 109, 182, 189
[z] sonora después de prenasal, 178
prenasal(ización), 49 n. 35, 51, 63 n. (d), 65 n. (l), 65 n. (o), **96**, 106, 109, **135**, 163, 178, 182, 185, **188**, 189, **193**, **194**
prenda → véase *enkise / enkisi*
prenda cruzada, 124
preposición
genitiva, 40, 41, 74, 76 n. (d), 106, 137, 138, 159, 165, 167, 174, 181, 182, 185, 209
locativa, 71 n. (p), 71 n. (s), 138, 165, 169, 170, **171-172**
preservación fonética, 92, 103, 131
Price, R., 15
proselitismo (ausencia de), 52, 52, n. 44
pungo, **43-45**, 73, **82**, 84, **85**, 85 n. 78, **86**, 88, 89, 96, 98, **100-101**, 104, 121, 137, **162-163**, 174, 177, **181-183**, **184-186**, 203-204, 205-207, 208, 209 → véase tamb. *kisimbi*
invocación a los, 57 n. (b)
Lufo Kuyu → véase *Lufo Kuyu*

Mama Kengue → véase *Mama Kengue*
Nsambiampungo, 101 n. 99, 174
Pungo Dibudi, 181-183
Pungo Kasimba, 136, 138, **184-186**
Pungo Kikoroto, 161
Pungo Lombua Mafula, **160-161**, 185
Pungo Mama Wanga, **161-162**, 185, **186-187**
Pungo Mayumbo Moúngu, 144-145
Pungo Mbumba, 153
Pungo Mensu, 186
Pungo Mfútila, **126**, **127**, **187-188**
Pungo Nkulo, 163, 185
Pungo Nsaasi, 176, 177
Pungo Mensu, 186
pungu → véase *pungo*
puntos cardinales, 94, **148**, 149
puyas, 18, 53, 73

ramas de la Regla, 45-46 → véanse tamb. *Briyumba, Kimbisa, Lombanfula, Mayombe*
Ramírez Calzadilla, J., 188
Ramón Non Nato, **188-191**, 203, 204, 205, 208
rayamiento → véase *iniciación*
rayarse → véase *iniciación*
rayo, 97, 100, **176-178**, 196
reduplicación, 40, n. 25, 57 n. (d), 75 n. (b), 167, **169**, 180, 196
reestructuración del kikongo, 18, 93, **133**
Regla Arará, **27**, 133, 222 (definición)
Regla Briyumba → véase *Briyumba*
Regla de Ocha (Santería), 14, 17, 18, **27**, 38 n. 20, 52, 83 n. 76, 91, 98, 119, 120, 124, 141, 181, 183, 184, 195, 196, 213 n. 23, **220**, 223 → véase tamb. *Santería*
Regla Kimbisa → véase *Kimbisa*
Regla Lombanfula → véase *lombanfula*
Regla Palo Monte → véase *Palo Monte*
Regla Vriyumba → véase *Briyumba*
relación deidad — "muerto", 43-45
relámpago, 97, 100, **176-178**, 196

religión masculina, 77-79
religiones "africanas" en Cuba, 36-38
religiones afro-brasileñas, 15, 83 n. 76, 153
Remolino, 88-89, 211 n 6, 214 n. 28
renumeración (de paleros), 90
retención de la "lengua" (factores), 103, 105-106
retroalimentación, 92 → véase tamb. *libretas*
rey kongo, 103, 105
rezo(s), 115, **199** → véase tamb. *cantos*
riba, 53, **58 n. (e)**, 74
rito(s), 39, 42, 51 n. 43, **66, 66 n. 58**, 72, 80, 84, 86
  estilo de ejecución, 80
  gastos para, 72, 72 n. 61
  mortuorio, 29, n. 9, 77
  nombre ritual, 86-88
ritual de cumplimiento, 29, 72, 77 n. 64, 119, 132, 176
Rizk, B., 27 n. 1
Rojas, M., 15
Rosa, Anaima S. de la, 92 n. 85
Rosario, 15
rriba → véase *riba*

[s] vs. [z], 177-178
sacar (raíces o plantas), 188-191
sacerdotes → véanse *tata nganga, ngudi nganga*
  en el antiguo Congo, 105
sacrificio de animales, 29 32, 64, **72**, 73, 80, **85**, 119
sagrado, 63 n. (f), **197-200**
sala ("trabajo mágico") → véase *ensala*
sala maleku 68, 70 n. (h)
salá, salar, 68, 70 n. (h) sala ("trabajo mágico"), **198**, 199 → véase tamb. *trabajar*
Salabanda → véase *Sarabanda*
saludo(s), 66-67 n. 57, **67-71**
  a la prenda, 68
  ritual, 67, **70 n. (h)**

Sambi, 59, **81**, 95, 96, 100, **101**, 49, 162, **173-176**, 204, 214, 214 n. 24
  en lenguas bantúes, 174-175
  Ensambi, 175
  Insambi, 96, 175, 185
  Nsambi / Nsambia (Dios) en el Palo Monte, 173-176
  Nsambi vs. Nzambi, 178
  Nsambiampungo, 101 n. 99, 174
  Sambia, 96, 161, 185, 197
  sambiantuke, 174
  Sambiapiri, 174
Sambia → véase *Sambi*
San Cosme, 144-146, 179, 203, 204, 208, 209, 212, 214
San Damián, 144-146, 179, 203, 204, 208, 209, 212, 214
San Francisco, 103 n. 100, 104, **141**, **160-161**, 203, 208, 211, 213, 214
San Lázaro, 44, 73, 90 n. 83, 100-101 n. 100, 104, 182, **187-188**, **192-194**, 204, 208, 214, 215
San Miguel, 197-200, 204, 208, 215, 215 n. 34
San Pedro, 17, 64, 104, 132, **143-144**, 173, **181-184**, 195, **197-200**, 203, 204, 208, 209, 211, 214, 215, 215 n. 34
San Ramón Non Nato, **188-191**, 203, 204, 205, 208
San Roque, **162**, 213, 213 n. 23
San Silvestre, 188-191, 203, 204, 205, 208
Sánchez y Sánchez, E., 80
sangre, 58, 64 n. (k), 80, 96, 139, 176, 184
Santa Bárbara → 66, **71 n. (u)**, 73, 85, 97-98, 104, 107, 132, **163-164**, **168-169**, **176-179**, 204, 206, 208, 210, 215, 217 → véase tamb. *Mukiama Muilu*
Santa Clara, 38
Santería, 16 n. 2 17, **27**, 52, 72, 83 n. 76, 90, 91, 91 n. 84, 99, 124, 138, 192, 195, 196, 213 n. 23, 222, **223**, 224 → véase tamb. *Regla de Ocha*

santo(s), santo(s) católico(s), 17, 46, 49, 67, 83, 85, 97, 100, 102 n. 100, **104**, 132, **144**, 151, 164, 176, 179, 184, 188, 195, 197, **198**, **208**, **210-215**, 223 (definición) → véase tamb. *dioses*
Santos Jimaguas, **144-146**, **179**, 209, 214 n. 25
Sarabanda, 28 n. 5, 44, 60 n. 54, 62, 68, 73, 94, 98-99, 104, 120, 148, 173, 195, **197-200**, 204, 207, 208, 215, 215 n. 34
foto de la prenda, 121
Schwegler, A., 16, 17, 18, 19, 25, 28 n. 5, 29 n. 9, 42, 45, 48 n. 33, 49 n. 37, 51, 53 n. 47, 56 n. (a), 62 n. (c), 63 n. (f), 64 n. (h), 65 n. (m), 71 n. (p), 84, 97, 103 n. 101, 106 n. 104, 131, 132, 133, 133 n. 5, 138, 163, 166, 173, 174, 185, 186, 193, 194, 198
secreto, **43**, **66**, **66 n. 56**, 78, 87, **90**, 136, **148-149**, 150, **152-153**, 169 → véase tamb. *tratado*
Séke → véase *Nseke*
selva, 31, 35, 49 n. 36, 101, 109, 189, 190
Mayombe, 31, 35, 49 n. 36
Monte, 101, 109, 189, 190
semántica, 56 n. (a), 63 n. (c), 71 n. (p), **83**, **97**, 98, 141, 144, 151, 154, 156, 161, 164, 165, 167, 169, 171, 173, 179, 180, 181, 182, 183, 185, 189, 192, 195, 196
serpiente, 151-152, 154-156 → véanse tamb. *culebra, majá, pitón*
Shango → véase *Changó*
Siete Estrellas, 88, 177
Siete Sayas, 88, **138**, 177, 211 n. 5, 212 n. 11, 212 n. 13, 213 n. 18, 213 n. 21
Silvestre, **188-191**, 203, 204, 205, 208
simbi → véase tamb. *kisimbi*
sincrético, 27, 32, 92, 101 → véase tamb. *sincretismo*
sincretismo, 30, 83 n. 76, 83 n. 76, 84, 101 → véase tamb. *sincrético*

Sindaula (Ndundu Bután Séke [= Butá Nseke]), 109, **188-191**, 204, 205, 206, 207, 208, 214 → véase tamb. *(Nkita) Kinseke*
Sociedad Secreta Abakuá, **27**, 133, 223 (definición)
sociedades congo, 37
sondimbá, 196
Soret, M., 32, 42, 101
subcredos del Palo Monte, 25, **30-31**, **33**, 42
Sundi / Musundi, 16, 199
Suriname, 15
swahili, 16 n. 1, 133, 133 n. 5
Swartenbroeckx, P. [Sw.], 135 y passim
Swearingen, M. 92

tabú, 63 n. (f), **197-200**
taita, **48 n. 34**, 71 n. (r) → véanse tamb. *entata, tata*
talanquera, 62, **65**, **n. (n)**, 67, **70 n. (g)**
Tardieu, J., 105, 106 n. 103, 134
tari → véase *matari*
tata
en kikongo, 40-41
etimología, 40-41, 48 n. 33, 63 n. (b)
Tata Fumbe, **192-194**, 204, 205, 207, 208, 215, 215 n. 31
tata nganga → véase *tata nganga*
tatandi → véase *tatandi*
variantes fonéticas, 69 n. (d), 71 n. (r)
Tata Fumbe, **192-194**, 204, 205, 207, 208, 215, 215 n. 31
Tata Funde → véase *Tata Fumbe*
tata nganga, 19, 30, **48**, 77, 207, 208, 215, 223 (definición)
apelative hipocorístico
asistentes, 49-50 → véanse tamb. *mayordomo, bakofula*
brujo, 45, 70 n. (k), **79-80**, **83**, 88 n. 79, 96, 108, 121, 131, **138-139**, 140, 150, 169, 216 (definición) → véanse tamb. *tata nganga, ngudi nganga*

clase social, 90
color, 89-90, 89 n. 82
consultas con → véase *consultas*
diferencia entre banguleros bakongo (africanos) y cubanos, 77
dirigente del culto, 48
dominio de la lengua, 60 → véase tamb. *fluidez de los hablantes*
edad, 50, 50 n. 40
entre los kongos, 40
etimología, 40-41, 48 n. 33
fotos, 119, 120, 122, 123
frecuencia y duración de consultas, 72 n. 62
ingresos (de paleros), 90
mujeres → véase *ngudi nganga*
nombre del tata nganga, 87-88
otros términos para, 48, 49 n. 34
practicantes de la Santería, 83 n. 76
rivalidad entre *ngangas* y padres católicos, 105 n. 102
Tata Fumbe, **192-194**, 204, 205, 207, 208, 215, 215 n. 31
Tata Funde (transcripción errónea de Cabrera), 194, 215 n. 31
tatandi (bakofula), **51**, 51 n. 41, **73**, 223 (definición)
tatandi bilongo → véase *tatandi*
tatandi, **51**, 51 n. 41, **73**, 223 (definición)
Tavares, J., 71 n. (s)
tengui / tengue, 74, **75 n. (b)**, 79
teoría afroportuguesa, **53 n. 47**, 70 n. (g)
Teremene, 78, 122
testimoniantes → véase *informantes*
Thompson, R., 28 n. 5, 56 n. 52, 134
Thornton, J., 13, 15, 91, 105
Tiembla Tierra, 41, 89, 92, 94, 103 n. 100, **147-150**, 211 n. 8, 212 n. 12, 215 n. 33
tiempo tiempo, 55
tierra, suelo 68, **70 n. (n)**, 159, 176, 177, 193
Tierras Bajas (de Colombia), 103, 103 n. 101

títulos de respeto
genitiva, 40, 41, 74, 76 n. (d), 106, 137, 138, 159, 165, 167, 174, 181, 182, 185, 209
locativa, 71 n. (p), 71 n. (s), 138, 165, 169, 170, **171-172**
tonos, 131
toques, 29
tormentas, 186
Torres, Julio, 125
trabajar (mágicamente), 15, 31, 33, 39, 44, 45, **46-48**, 49, 49 n. 37, **54**, 59 n. (g), 70 n. (m), 70 n. (h), **74**, 94 n. 89, 99, 139, 143, 184, 195, 197, 200, **198-199**, 217, 218, 220, 221, 223, 224 → véanse tamb. *salá(r), Sarabanda, ensala*
en el antiguo Congo, 47-48
origen de "trabajar", 78 n. 67, 83, 198
trabajo de campo, 89-90, 92 n. 86, 94, 103, **210**
transmisión de "lengua"
directa (no escrita), 132
oral, 91
trascripción, normas de 20, 54, **135**
tratado, 43, 43 n. 28, 88, **94**, **94 n. 88**, 113 (foto), 114 (foto), 148, 224 (definición)
Tratado fundamental de Palo Monte, 43 n. 28
tratamiento, forma de 50 n. 39
Trinidad, 15
tronco yaya, 67, **69 n. (f)**, 74
trueno, 97, 100, **176-178**, 196
tú (forma de tratamiento), 50 n. 39

Umba → véase *Bumba*
Unesco, 38 n. 21

[v] > [f], 194 → véase tamb. *fricativas*
va (imperativo), 68, **70 n. (i)**
Valdés Acosta, G., 25, 28 n. 5, 28 n. 8, 33 n. 16, 50 n. 38, 56 n. (a), 57 n. (c), 63 n. (a), 63 n. (c), 64 n. (k), 70 n. (l), 70

n. (n), 76 n. (d), 84, 92, 97, 132 n. 3,
 133, 154, 194, 198
Van Wing, J., 42, 134, 168
variación fonética
 -a final, 146, 174, 185
 [d] > [r], 195
 -e final, 137
 en *Baluande*, 137
 en *lomb(u)a mfula*, 160
 en *Punga / Pungo*, 185
 entre [a] y [e], 137
 entre *kinseke* y *minseke*, 167-168
 entre *lombua* y *lomba*, 160
 entre *mpángi* y *mpángi*, 180
 entre *Punga* y *Pungo*, 185
 -i final, 51 n. 41, 65 n. (m)
 [ŋg] y [nd] en kikongo, 181
 -o final, 50 n. 39, 51 n. 41, 65 n. (o),
 100, 146
 [s] vs. [z], 177-178
 vocales protéticas, 65 n. (o), 96, 136, 137
variación fonética → véanse tamb.
 *cambios fonéticos / variación
 fonética, alternancia fonética*
Varona Puente, Jesús 57 n. (b), 69 n. (a),
 93, 94 n. 88, 161, 196 n. 27
ven (= ¡acércate!), 61 n. (d)
Verger, P., 184
Vili, 31, **31 n. 14**, **35**, 42, 91, 141, 152, 153,
 155, **158-159**, **178**
 dialectos, 43, 141
 etnia, 31, 42, 155, 168
 geografía, 34, 35
 mapa, 34
 prácticas religiosas, 31 n. 14, 152, 178-
 179
Villa Clara, 30 n. 11, 33, 49 n. 34, 160
Vira Mundo, 79, **89**
Virgen
 de la Candelaria, 70 n (k), 104, 131, 140,
 161-162, **186-187**, 203, 208, 211, 214
 de la Caridad del Cobre, 104, **139-141**,
 161, 187, 196, 196 n. 27, 203, 208,
 211, 212, 215

de las Mercedes, 99, 131 n. 2, **141**, **147-
 150**, **196-197**, 208, 211
de Regla, 73, 77, 93, 100, 104, **136-138**,
 142-143, **150-160**, 165-166, 169-
 172, 177, **184-186**, **197**, 203, 204,
 208, 209, 211, 213, 215 → véanse
 tamb. *Madre de Agua, Siete Sayas,
 Siete Estrellas*
Mama Lola / Yola, 197 → véase tamb.
 Yola
vititi → véase *bititi*
vocales protéticas, 65 n. (o), 96, 136, 137
voces extra-kikongo, 131, 133
voces paleras estudiadas (lista), 203,
 205
vodú, 30 n. 10, **92**, **92 n. 85** → véase tamb.
 Haití
Vriyumba → véase *Briyumba*

Wanga, 45, 98, 98 n. 95, **161-162**, 185,
 186-187, 203, 204, 205, 206, 208,
 212
Warner-Lewis, M., 28 n. 5, 134
Watariamba, 100, 144, 173, **194-196**, 204,
 208

Yambaka, 109, **188-191**, 204, 205, 206,
 207, 208, 214
yaya, 54, 55, 56, **57 n. (d)**, 61, 67, 74, **75 n.
 (a)**, 125, 136, 143, 147, 152, 166,
 168, 170, 184, 197
 palo yaya, 67, **69 n. (f)**, 74
 tronco yaya, 67, **69 n. (f)**, 74
 Yaya Lango → véase *Yaya Lango*
Yaya Lango, 136, 143, 147, 152, 166, 170,
 172, 186
Yemayá, 83, **88**, 98, 104, **136-138**, **142-143**,
 146-147, **150-151**, **151-152**, **152-159**,
 184-186, **197**, 211, 212, 213, 215
Yeya → véase *Yeyé*
Yeyé, 131 n. 2, **196-197**, 204, 207, 208, 209
 n. 8, 215
yimbirá enkise, **42**, 50 n. 40
Yolá / Yola, 197 → véase tamb. *Lola*

yoruba, 16, 19, 27, 30, 83, 93, 97, 98, 99, 103,
106, 107, 108, 124, 132, 136, 138,
141, 142, 143, 144, 146, 147, 148,
150, 151, 152, 160, 161, 12, 163, 164,
165, 168, 169, 170, 172, 176, 179,
181, 184, 185, 186, 187, 188, 190,
192, 196, 197, 209, 220, 223, **224**
influencia yoruba en el Palo Monte, 17,
19, 132

yorubas (en Cuba), 16

Zalabanda → véase *Sarabanda*
Zambi → véase *Sambi*
Zamora, L., 188
Zamora Vicente, A., 49, 64 n. (h), 71 n. (r)
Zarabanda → véase *Sarabanda*
Zeuske, M., 37
zoomorfo, 40-41